U0923219

十周年版

汪中求◎著

新 华 出 版 社

图书在版编目（CIP）数据

细节决定成败：十周年版/汪中求 著.
—北京：新华出版社，2014.9
ISBN 978-7-5166-1236-1

Ⅰ.①细… Ⅱ.①汪… Ⅲ.①企业管理 Ⅳ.①F270

中国版本图书馆CIP数据核字（2014）第225167号

细节决定成败：十周年版

作　　者：汪中求

责任编辑：张　敬

出版发行：新华出版社
地　　址：北京石景山区京原路8号　　**邮　　编：**100040
网　　址：http://www.xinhuapub.com　　http://press.xinhuanet.com
经　　销：新华书店
购书热线：010－63077122　　**中国新闻书店购书热线：**010－63072012

照　　排：博士德　　**印　　刷：**天津市祥丰印务有限公司

成品尺寸：160mm×230mm　1/16
印　　张：25.25　　**字　　数：**280千字
版　　次：2014年11月第一版　　**印　　次：**2019年11月第四次印刷

书　　号：ISBN 978-7-5166-1236-1
定　　价：59.80元

图书如有印装问题请联系：010-68487640

序
Preface

中国人的聪明才智到底出了什么问题

“细节源于态度，细节体现素质。”这句话自2004年1月《细节决定成败》出版以来，整整讲了10年，写文章讲，对媒体讲，演讲会讲，管理课讲。谁都懂得素质是需要通过训练才能提高的，但首先是认识、是态度。正如孙中山先生在《建国方略》中所言：“中国事向来之不振者，非坐于不能行也，实坐于不能知也。”

的确，更多的事情，对国人来说，不是做不到，而是没认识、没觉悟，态度没端正过来。咱们中国人，聪明才智并不逊于其他任何国家的人，文景之治、贞观之治，炎黄子孙是何等骄傲，康乾盛世的1750年，中国国民生产总值达到全球总额的32.9%，中华儿女又是多么自豪！再看海外华侨在任何国家的奋斗史，都无不让他人刮目相看，就是诺贝尔奖获奖者的名单中也少不了一长串华裔闪光的姓名。

然而，1750–1950年的近200年里，中国的日渐落后是不争的事实，就算到改革开放前的1979年，中国占全球1/4的人口，国民生产总值却只占世界总量的1%，通过近30年的努力才回升到5.4%。且不去比较近现代科学史上的发明创造，仅就这样的经济占比而言，就与一个泱泱大国、一个历史悠久的文明古国极不相称。

那么，问题出在哪里？多少有责任感的华夏子孙都在思考和探索。我想，中国人把自己的聪明和才智用错了地方是问题的答案之一，甚至是答案之要。

二十多年前，大批中国学生出国求学，许多在美国的留学生盗打投币电话。美国电信系统的工程技术人员怎么也猜不透盗打的方法，没料到中国留学生是把硬币凿上一个孔用绳子拴住投币进去打电话的。能说他们不聪明？

国内大中小学校的学生，考试舞弊恐怕不在少数，而且方法五花八门，绝招迭出，使教育机构甚至要联合公安部门来监控和防范学生的高科技作弊。

只拿我们的学生说事，不太仁厚，但青年的不良会使人对民族的希望担忧。全社会各界人士做出的坏榜样实在是不胜枚举。“中国人在食品中完成了化学扫盲：从大米里我们认识了石蜡，从火腿里我们认识了敌敌畏，从咸鸭蛋、辣椒酱里我们认识了苏丹红，从火锅里我们认识了福尔马林，从银耳、蜜枣里我们认识了硫黄，从木耳中我们认识了硫酸铜，三鹿又让同胞知道了三聚氰胺的化学作用。”网上流传的黑色幽默告诉我们：中国无论城乡，不管大小企业，有文化没文化的，太多的从业人员都成长为“化学家”了，中国人太“聪明”了！

聪明，可以理解为正确认知世界的能力，中国人造字就是想告诉我们任何人只要耳聪目明就算聪明。但如今却造就出大批的精明之人，所谓精明我以为就是急于表现聪明，争名争利、小胜一分便自以为得逞，于是就不讲求规则，不顾及规范、标准甚至底线。其实，所有人只需要迟钝一点、愚笨一点、木讷一点，就会变得高明起来，高明实际上就是善于掩饰聪明，没有必要去耍弄脑子里头隐藏着的小聪明。数百年前的“权谋”、20世纪的“厚黑”、近十几年的“忽悠”，实在害苦了中国人，实在深深地腐蚀了我们这个很伟大的民族。中国人的“聪明”啊，实在常常用得不是地方！

开放的中国在学欧美，其实学欧美的技术、法制虽然都有益，但重要的是要学人家的态度，那种在中国人看来并不精明的踏实态度，是什么说什么，该怎么做就怎么做，不拐弯抹角，不投机取巧，不耍小聪明走捷径，不用全部的智慧去琢磨潜台词、话外音，不机关算尽地去对着政策找对策。总之，中国人其实只需要笨一点点。

有这种调整了的心态，把聪明和才智放到规律的研究、科学的探索、真善美的思考上去，细节就不再是需要强调的观念，不再是需要议论的话题。

2009年2月22日，山西太原的古交市，我2005年夏天去讲过课的屯兰煤矿，又是瓦斯爆炸，70余名矿工遇难。上至国务院和中央高层，哪一天不因中国煤矿安全而紧张，无数的安全会议总是伴随着安全事故频发。煤矿安全的细节到位最终也还是态度，是“矿工与省市长、区矿长生命等值”的认知。矿难次日，我写文章呼吁，领导干部要下矿井到采掘面值班，什么事都可以不做，用生命陪伴就行。矿长们轮流每班有一位下去，得税收之益的市县长每月有一位下去，所在省区的党政头脑们每年下去一次。此文一出，差不多所有人都认为文章作者在胡言乱语，但我知道安全管理非常优秀的杜邦公司当年董事会的办公室就建在炸药仓库的楼上，我知道美国降落伞制造商的大佬交货时要从一千件降落伞中任意抽出一件自己穿上跳一次。推己及人，从上到下态度正过来了，安全生产的细节就没有做不好的道理。

说千道万，细节首先是态度，是一种放弃小聪明的踏实态度，是一种把聪明才智拨乱反正到科学与民本上去的踏实态度。

汪中求

2014年秋修订于北京

目录

Contents

上篇 · 原版经典重温

Part 01

天下大事，必做于细
——从改变观念着手

Part 02

没有破产的行业，只有破产的企业
——细节造成的差距

Part 03

1%的错误导致100%的失败
——忽视细节的代价

Part 04

用心才能看得见
——细节的实质

Part 05

伟大源于细节的积累
——从小事做起

Part 06

第一代老板靠胆子 第四代老板靠脑子
——微利时代要求精细化管理

Part 07

治大国若烹小鲜
——公共管理无小事

下篇·十年思考与实践

上篇

原版经典重温

小细节体现大修养，注意细节，积累优点，才能成就完美。

Part

01

天下大事，必做于细

——从改变观念着手

1 不要以为总理比村长好当

我从来都认为，现在的人智商差距越来越小了，对自我的认识越来越自信了。这无疑是社会的进步，但另外一个极端又出现了，或正日益显现出来，那就是，人们过于相信自己、藐视一切。

的确，人不愧为高等动物。人的智商由7个基本部分组成：数字、感觉、空间、语言、记忆、归纳和表述。这得益于人有神奇的大脑。**任何一个常人的大脑都优于任何一台计算机。**人脑有10000亿个脑细胞，每一个细胞就像一棵树一样复杂，而人的每一只眼睛都有1亿3000万个光接收器，结构之精密难以想象。人的大脑有7个智力中心：语言智力、数学智力、音乐智力、视觉智力、运动智力、人际智力和内省智力。左半脑帮你管着语言、数学、逻辑和次序，右半脑则管着节奏、旋律、音乐、图像和幻想。

我常常无故地纳闷：人的大脑就从蔬菜、水果、果仁、鱼、植物油等食物中吸收一点营养，另外加上运动使血液向它供氧，就那么管用？后来我听一位叫卡尔·西秀的心理学家说，**一般人只用了大脑记忆能力的10%**。太不可思议了！

殊不知，绝大多数人的智商都很高，我们也就不容易超越他人了。

02.18分理论

有一次，我给北京大学的学生演讲，说到一个“汪中求式”的“2.18分理论”。人的智商分为智力因素和非智力因素两大部分，从对人的一生的作用这个角度来划分，智力因素占40%的权重；在智力因素的知识和技能对比中，我们认为知识占40%的权重；知识又分书本知识和社会知识，书本知识占40%的权重；书本知识能在实际生活中应用的又占40%的权重。假设我们同意以上权重的分配，那么，总平均85分的在校学生获得的总智商分数是：1×40%×40%×40%×40%×85≈2.18（分）。当然，我们北大的高才生不可能没有非智力因素得分，也不可能没有技能和社会知识得分。这个“2.18分”的说法只是想给大家一个提醒：每一个北大的学生都可能成为人才，但仅凭手头的几张分数单就认为自己已经是一个人才，那就大错特错了。

要想比别人更优秀，只有在每一件小事上下功夫。比如，我们每一个人都会的阅读，中央人民广播电台的播音员的标准播音速度听说是每分钟120字，而一般人的正常阅读速度是每分钟200字，受过快速阅读训练的人的一般阅读速度是每分钟300字，但这要经过刻苦的训练啊。先训练默读，做到不出声音不受干扰，专心致志；再训练读目录和标题，在阅读中紧紧抓住段落的核心；再训练扫描式阅读，像摄像机一样一目十行，而不是从第一个字读到最后一个字；再训练"段读"，用抓关键词的方法，几秒钟就抓住一段文字中的关键词，一次性阅读一个段落。一点一滴地强化，才可能最终突破。

我读过曾国藩的书，曾国藩要求子女（包括儿媳妇在内）即使没有什么大用处的布片、线头都必须有序分放。我想这自有其用意。

○中国的六件大事

20世纪最后一些日子，各大媒体都在讨论人类历史上的一些重大问题，其中有一篇题为《人类历史上的100件大事》的文章，所列100件大事中，与中国有关的共9件：

- 儒家和道家由孔子和老子分别创立，前者的核心思想是"仁"，后者是"道"；
- 成吉思汗建立横跨欧亚的大帝国；
- 发明和改良火药，后来传入欧洲；
- 11世纪中国毕昇发明活字印刷术，15世纪时德国葛登堡改良印刷术并使其流传开来；
- 中国工农红军完成了行程25000里的战略大转移（1934—

1935年）；

- 1937年，卢沟桥事变揭开了中国抗日战争的序幕；
- 新中国成立是第二次世界大战后世界政治生活中最重大的事件，改变了整个世界的力量对比；
- 第二次世界大战后世界人口空前增长，已近60亿，造成了一系列问题；
- 环境危机威胁着人类的生存，保持生态平衡成了最重要的课题。

在这9件事中，真正完全因中国人而起的大事只有6件。当然，我不敢说除了以上6件，中国历史上的所有事情都是小事，但从某个角度看，至少可以认为，大事总是少的。

我们普通人，在大量的日子里，很显然都在做一些小事，怕只怕小事也做不好，小事也做不到位。我们身边有很多人，不屑于做具体的事，总盲目地相信“天将降大任于斯人也”。殊不知能把自己所在岗位的每一件事做到位、做成功就很不简单了。不要以为总理比村长好当。有其职斯有其责，有其责斯有其忧。如果力不及所负，才不及所任，必然祸及己身，导致混乱。所以，重要的是做好眼前的每一件小事。所谓成功，就是在平凡中做出不平凡的坚持。

在此前出版的《营销人的自我营销》一书中，我曾提到在一家涂料企业戒烟的案例。如果老总下一个指令，全公司自×月×日起严禁吸烟，违者罚款××元，似乎也很容易。但实际上，企业有1/3的烟民（包括老板在内），还有300位常来常往的客户，他们中的一大半是老烟民，一个通令能马上解决问题吗？不行啊，要耐心细致

地处理，才能“软着陆”。（见下篇1：企业怎样戒烟）

当今社会的现实情况是，**太多的人总对小事和细节不屑一顾，盲目相信“天生我材必有用，千金散尽还复来”**。遨游宇宙，绕行地球，每一个人都能想象得出是怎么一回事。但是，任何一个人，从18~60岁，每天徒步半小时，就可以绕行地球一周，则几乎极少有人认真琢磨过。

在我于新华网与网友对话时，许多人提出：孙中山先生虽然讲过“要立志做大事，不要立志做大官”，可是不当大官怎么做大事呢？在这一点上，我们应该好好向已故的周恩来同志学习。

周恩来位居总理之职，官不可谓不大，而他强调的却是“关照小事，成就大事”。他一贯要求身边的工作人员尽可能地考虑到事情的每个细节，最反感“大概”、“可能”、“也许”的态度和言语。一次在北京饭店举办涉外宴会，他问：“今晚的点心是什么馅？”一位工作人员答道：“大概是三鲜馅吧。”周恩来马上追问：“什么叫大概？究竟是，还是不是？客人中如果有人对海鲜过敏，出了问题谁负责？”

周恩来正是以这种一丝不苟的精神，赢得了中国人民的爱戴，同样受到了国际友人的尊敬。尼克松说：“对周恩来来说，任何大事都是从注意小事入手，这一格言是有一定道理的。他虽然亲自照料每棵树，但也能够看到森林。”尼克松回忆道：“我们在北京的第三天晚上应邀去看乒乓球表演，当时天已下雪，而我们预定第二天要去参观长城。周恩来离开了一会儿，通知有关部门清扫通往长城的路上的积雪。”

海不择细流，故能成其大；山不拒细壤，方能就其高。

希望周恩来重视细节的作风，能够对我们改变观念起到一定的作用。有的朋友以为做了大官才能做大事，或者只想做大事，最终肯定是成不了大事的，反而连小事也做不好。有人以为官越大越好当——讲稿有人写，出行有人安排，生活有人照料……发号施令就是了，小事是村长们应该干的。我看这种人即使当了大官，也干不好，当不长。

细节的变化，更能体现观念上的更新和进步。

——汪中求

2 杀鸡须用牛刀

张瑞敏领导的海尔如今很有名了，但当初海尔的经营管理可是一塌糊涂啊。张瑞敏入主海尔后制定的第一条制度竟是“不许随地大小便”，可见海尔昔日情形。1985年，海尔着手内部管理，为此编写了10万字的《质量保证手册》，制定了121项管理标准、49项工作标准、1008个技术标准。张瑞敏着手整理企业内部管理，而且愿意花大力气、花大价钱把小事当作大事来做，这样才有了今天的成就。

沃尔玛更是全球闻名。在全球各零售企业业绩不断下滑、日本八佰伴等强势企业纷纷落马的时期，沃尔玛却越战越勇，一路领先。2007年7月11日在美国《财富》杂志公布的2007年世界500强排行榜中，美国零售大王沃尔玛公司以3511.39亿美元的年营业收入超过埃克森美孚，再度跃居榜首。我们看到了别人成功的辉煌，却很少去关注他们管理细节的用心。

沃尔玛在全球十个国家开设了5000多家商场，员工总数160多万，分布在美国、墨西哥、波多黎各、加拿大、阿根廷、巴西、中国、韩国、德国和英国。每周光临沃尔玛的顾客近1.4亿人次。

灵活高效的物流配送使沃尔玛在激烈的零售业竞争中技高一筹。沃尔玛可以保证，商品从配送中心运到任何一家商店的时间不超过48小时，沃尔玛的分店货架平均一周可以补货两次，而其他同业商店平均两周才能补一次货；通过维持尽量少的存货，沃尔玛既节省了存贮空间又降低了库存成本。1990年沃尔玛在全球有14个配送中心，发展到2001年一共建立了70个配送中心。早在20世纪70年代，沃尔玛就开始使用计算机进行管理；20世纪80年代初，他们又花费4亿美元购买了商业卫星，实现了全球联网；20世纪90年代，采用全球领先的卫星定位系统（GPS）控制公司的物流，提高配送效率，以速度和质量赢得用户的满意度和忠诚度。沃尔玛在全球第一个实现集团内部24小时计算机物流网络化监控，使采购、库存、订货、配送和销售一体化。沃尔玛给人们留下印象最深刻的，是它的一整套先进、高效的物流和供应链管理系统。沃尔玛在全球各地的配送中心、连锁店、仓储库房和货运车辆，以及合作伙伴（如供应商等），都被这一系统集中、有效地管理和优化，形成了一个灵活、高效的产品生产、配送和销售网络。**我们的商场都很惧怕沃尔玛的强大竞争攻势，却很少去研究它的服务细节，以及为了这些服**

务细节所做出的巨大努力。

我是做营销的，再列举一些企业客户服务的例子。

先说说诺基亚。诺基亚每隔3~4年就根据市场变化和本企业的核心竞争力的提升确定自己不断更新的企业目标：1992年定义目标——以电信为主导、专注、全球化和增值；1996年定义目标——在最具吸引力的电信市场占据领导地位；1999年定义目标——在创造移动信息社会中扮演领导和品牌效应的角色；未来定义目标——将互联网装入每个人的口袋。目标虽大，但客户服务却细致到位。诺基亚公司的客户服务理念是“专业专注、全心服务”。诺基亚2000年年底就已建立了250个特约服务中心，特约服务中心不能覆盖的偏远地区，则开通了流动服务车；每月在中国内地多座城市举办服务日活动，提供现场免费检测和优惠维修；各大城市均开通了“诺基亚客户服务热线”，提供24小时不间断的咨询服务；用户拨打服务热线，免付长途话费。另外，增设了短信回复功能。进入热线系统，听到提示音后，输入手机号码，即可收取相应的信息。诺基亚在客户服务理念上，真正在兑现它的“科技以人为本”。

再说说创立“倒宝塔组织结构”的诺顿百货公司。诺顿百货公司成立于1963年，由8家服装专卖店组成，并确定了靠服务而不是靠削价取胜的竞争策略。

诺顿百货公司的服务内容有：

- 替要参加重要会议的顾客熨平衬衫；
- 为试衣间忙着试穿衣服的顾客准备饮食；

- 替顾客到别家商店购买他们找不到的货品，然后打七折卖给顾客；
- 天气寒冷时替顾客暖车；
- （有时甚至会）替顾客支付交通违章的罚款。

为顾客着想是整个公司从总裁到普通员工的思想意识。诺顿百货公司总裁约翰先生，在高峰时期从楼梯走上走下，不占用电梯空间以便多容纳一位顾客。有位企业主管在出差前拿了两件西装到该店修改，在他要赶往机场时，该店还没把西装改好，但等他到达另一座城市的旅馆时，发现有一个他的快递包裹，里面正是已改好的西装，还附有三条价值25美元的领带，以表歉意。诺顿百货公司大批忠实的顾客称自己是“诺家帮”。

“服务”一向是诺顿公司的金字招牌。在年营收达到近百亿美元规模的上市公司之中，很少有像诺顿这样，到现在还是由创办人家族第四代掌门的。事实上，在七年前，这个传承几乎也要断线了。身为创办人曾孙的诺斯壮，以“服务”救回了一脉相传的香火，金字招牌同时成了公司的免死金牌。既然重服务的品牌是该公司最大的资产，恢复一流的服务自然是不二法门。于是，当对手为了在销售楼层挤进更多商品而牺牲店内气氛时，诺顿却反其道而行，不仅保持走道宽敞，试衣间也维持大面积，力求购物空间舒适。

这里还有一个注重细节的真实的故事：

武汉市鄱阳街有一座1917年修建的6层洋楼，在这座名叫“景明楼”的楼宇度过80个春秋后的一天，该楼的设计者——英国一家设计事务所远隔万里来信一封，告知：景明楼为本所1917年设计，使用期限80年，现已超期服役，敬请业主注意。

还有一个故事：

台湾有一位博士在意大利某名牌鞋店买鞋。最合脚的尺码卖完了，他选了一双小一号的，但有一点儿紧。反正鞋穿穿会松的，于是要掏钱买，可售货员拒绝卖给他，理由是顾客试穿时表情不对劲，“我不能将顾客买了会后悔的鞋子卖出去”。

1992年美国国家品质奖服务奖的得主——丽兹·卡尔登饭店，在全球联网的电脑档案中详细记载了超过24万个客户的个人资料。

有一次，韩国一家跨国集团公司的副总裁到澳大利亚出差，当他住进丽兹·卡尔登饭店后，他打电话给该饭店客房服务部门，要求将浴室内放置的润肤乳液换成另一种婴儿牌的产品。服务人员很快满足了他的要求。

事情并没有结束。三周后，当这位副总裁住进美国新墨西哥的丽兹·卡尔登饭店后，他发现浴室的架子上已摆着他所熟悉的乳液，一种回家的感觉油然而生……

凭借信息技术和多一点点的用心，丽兹·卡尔登饭店使宾至如归不再是口号。丽兹·卡尔登全球联网的电脑档案中记载的客户个人资料，是每一个顾客和卡尔登员工共同拥有的小秘密，使顾客在他乡也感到满意。这就是成熟的企业客户服务的细节。

我认为国内企业最早确立了先进的客户服务意识的是家电企业。让我们说说国内的家电企业小天鹅和荣事达。

小天鹅最早推出“1、2、3、4、5”的服务承诺：一双鞋，即上门服务自带一双专用鞋；两句话，即进门一句话“我是小天鹅服务员×××”，服务后一句话“今后有问题我们随时听候您的召唤”；三块布，即一块垫机布、一块擦机布、一块擦手布；四不准，即不准顶撞用户、不准吃喝用户、不拿用户礼品、不乱收费；五年保修，即整机免费保修五年。

荣事达于1997年“3·15”之际隆重推出了“红地毯”服务。“热情、温情、深情、真情”是“红地毯”服务的形象定位。服务规范细分为服务语言规范、服务行为规范和服务技术规范三个方面。服务行为规范概括成为“三大纪律，八项注意”：“三大纪律”——第一，不与用户顶撞；第二，不受用户吃请；第三，不收用户礼品。“八项注意”——第一，遵守约定时间，上门准时；第二，携带“歉意信”，登门致歉；第三，套上进门鞋，进门服务；第四，铺开“红地毯”，开始维修；第五，修后擦拭机器，保持清洁干净；第六，当面进行试用，检查维修效果；第七，讲解故障原因，介绍使用知识；第八，服务态度热情，举止文明。（见下篇5：

《三大纪律八项注意》的来历）

客户服务如此，营销各环节中的广告也如此。营销人都理解广告是爱不得又恨不得的。就因为观众、读者对广告太不在乎，就因为媒体太多，广告也就更难做。我们通常接触到的广告，往往如戛纳国际（广告）评委主席迈克尔·康拉德所说："（中国的广告）含太多的讯息、太多的噱头、太多的陈词滥调、太多的对话、太多的附加成分、太多糟糕的预先测试、太多的理性、太多的科学内容和太少的热情。"很多企业的广告甚至出现"手术成功，病人死亡"的现象。

正因为这样，广告必须在策划上多花心思，在总投入有限的前提下，在细节上用足脑子。看几则篡改成语的广告词：完美无"汗"（空调广告）、一"明"惊人（眼镜广告）、默默无"蚊"（电蚊片广告）、"咳"不容缓（止咳药广告）、随心所"浴"（热水器广告）、"骑"乐无穷（摩托车广告）、"饮"以为荣（饮料广告）、百"衣"百顺（服装广告）、脱"影"而出（摄影广告）。有人认为这是对中国语言的不负责任，对净化语言环境不利，我却觉得没有那么可怕，几则广告不会对整体语言环境有如此大的破坏力，毫无特点的广告倒是莫大的浪费。所以，我称以上这些为"有争议的好广告词"。

在广告问题上，还有一点也非常重要，那就是要充分考虑小媒体。2008年我国中小企业已超过4000万户，占我国企业总数的99.8%。中小企业一样要上广告，但哪可能像一些大企业那样一年投几个亿的广告费？小媒体就必须高度关注，在一些小地方用心思。

我的一个姓刘的客户在陕西的一座小城市渭南做一个油漆产品的广告。他没有学过广告学，中学也还没读完，没有多少广告技巧，同时也没有多少钱投入广告。他苦苦寻找，发现了一个很有价值的小媒体。渭南市有出租车，还有150辆三轮摩托车投入城市客运。这种三轮摩托车跑一趟每次收费2~3元，且车身都有斗篷。于是，刘先生就在这些三轮摩托车上做广告，斗篷上书“×××免费送你去买漆”，“发布费”每辆车每月10元，3个月共4500元，来人到了“××牌油漆专卖店”，由店长给付乘摩托车的钱，每天掏100元左右，3个月下来，连广告发布、制作在内总费用15000元。科班出身的广告人对此是不屑一顾的——小气、没创意、不登大雅之堂。但事实上，这个小媒体的小广告很管用，全渭南市与家装有关的人都知道了“××牌油漆专卖店”；而且，不少上门的人即使没买“××牌油漆”，也或多或少买些什么走。如用同样多的钱，做一块路牌广告只能挂两个月，做当地报纸广告只能半个版两次。

对敬业者来说，凡事无小事，简单不等于容易。因此，我一贯倡导：**花大力气做好小事情，把小事做细。**我们为了开好一个经销商大会，仅会议准备工作就制定了30多份文件（见下篇2：开个经销商会30多份文件）。我带专家小组去开发一个涂料企业的样板市场，只是完成了一些基础工作，5个人却整整工作了40天，还常常加班加点。200人次/日，只是完成了10件事：

- 根据市场情况进行了产品结构及其价格调整；
- 对宣传品、促销品、包装物进行修订；
- 做了4个内容的专题调研；
- 走访、调查了5个地级市的市场；
- 策划和操作了一次公关活动；
- 设计并实施了几处广告（路牌、公交车车身和一些小媒体）；
- 指导开展了一次小区推广活动；
- 开了3个专题会（油漆工联谊会、分销商会、家装公司会）；
- 制定了6个培训手册（专卖店手册、招商手册、分销商手册、小区推广手册、业务员指导手册、经销商公司化运营手册）；
- 做了9个课时（2小时/课时）的员工培训。

中国人常用“杀鸡焉用牛刀”来表示对小事的轻视，而在我看来，“杀鸡须用牛刀”，只有花大力气把小事做细，才能把事情做好。但现实情况往往是，想法挺好的，却没有人愿意和能够把每一件小事做透。这实在是当今社会之大害呀！

不放过任何细节。

——松下幸之助

3 简单的招式练到极致就是绝招

拙著《营销人的自我营销》辟有专门的一节讨论这个题目，如今谈论细节决定成败，我觉得更应该说透这个题目。

电影电视里的武打情节，总要设计一些奇招、怪招、绝招，观赏性强了，但大多不符合实际生活，而且误导了青少年，使他们总认为生活中也是这样——一招通吃。当这些观众再去看散打比赛的时候，方才明白打架并不是那么好看的，再厉害的冠军选手也始终没用上所谓的“绝招”。

武术本没有绝招，生活和工作中解决问题、处理事务、策划市场、管理企业，也都不会有什么绝招。**大量的工作，都是一些琐碎的、繁杂的、细小的事务的重复。这些事做成了、做好了，也见不到什么成就；一旦做不好了、做坏了，就使其他工作和其他人的**

工作受连累，甚至把一件大事给搞砸了。可惜，明白这些的人并不多见。

我曾在一所财经大学讲课，课间我们做过一次小小的测试，一个班50位大四的学生，每人模拟填写一份增值税发票，结果填写完全正确的只有两人。作为学生，一张票据十几个栏目填写错了一两个栏目，老师还会给个七八十分，但作为企业的职员，发票填错一栏，整张票就作废，那就是零分；如果填写错了没有被及时发现，那麻烦就大了，就不只是零分的问题。如果你去公司财务部就职，发票老是开错，我看你就该走人了。

做过我下属的人，大多数都觉得我要求甚严，因为我有两个要求是必须做到的：**第一，接了手的事必须按时、按标准完成，不能完成，做任何解释我都不听；第二，已做完的事情，自己检查认定完全没有错误再上报，不要等我检查出了破绽或漏洞再辩解。**我曾经跟我的秘书分析说：“安排你做的事，无论巨细，你不去做就该我做，你做不到位，我就要返工。从管理的角度说，公司花了大价钱请我，成本在你的10倍以上；从经济的角度说，我花一小时能做的事，你花一天的时间做好，值。同样的道理，一件小事，你花了一小时做完交给了我，当我发现了不足，再去补充、修订，花半小时，如果这样，不如费你半天时间更合算。你把小事做细了，我的工作效率就提高了。”从此，她的工作越来越到位，我的工作也就渐渐顺手多了。

前不久，我带队走访一家涂料企业的经销商，发现的问题大多数是一些小事和细节。但小事成堆了，对市场的影响就不小了。列出部分细节如下：

- 绿色认证、环保标志、保险公司承保等各类荣誉称号和标志总共有17种之多，是否应全部在包装上反映出来，还是突出2~3种？
- 包装箱罐与各类宣传资料上的标志不统一是怎么回事？
- 产品做出修改或开发出的新产品，有没有人及时通知经销商？
- 发出的货在质量上有细小的差别，有需要注意的事项，谁去告知和提醒经销商？
- 很多经销商手中有成捆的促销资料用不上，只能闲置在库房，是如何造成的？
- 没有一种宣传资料和促销品配足了，经销商自己出钱能给足吗？如果让经销商自己印刷，谁为客户提供样稿？
- 要求客户投诉填写统一的表单，但客户没有，样表又是怎样制成的？
- 订货单要求统一，但提供的统一的订货单纸张却特别薄，传真机走不过去，非得让客户复印一次后再传？
- 包装材料和宣传资料上的注册商标往往没有加注“R”，是谁的失误？
- 公司大量的文件、资料发往经销商，有谁去了解经销商收到了什么资料和文件？
- 代西安客户处做的名片地址却为“烟台”，应该由谁对此承担责任？

- 产品包装上注明了“中国装饰材料协会”的咨询电话，但公司本部有谁打过这个电话？咨询电话的应答是否有利于增进客户对公司的信任度？据反映接受咨询的电话那边的回答并不好，不如取消这个咨询号码，有谁关注这些？
- 向某客户发价值970元的货，运输费花了368元，什么叫成本控制？客户对此是什么印象？

我帮另一家公司做咨询，他们的CI企业形象手册颁布实施好几年了，但一直觉得没什么大用。我去检查的时候，却发现CI企业形象应用很不到位，于是给他们先把VI（企业视觉识别系统）的范围列出来：

- 事务用品系列：名片/国内标准信封、信纸/国外标准信封、信纸/公文夹/公文封、文件/便笺、传真纸/合同纸/事务贴纸/打卡纸/工作证、工作卡/荣誉证书、奖状；
- 广告、公关、促销系列：公司简介封面/请柬/产品介绍封面/贺卡/台历封面/招贴、报纸、杂志封面广告/展览摊位设计/包装纸/广告用手袋；
- 室内外广告系统：大型霓虹灯/直式楼层标志牌/科室标志牌/服务性公共场所指示牌/前台、会议室；
- 旗帜系统：公司旗/挂旗/吊旗；
- 服装系统：白领男女装（春、夏）/蓝领男女装（春、夏）/领带、领带夹等饰物；

- 交通车辆系统：货车三面图/中巴车二面图/人货两用车二面图；
- 通用包装系统；
- 赠品系列：钥匙牌/笔/笔记本、名片夹。

日本人做事就比较到位。早在我国开发大庆油田时，日本人就特别能够从细节上发现问题。1966年7月，《中国画报》有王进喜头戴狗皮帽的照片，日本人就推断出此地为零下30摄氏度的东北地区；又根据运原油的列车上灰层的厚度，测出油田与北京的距离，认定油田应在哈尔滨与齐齐哈尔之间；1966年10月，《人民中国》刊登出宣传王进喜的文章中，透露出一个“马家窑”的地名，日本人便推出大庆在安达车站附近；王进喜原在玉门油田，1959年参加国庆观礼后就销声匿迹了，推断出大庆开发时间为1959年9月。这次调查的成功，使日本后来在中国石油工业进口设备的谈判中占据主动，大获全胜，几乎垄断了我国石油设备进口市场。单看日本人在中国石油工业进口设备谈判的主动情形，不明真相者一定会认为他们有什么绝招呢。

在指导客户的营销管理工作时，我时常说的一句话就是，**“并非我有多高的水平，而是你们很多常规的活没做到位”**。比如做市场分析，《市场分析报告》做得五花八门，没有统一标准，滥竽充数的多，市场调研也就往往应付了事。当我把我亲自主持调研市场并形成的标准版的《市场分析报告》交给客户时，他们觉得很管用，事情就做得扎实多了。消费品生产企业多设专卖店作为直销主渠道，但对专卖店该怎么开，即如何筹建、如何布置、如何管理、如何正常运营等，均不求甚解，结果自然是效率低、效果差。几家客户在拿到我给他们的《专卖店手册》时茅塞顿开。这其中哪里有什么新招呢？更不用说绝招了。对营销顾问来说，这些都是日常工作，做熟了，就觉得简单了。

所谓绝招，是用细节的功夫堆砌出来的。

——汪中求

4 拒绝浮躁：做事不贪大，做人不计小

中国的改革开放已经三十多年了。在这些激情燃烧的岁月里，中国社会的面貌和国民心态的确发生了翻天覆地的变化。我们从一个简单和单纯的世界，突然走进了一个五彩缤纷的世界。

○中国的大学毕业生真的过剩了吗

中国的大学经过1998年大规模扩招之后，大学生似乎一下子多了起来，扩招的学生也已经开始走向社会，就业压力骤增，现在社会上已出现“大学生毕业即失业”的说法。2008年全国高校毕业生559万，比2007年增加85万人，2009年高校毕业生将达到619万，预计今后三年内还将以每年50万的速度增长。根据国家劳动保障部的最新统计，2008年的就业状况很不理想，就业压力越来越大。

细想想，中国的大学生真的过剩了吗?

前段时间，我应河南安阳市工商联的邀请，去安阳为企业做营销培训。当地一位知名企业的厂长在与我交谈时说：“我们厂子花了60多万美元进口了两台世界上最先进的设备，可是我们操作机器的人水平达不到，两台设备发挥不出应有的效益。”我问他：“你们厂里操作这两台设备的人是什么水平?”他回答：“是大专毕业生，而据出口这台设备的美国公司说，操作这两台设备的最低要求应该是研究生水平，而且应具有良好的英语水平和较强的责任心。”我说：“那你为什么不引进一些研究生和本科生呢?”他有些难为情地说：“安阳是个小地方，别说研究生，就是本科生都不愿意来。”

安阳真的不能算是个小地方，应该说是地区中心城市。我们的大学毕业生们一心盯着京、津、沪等直辖市，次一点儿也要去省会城市，而中国众多的中小城市却招不到合格的人才，这是不是与当代大学生的心态有关系呢?

说到底，不在于大地方、小地方，大企业、小企业，是你愿不愿意真正从基层做起，是你知不知道自己的身价几何。

曾几何时，MBA（工商管理硕士）就像一个金字招牌，似乎读了工商管理硕士，就意味着高职、高薪、荣耀、名誉，而近几年随着企业对工商管理硕士趋于理性的认识，工商管理硕士身价骤跌。难道这仅仅归于就业市场的低迷吗?归于企业不识货吗?归于没有伯乐吗?我看未必。这些学子是否能从自己的浮躁心态上找些原因呢?

世界500强企业中的很多CEO（首席执行官）是工商管理硕士，但是，工商管理硕士并不等于职业经理人。路是一步一步走出来的，高职位也需要实打实地干出来，没有时间的磨炼，怎么可能成才呢？因此，务实肯干、敬业奉献几乎是所有企业对工商管理硕士的基本要求。企业最担心的不是工商管理硕士能创造多少财富，而是他们那种浮躁的处世态度。从工商管理硕士到职业经理人需要反复磨炼，包括职业操守、团队精神的磨炼，更重要的是，中国的工商管理硕士要对中国企业运行的潜在规则有充分的认识。如今，高定位、低起点已经成为企业招聘工商管理硕士的基本原则，既然工商管理硕士们具有良好的发展潜力和合理的知识架构，从基层做起有什么不可以？

○浮躁的企业长不大

据统计，世界500强企业的平均寿命是40~50年，美国每年新生50万家企业，10年后仅剩4%，日本存活10年的企业比例亦不过18.3%，而中国大企业的平均寿命是7~8年，中小民营企业平均寿命是2.9年。这的确是一个很严酷的现实。我想，哪个办企业的人也不愿意这么快就死掉吧？现在，企业界都在谈论如何做大、做强，也就是企业如何长大的问题。你可以找出企业长不大的一百条理由。我这里想谈的就是企业的心态问题，即是否能够沉下心来去研究市场、去研究产品、去搞科技创新、去研究企业制度、去研究企业人力资源管理，而拒绝浮躁的心态。

由于浮躁，某种产品刚一兴起，同类企业一哄而上，搞得谁都没有利润。当年呼啦圈的悲剧、锅巴的结局，不都是如此吗？

由于浮躁，假冒伪劣产品到处都是。

由于浮躁，当年中央电视台广告“标王”之争让多少企业为之痴迷疯狂。不努力把每一件事做细、做透，而去豪赌广告，结果是怎样的呢？一篇新闻追踪，就可以搞得秦池酒倒地不起。

由于浮躁，一些企业盲目乱炒概念。2000年8月，全国仅有3家公司用“纳米”技术，半年之间就冒出了300多家“纳米”字号的企业。

由于浮躁，有的企业前期势头不错，刚发展到了几千万资产，就要搞多元化经营；刚搞到了几个亿，就要搞国际化，誓言几年之内进军世界500强……于是就头脑发热，盲目扩张；耳根发硬，听不进别人的意见；双眼模糊，看不到企业经营中的风险……

西方有句名言“罗马不是一天建成的”，那么我们是否可说“万里长城也不是一天垒成的”？

不论是世界500强之首的沃尔玛，还是中国制造业旗舰的海尔集团，都是在踏踏实实、埋头苦干中长大的；**浮躁被扎实代替，冲动被理智折服，这才是长大的硬道理。**

○中国需要183座“国际化大都市”、30个“CBD”吗

浮躁是当前社会普遍存在的一种心态。“浮躁+浮夸”当年曾给中国造成了“大跃进”等无法估量的损失。今天，这种心态如果

蔓延开，势必对中国的改革进程造成严重影响。政府机关，应该正确引导，不能助长这种风气。而我们的某些政府官员似乎没有摆脱“好大喜功”、“贪大求洋”的心态，一直不能静下心来考虑一些细节问题。

在2005年7月21日召开的城市总体规则修编工作座谈会上，当时的建设部部长汪光焘表示：中国已有183座城市提出了要建设“国际化大都市”。这是什么概念？全国共有667座城市，就意味着占总数27%的城市都要建设国际化大都市，超过了我国城市总数的1/4。

请问这些城市的决策者们：

（1）世界有几座城市可以称得上“国际化大都市”？

（2）国际化大都市的标准是什么？

（3）你们城市能有多少可用资金？有多大投资力度？

（4）你们要成为国际化大都市的具体方案是什么？如何保证这些方案的实施？

（5）这些方案实施的话，会得到什么样的效果？

建设“国际化大都市”，并不是建几座摩天大楼就可以大功告成的。目前虽然对什么是国际化大都市还没有公认的定义，但有关专家还是提出了八条基本标准：

（1）区域中心，对本国及世界某一区域的经济有一定的调控能力；

（2）人才中心，有大量的国际移民；

（3）国际会展中心，每年至少举办150次以上国际性会议；

（4）国际组织所在地；

（5）完善的服务体系，服务业在其国民生产总值中所占的比重在70%以上；

（6）国际创业中心；

（7）国际文化传媒中心；

（8）文明之都。

以上八个条件，中国有几座城市能达到，或者通过努力能达到？前任总理朱镕基说过：“上海20年后才能赶上香港。”连中国最具竞争力的上海尚且如此，可见，我们中国的经济发展还有很长的路要走，我们还有很多平凡而细致的工作要做。“CBD”（Central Business District，中央商务区）这个概念是20世纪20年代美国人提出来的，五六十年代在美国、欧洲、日本等国的一些大城市开始开发建设，是许多国际化大都市的标志性区域。

中国在20世纪90年代提出建设CBD，北京、上海开始规划、建设，之后，国内30多座城市提出建设CBD的规划。CBD又成了一个建设热点！美国纽约、芝加哥经历了20年才建成，纽约曼哈顿不过一平方公里范围，而国内某些城市却要建成几十平方公里的CBD，并要在几年内完成。请问，这不是浮躁心态又是什么呢？

邓小平同志说：“发展是硬道理。”这是中国社会发展的大势所趋。求快、求发展是我们每个人的心愿，但如何做？我认为，不论是做人、做事、做管理，都应当踏踏实实，从实际出发，从大处着手，从小事做起，拒绝浮躁。我的一个座右铭是：**“做事不贪大，做人不计小。”**

所以，我希望这些城市的决策者们，与其提出这些不切实际的口号（“口号”还好，如果真的决策错了、实施错了，损失就大了），还不如从小处着手，切切实实地为百姓做些实事。

使人疲惫的不是远方的高山，而是鞋里的一粒沙子。

——托尔斯泰

5
每个人素质提高一小步，民族素质将提高一大步

当年，美国“阿波罗”号航天飞船登上月球时，航天员阿姆斯特朗留下了一句世纪名言：“我现在迈出的是一小步，但在人类历史上却是一大步！”

中国改革开放三十多年以来，如果评出在媒体上出现频率最高的词汇，我敢断定“素质”一词一定榜上有名。可是在中国经济实力、人民生活水平大幅提高的同时，中国的国民素质到底有多大提高呢？是否与经济发展的要求相匹配呢？很难断言。如果说提高了，为什么上了点儿年纪的人要怀念20世纪五六十年代国人的纪律性和民风的诚实、朴素呢？如果说提高了，为什么那么多从海外发达国家回来的人，要大谈我们素质低呢？现在，“素质低”几乎成了骂人的流行语言。

为什么每个人都说别人素质低?

○社会的发展要求我们每个人扎扎实实地提高自己的素质

在北京时，一天傍晚我去访问一位朋友。我们从朋友居住的小区出去吃饭时，一辆奥迪车从我们身边缓缓驶过。车内坐着的两人显然是一对父女。快到小区的大门口时，车放慢了速度。这时，一只纤细的小手从车窗里伸了出来，哗啦一声将一把瓜子皮扔到小区的路面……我的朋友脱口说了一句:“什么素质!”

这件事给我留下了深刻的印象，也让我心里很难过。如果有机会，我想问问这位父亲:你是怎么教育自己的孩子的?我想问这个女孩:如果你是在自己家里，也会把瓜子皮随手往地上撒吗?

北京的机动车在2008年已突破了350万的保有量，请记住:并不是因为你开了宝来、奥迪甚至宝马，就证明你的身份和素质提高了。

我的这位朋友在美国、加拿大住过三年半。他对那里的干净、卫生，以及人们的公共意识之强赞不绝口。他告诉我:在美国、加拿大，一些大学生宿舍里面也很乱，但是这些人一到公共场合，个个都是君子和淑女。三年半时间，他没见过一个人随地吐痰。并不是他们没有痰，而是每个人都会自觉地把痰吐到随身带的卫生纸里，再扔到垃圾箱里。

这正好与我们的思维方式和做法相反。中国到处都在建造新房子，到处都在装修，自己家里可以收拾得一尘不染，可一到公共场合，表现截然相反——因为那是公家的。请问诸位，你们有谁在家里随地吐痰？

随地吐痰、随手扔垃圾等问题，大家谈了多少年，又有多少改进？据测算，北京市每天随地吐的痰就有三吨之多！2007年“十一黄金周”首日天安门地区收垃圾14吨。这些来自网络的数字是否准确，我不敢断定，但我可以告诉你我的“抽查”结果：

一次，我和一位朋友去海淀图书城购书，然后准备去人大。这天天气晴朗，购完书后我们就想散散步，一路沿着苏州街往海淀南路走。我这个人比较喜欢观察“小事”，沿路就做了简单的“观察”。结果，20分钟的路，遇到了14个吐痰的，其中13个随口吐到地上，只有一个人吐在卫生纸里，扔进了垃圾箱。

这个调查虽然有随机性，但是，人下意识的行为更能表现出自己的素质的高低。这就是我们面临的现状。我曾看到呼和浩特市一个名叫孟志坚的中学生写的作文“明事理，谈做人”，颇有感慨。孟志坚同学写道：在呼市实行公交车无人售票改革的第一年里，公交公司损失了5万元。票价涨了，公交公司却赔了：有些人用半张的伍角纸币顶替车票，有的人用铁片、钢片顶替伍角硬币，还有的用蒙币、俄币代替伍角硬币。这些假冒伪劣的钱币加起来就是5万元。什么概念？就是10万多人次无票乘车，如果排成一队可排到50公里长——还不算逃票的人数。

一个中学生的思考应该引起我们成年人的思考，应该引起我们社会的思考。

孟志坚同学在作文里还列出了呼市颁发的“呼市市民行为十不准”：不乱扔垃圾、不随地吐痰、不破坏绿化、不损坏公物、不闯红灯、不打架骂人、不乱写乱画、不噪声扰民、不乱停车辆、不随地便溺。

请问大家：以上列举的小事你做到了没有？哪座城市没有市民文明公约、守则？我们每个人又做得怎么样？

我一再强调，**并不是我们没有制度，而是我们没有踏踏实实地去执行。**

当你走进北京任何一家五元书店、十元书店时，你会发现绝大部分是盗版书。我不明白：如此堂而皇之的偷盗行为为什么就没有人管？为什么还有那么多人捧场？

○企业做大、做强，要靠每一位管理者、每一位员工素质的提高

我读过这样一则故事：

有一个美国的企业代表团来中国考察。一天，代表团去参观一家国有大企业时要求先去参观员工餐厅。他们参观了餐厅以后，非常不满地说：“给员工吃这样的饭，大家都不应该干活。”之后，他们又去参观了车间，看完了工人的工作情况以后，代表团成员气

愤地说："这样干活儿，都不应该给饭吃！"

上述故事的真实性我无从考证，但不可能完全是无中生有。故事中的美国人看到的是工人的伙食标准不高、工和懈怠，而没有看到当年南京冠生园用前一年的月饼馅生产新月饼。如果他们看到了，又会如何感想。可以大胆地说：如果他们看到了，起码会影响中国的食品出口美国。

中国的企业经过了十几年市场经济的洗礼，的确取得了长足的进步，这就对我们的管理者素质、员工素质提出了更高的要求。联想集团的干部会议，谁迟到要罚站十分钟，据说柳传志也挨过罚。这就是制度，制度定出来就要严格执行。

处罚当然是必要的，而且对领导、对员工应该一视同仁，但关键是我们的心态。**人的心态决定人的命运，企业管理者的心态、员工的心态也决定着企业的命运。**如果我们的管理者、企业的员工能够从被动心态转变为主动心态，把遵纪、敬业、爱岗当成自己的使命，也就是我们员工的素质提高了，我想这个企业一定能迸发出巨大的能量。

《经济管理》杂志社原社长赵英先生去日本访学时，他与一位日本研究人员出差后回到东京上野车站，一看表，才4点（日本一般是6点下班），于是这位研究人员又回到单位上班去了，而乘车到单位去还需要坐半小时的电车。

可以想一想，我们的工作人员哪一个能做到这一点。这就是我们与别人的差距。中国在经济上取得了巨大的进步，但是我们与日本还有很大的差距。**2007年中国的GDP约为日本的1/2，人均收入是日本的1/25~1/30，数据上的差距并不可怕，可怕的是我们的管理者、我们的员工与人家在敬业精神、责任心等方面的差距。**

海尔集团首席执行官张瑞敏在谈到这点时有一个经典的说法：如果让一个日本员工每天擦6遍桌子，他们一定会一丝不苟地每天擦6遍；而我们中国的员工第一天会擦6遍，第二天也会擦6遍，可是第三天就会擦5遍，第四天可能只擦4遍……这就是为什么我们的企业引进了许多一流的设备，而产品质量却达不到原装水平的原因；这就是为什么我们很多工业品产量能达到世界第一，而我们的出口价格却只有人家的十几分之一，甚至几十分之一的原因；这就是为什么中国产品在欧美市场价格上不去的原因。

○我们靠什么赢得未来的竞争

现在，世界上有许多知名学者说：“‘第三次世界大战’已经发生，战场是中小学课堂。”哪一个国家的政府有发展教育的远见，哪个国家就会成为“第三次世界大战”的胜利者。

邓小平同志也说过：“十年来我们的最大失误是在教育方面。”

“中小学课堂”、“教育的失误”这些词说到底都是对人才的培养、对国民素质的培养。世界经济论坛2006年9月26发布的《全球竞争力报告2006—2007年》称：中国的成长竞争力指标在125个经济体中名列第54名，较2005年下滑了6位。

为什么中国的综合国力增强了，而国际竞争力却下降了呢？一个重要的原因就是我们国民素质的问题：

- 在权威机构对世界部分国家竞争力的评价中，中国的国民素质排在第35位；
- 在中国7000万技术工人中，高级技工仅占3.5%，而西方发达国家占40%以上；
- 中国人均劳动生产率为日本人的1/26、美国的1/25。

我们的国家靠什么提高国际竞争力？就是要从细节入手，扎扎实实提高国民的素质。在德国，很多学校的办学方向就是“培养第一流的劳动力大军”，这就是我们学习的榜样。

如何提高国民素质呢？我想别无二法，就是学习、学习、再学习。我记得在《李岚清教育访谈录》中，国务院原副总理李岚清同志指出：**“让每一个愿意学习的人都有机会学习。”**

我们中国人对外面的世界充满好奇，所以，当我们拿起望远镜看世界的时候，也别忘了用放大镜看看自己，把我们的长处、弱点都看清楚了；也不要一多谈德国人、日本人素质比我们高就不舒服，好像是“长他人的志气，灭自己的威风”。世界上学生超过老师的事比比皆是：真正谦虚下来、沉下心来，努力提高自己的素质，我们的发展势头一定会更强、更快。套用美国航天员那句话：**“每个人的素质提高一小步，整个民族的素质将提高一大步。”**

6 战略：从细节中来，到细节中去

早前，我应邀做客新华网，就“细节决定成败”与网友交流。很多网友谈到“战略”问题，认为是战略决定命运。对于这个问题，我的观点是：战略是从细节中来，到细节中去。

○前期做得越细，战略定位越准确

战略管理大师迈克尔·波特认为：战略的本质是抉择、权衡和各适其位。

所谓“抉择”和“权衡”，就是我们所谈的每个战略制定前的调研分析，以便做出最后决定的过程；“各适其位”就是对战略定下来以后的具体细节上的执行过程。那么，把这个前期的过程拆开来看，就是对每一个细节的关注。

兰德公司是美国负有盛名的咨询机构。它的职员有1000人左右，其中500人是各方面的专家。

兰德公司影响和左右着美国政治、经济、军事、外交等一系列重大事件的决策。1950年，朝鲜战争爆发之初，就中国政府的态度问题，兰德公司集中了大量资金和人力加以研究，得出7个字的结论——“中国将出兵朝鲜”。他们将这一结论作价500万美元（相当于一架最先进的战斗机的价钱），卖给美国对华政策研究室。研究成果还附有380页的资料，详细分析了中国的国情，并断定：一旦中国出兵，美国将输掉这场战争。美国对华政策研究室的官员们认为兰德公司是在敲诈，这份报告更是无稽之谈。

后来，从朝鲜战场回来的麦克阿瑟将军感慨地说：“我国最大的失策是舍得几百亿美元和数十万美国军人的生命，却舍不得一架战斗机的价钱。”

事后，美国政府花了280万美元，买回了那份过时的报告。

“中国将出兵朝鲜”七个字，字字无价，那380页的资料是兰德公司研究了多少细节问题才总结出来的呢？

军事上的战略决策要从研究每个细节中来，商战中的战略决策也同样如此。

麦当劳在中国开到哪里，火到哪里，令中国餐饮界人士又是羡慕，又是嫉妒，可是我们有谁看到了它前期认真细致的市场调研工作呢？麦当劳进驻中国前，连续5年跟踪调查，内容包括中国消费者的收入情况和消费方式的特点，提前4年在中国东北和北京市郊试种马铃薯，根据中国人的身高体形确定了最佳柜台、桌椅和尺寸，还从香港麦当劳空运成品到北京，进行口味试验和分析。开首家分店时，麦当劳在北京选了5个地点反复论证、比较，最后进军中国，一炮打响。这就是细节的魅力。我们中国哪个餐饮企业在开业之前做过如此深入的市场研究？

我们再看看另一个案例：

20世纪90年代中期，北京、天津、山东、广东、湖南同时上了五个乙烯工程，每个工程投资80亿元，国家共投资400亿元。工程建成一投产就出现亏损、破产，400亿元的投资白白打了水漂。为什么？难道我们仅仅简单地归纳为“战略决策失误”吗？我记得当年第5次反围剿时，中央红军在共产国际军事顾问李德的指挥下连连失利、损失惨重。400亿的损失，我们不能以“战略失误”几字一笔了之。

乙烯工程规模效益的最低标准是年产30万吨，而这五个工程都是年产15万吨。

试想：如果有关战略规划部门拿出这400亿的千分之一甚至万分之一委托一个像兰德这样的咨询机构做一下市场前期调研、预测，还会出现这种情况吗？

○再好的战略，也必须落实到每个细节的执行上

我一直认为，**中国绝不缺少雄韬伟略的战略家，缺少的是精益**

求精的执行者；绝不缺少各类规章、管理制度，缺少的是对规章制度不折不扣的执行。好的战略只有落实到每个执行的细节上，才能发挥作用，也就是迈克尔·波特说的“各适其位”。

从大的方面来看，长时间以来，我们一直强调素质教育，这么多年了，我们国人的素质提高了多少呢?

中央一再强调安全生产，我们的企业安全生产事故减少了多少?中央一再强调解决三角债问题，现在的三角债是多了，还是少了?这点我们做企业的最清楚。中央一再强调解决拖欠农民工工资的问题，最后竟然让总理亲自为农民工讨工资。

从中的方面来看，海尔、联想为什么可以成为中国传统产业和科技产业的领头羊，就是因为他们的中层领导、一般员工对公司的战略执行到位。

从小的方面来看，对我们而言，我们个人给党中央提建议的可能性也不大，如果我们每个人能把自己岗位上的事情做到位了，每个团队把他们的事情做到位了，公司、国家的战略也就能很好地实现了。

所以说，战略和战术、宏观和微观是相对的，**战略一定要从细节中来，再回到细节中去；宏观一定要从微观中来，再回到微观中去。**

战略上举重若轻，战术上举轻若重。

——汪中求

Part

02

没有破产的行业，只有破产的企业

——细节造成的差距

1
上海地铁二号线和一号线的差距

有一次，与从德国回来的一位“海龟”朋友聊天时，我自然问起了他留德的感受，并问他对德国人印象最深的是什么。他说是德国人的严谨、德国人对任何工作细节的关注。他说了令我吃惊的一件事：现在德国的高速公路有的还是希特勒时代修筑的。

有一位名人说过：**“硬件项目的管理更多地体现在细节的管理上，细节到每个设计、每次改动、每天操作。”**坐过上海地铁的人一定都知道上海地铁二号线的故事。上海地铁一号线是由德国人设计的，看上去并没有什么特别的地方，直到中国的设计师设计的二号线投入运营，才发现一号线中有那么多的细节在设计二号线时被忽略了。结果二号线的运营成本远远高于一号线。

○三级台阶的作用

上海地处华东，地势平均高出海平面一点点，一到夏天，雨水经常会影响一些建筑物。德国的设计师就注意到了这一细节，所以地铁一号线的每一个室外出口都设计了三级台阶，要进入地铁口，必须踏上三级台阶，然后再往下进入地铁站。就是这三级台阶，在下雨天可以阻挡雨水倒灌，从而减轻地铁的防洪压力。事实上，一号线内的那些防汛设施几乎从来没有动用过；而地铁二号线就因为缺了这几级台阶，曾在大雨天被淹，造成巨大的经济损失。

○对出口转弯的作用没有理解

德国设计师根据地形、地势，在每一个地铁出口处都设计了一个转弯，这样做不是增加出入口的麻烦吗？不是增加了施工成本吗？当二号线地铁投入使用后，人们才发现这一转弯的奥秘。其实道理很简单，如果你家里开着空调，同时又开着门窗，你一定会心疼你每月多付的电费。想想看，一条地铁增加了转弯出口，省下了多少电，每天又省下了多少运营成本。

○一条装饰线让顾客更安全

每个坐过地铁的人都知道，当你距离轨道太近的时候，列车一来，就让人感到危险。北京、广州的地铁都发生过乘客掉下站台的危险事件。德国设计师们在设计上体现着“以人为本”的思想，他们把靠近站台约50厘米内铺上金属装饰，又用黑色大理石嵌了一条边，这样，当乘客走近站台边时，就会有了“警惕”，停在安全线以内；而二号线的设计师们就没想到这一点。地面全部用相同颜色的瓷砖，乘客很难意识到已经靠近了轨道。地铁公司不得不安排专人来提醒乘客注意安全。

○不同的站台宽度给人的舒适度不同

每次我到上海的时候，都体会到两条地铁舒适度的巨大差异。一号线的站台设计宽阔，上下车都很方便，而当你转入二号线后，就感到窄得让人难受，尤其遇到上下班高峰期。在上海这种大都市，二号线站台显得非常拥挤。

○为什么省掉站台门

德国设计师在设计一号线时，一是为了让乘客免于掉下站台，二是为了节省站台的热量，每处都设计了相应的站台门，车来打开，车走关上。而中方的施工单位可能是为了“节省成本”，居然没安装站台门，当然，更不可能理解德国设计师的用心了。

说中国的设计者没有德国人聪明？我想未必。关键在于长期养成的对待工作的认真和精细的态度。比起意大利、法国人的浪漫，美国人的随意，德国人显得严肃、认真，甚至刻板，可就是凭着这种一丝不苟、严肃认真的工作精神，德国在第二次世界大战后迅速成为世界第三号强国。

中国人绝不缺乏聪明才智，缺的就是对“精细”的执着。想想我们的城市规划、城市建设中的工程留下了多少遗憾。请问：我们城市的道路有多少条没有被“开膛破肚”过？我们城市中的立交桥有多少刚刚“胜利完工”就成为新的拥堵点，从而不得不进行一遍遍的改造？我们城市里鳞次栉比的高楼中，真正有创意的有多少？火柴盒楼、四方塔楼，一片片地被克隆着……

2
“荣华鸡”为什么打不过肯德基

我看到过这样一个寓言：

有一天，一只猫来到森林里，看见了百兽之王老虎。老虎发号施令、分发食物，小动物们见了它都毕恭毕敬的。于是，猫非常羡慕老虎的气派。

当猫偶尔来到河边，发现自己在水中的影像酷似老虎时，便想效仿老虎。于是，猫趁老虎外出觅食时，在森林里四处招摇，号称自己是兽王。令猫得意的是，自己的身后也有了一些追随者：松鼠、鹳、果子狸、土拨鼠。猫率领着这些小动物到处游逛、发号施令，俨然成了兽中之王。

突然，有一只狼扑向了猫，吓得猫弓起腰，毛发尽竖，只会

“喵喵”乱叫。此时，老虎咆哮一声冲了过来，猴夹着尾巴灰溜溜地逃走了。

老虎拍拍猫的头说：“你看你脑袋上有‘王’字吗？猫就是猫，不是声称自己是老虎就会成为老虎的。我们从前也是猫，但后来我们经过一代又一代的拼搏，才成了百兽之王。”

这则寓言告诉我们，任何一件事情都是做出来而不是喊出来的。由此，我联想到了当年“荣华鸡”叫板肯德基的故事。

○“肯德基开到哪，我就开到哪”

肯德基是美国著名的快餐连锁企业。该企业于1987年在中国建立首家西式快餐厅。此后，肯德基在中国的发展速度一直很快，从1996—2007年增加了1800家餐厅。

进入中国饮食市场的肯德基及另一家知名快餐连锁企业麦当劳，以其鲜明的特色，优美、简洁的环境，按标准化制作的食品，热情周到的服务，吸引了大批国人，尤其是青少年前来就餐，每一个新开业的快餐厅都可以用宾客盈门来描述。它们这种全新的业态形式以及所获得的丰厚利润，大大刺激了中国的传统饮食业。一些国内的餐饮企业纷纷搞起快餐连锁，欲与其一较短长，上海的“荣华鸡”就是其中之一。

在肯德基于20世纪90年代初进入上海后，上海新亚集团成立了荣华鸡快餐公司与其对抗。公司老总去肯德基考察一番后，自己配制了几种调料，做了油炸鸡。当时“荣华鸡”的第一个产品是这样的：上面一个鸡腿，有国人比较喜欢吃的罗宋汤，还有一个上海人最喜欢吃的咸菜炒毛豆和一个酸辣菜。

成立于1991年12月28日的荣华鸡快餐公司，以其适合中国人口味和比肯德基更低廉的价格，受到了消费者的欢迎，刚成立的头两年，公司最高日营业额11.9万元，月平均营业额达150万元，两年累计营业额达1500万元，职工两年内发展到近300人。北京、天津、深圳等24个省市地区纷纷向“荣华鸡”发出邀请，欢迎“荣华鸡”落户。新加坡、捷克等外商也要求“荣华鸡”飞出国门，使中华民族的烹饪文化在异国他乡开花结果。1994年，“荣华鸡”在北京开了第一家分店，并声称：“肯德基开到哪，我就开到哪！”

○“荣华鸡”败走京城，肯德基高歌猛进

当“荣华鸡”扬起挑战“肯德基”的大旗之时，一时间门庭若市，效益最好的黄浦店，一年就有300多万的利润。北到黑龙江，南到江西，都有红底白字“荣华鸡”的分店。在一些地段，“荣华鸡”的生意的确超过了洋快餐，让中式快餐着实扬眉吐气了一番。可随着时光的推移，“荣华鸡”在与肯德基的较量中逐渐落入下风，到了2000年，随着“荣华鸡”快餐店从北京安定门撤出，“荣华鸡”为期6年的闯荡京城的生涯，画上了一个不太圆满的句号——在与肯德基的大战中落荒而逃。

相反，与“荣华鸡”宣布撤出北京形成鲜明对比的是，2000年

肯德基在中国的23座城市里就新增开了85家连锁店，并在北京正式宣布当年其在中国的连锁店第一次突破400家。2006年年底，肯德基餐厅已突破1800家。《亚洲周刊》2000年4月刊登了世界著名调研公司AC尼尔森公司在中国30座城市所做的一份调查：在“顾客最常惠顾”的国际品牌中，肯德基排名第一。有统计显示，2006年，它在中国内地的营业额超过100亿元。

○“荣华鸡”为什么干不过肯德基

在竞争越来越激烈的国内餐饮市场，想和洋快餐一较短长的中国餐饮企业何止“荣华鸡”？继“荣华鸡”之后，又有“红高粱”叫板麦当劳，并一鼓作气10个月便红遍全国；接着便是“马兰拉面一拉一大片”的壮举。可以说，自洋快餐进入国门后，中式快餐与洋快餐的较量就从未停止过，但总体说来，中式快餐始终没能对洋快餐的市场份额形成有效的冲击。

作为一个有着几千年美食文化传统的烹饪大国，中国的食品无论是小吃、菜系还是快餐，都有着上百年的历史。单说快餐吧，饺子、包子、馅饼、面条等，哪个没有几百年的历史？中餐那么多以鸡为主料的扒鸡、烧鸡、辣子鸡、文昌鸡、白切鸡、手撕鸡、炖土鸡等，其味道更符合大多数消费者的饮食习惯，但为什么在实际竞争中“土鸡”打不过“洋鸡”呢？

在分析“荣华鸡”与肯德基大战中败走麦城的原因时，曾有各种各样的说法，但我认为，包括“荣华鸡”在内的中式快餐与洋快餐较量时落于下风的根本原因在于细节。

先让我们看一看上海新亚集团的说法。

“荣华鸡”失败以后，创立“荣华鸡”的新亚集团的领导层对经营方式、竞争优势进行了一番反思。他们发现，**说到竞争优势，产品只是一个表面现象，在产品背后有很多深层的管理方面的东西，肯德基的真正优势在于其产品背后的一套严格的管理制度。**

肯德基曾在全球推广“CHAMPS”冠军计划，其内容为：

C——Cleanliness，保持美观整洁的餐厅；

H——Hospitality，提供真诚友善的接待；

A——Accuracy，确保准确无误的供应；

M——Maintenance，维持优良的设备；

P——Product Quality，坚持高质稳定的产品；

S——Speed，注意快速迅捷的服务。

“冠军计划”有非常详尽、可操作性极强的细节，保证了肯德基在世界各地每一处餐厅都能严格执行统一规范的操作，从而保证了它的服务质量。

肯德基在进货、制作、服务等所有环节中都有着严格的质量标准，并有着一套严格的规范保证这些标准得到一丝不苟的执行，包括配送系统的效率与质量、每种佐料搭配的精确（而不是大概）分量、切青菜与肉菜的先后顺序与刀刃粗细（而不是随心所欲）、烹煮时间的分秒限定（而不是任意更改）、清洁卫生的具体打扫流程与质量评价量化，乃至于点菜、换菜、结账、送客、遇到不同问题的文明规范用语、每日各环节差错检讨与评估等上百道工序都有严格的规定。为了保证员工能够服务到位，肯德基的服务员、餐厅经理及公司的管理人员，都要按其工作性质的要求进行严格培训。例如，餐厅服务员新进公司时，每人平均有200小时的“新员工培训计划”，对加盟店的经理培训更是长达20周。餐厅经理不但要学习引导入门的分区管理手册，同时还要接受公司的高级知识技能培训。

现代文明赋予快餐的定义是工厂化、规模化、标准化，依托现代化管理的连锁体系。肯德基就是这些要求的产物，而包括“荣华鸡”在内的中式快餐，还远没有达到这种要求。因为中式快餐的厨师都是手工化操作，食品没办法根据标准进行批量化生产。因为没有标准化，食品的质量就难以得到保证，比如，肯德基规定它的鸡只能养七星期，到时间一定要杀，第八星期虽然肉长得最多，但肉的质量就稍差，而包括“荣华鸡”在内的所有中式快餐，恐怕就没有考虑到，或者即便考虑过也没有细致到这种程度上。因为没有标准化，卫生状况、服务质量也难以得到保证，例如，当年“荣华鸡”的店员就曾当着顾客的面在柜台内用苍蝇拍打苍蝇，而盛着炒饭、鸡腿的柜台根本就不加遮盖。这正是“荣华鸡”在与肯德基的较量中败走麦城的原因。

说到底，我们不能简单地从产品质量和结构来看竞争优势。**竞争优势归根结底是管理的优势，而管理的优势则是通过细节体现出来的。**肯德基就有这种把细节融入其中的标准化的东西。

中式快餐在规模化生产、营养成分的研究、食品的卫生状况、从业人员的健康和文化素质等方面，几乎每一个细节都无法与洋快餐相匹敌，可以想见中式快餐与洋快餐较量的结果了。

振臂一呼，高举“振兴民族快餐”的大旗，确实使“荣华鸡”等中式快餐店一夜扬名，但振兴民族经济绝非喊几句口号就能有用的，而是需要一种科学的精神和踏踏实实把细节做透的态度。

1997年姜伟在闭门思过两年后，归纳出二十大失误，其中一大失误是“管理规章不实不细”。姜伟有一条刻骨铭心的教训：规则的制定仅仅是第一步，其后必须增加两方面的内容，即规则实施细则和实施检查细则。

3 沃尔玛成为龙头，凯玛特申请破产

○沃尔玛（W-MART）成为龙头

如果你要问谁是这个世界上最富有的人，答案还是比尔·盖茨吗？不，不是！是罗伯森·沃尔顿先生。如果你要问谁是世界500强之首？微软吗？通用汽车吗？通用电气吗？……都不是！而是山姆·沃尔顿家族的沃尔玛。

20世纪60年代，在美国兴起了众多的零售商店，经过40多年的争斗搏杀，沃尔玛从美国中部阿肯色州的本顿维尔小城崛起，到目前为止，沃尔玛商店总数达到4000多家，年收入2400多亿美元，位列全球500强首位，创造了企业界的一个神话。

沃尔玛几十年来蒸蒸日上，而且不断扩张。在全球经济不景气的情况下，沃尔玛仍然有良好的速度增长。到2006年年底，沃尔玛已在中国开了66家店。沃尔玛成功的秘密就在于它注重细节，从细节中取胜。

（1）小城镇出大效益

沃尔玛开业之初不在任何一个超过5000人的城镇上设店，保证以绝对优势成为小城镇零售业的支配者。沃尔玛创始人山姆·沃尔顿说："我们尽可能地在距离库房近一些的地方开店，然后，我们就会把那一地区的地图填满；一个州接着一个州，一个县接着一个县，直到我们使那个市场饱和。"从20世纪80年代末到90年代初，沃尔玛开始进军都市市场。

（2）"保证满意"、"顾客永远第一"，说到容易做到难

一个顾客在沃尔玛店买了一台果汁机，不久出了点儿小毛病。他拿着机器和付款小票来到沃尔玛的一家连锁店。营业员立刻给他换了一台，还告诉用户：果汁机又降价了，我们还需要退给你5美元。

（3）永远向竞争对手学习，学习每一个先进的"细节"

沃尔玛的竞争对手斯特林商店开始采用金属货架代替木质货架后，沃尔顿先生立刻请人制作了更漂亮的金属货架，并成为全美第一家百分之百使用金属货架的杂货店。

沃尔玛的另一个竞争对手本·富兰克特特许经营店实施自助销售时，山姆·沃尔顿先生连夜乘长途汽车到该店所在的明尼苏达州考察，回来后开设了自助销售店，当时是全美第三家。

（4）注意顾客的每一个“细节”

沃尔玛认真记录分析每一个商业数据，用通信卫星为每一个客户服务。

沃尔玛全球5000多个店铺都装有卫星接收器，每一个消费者在其任何一个连锁店进行交易时，客户的年龄、住址、邮编、购物品牌、数量、规格、消费总额等一系列数据都会被记录下来，传送到企业信息动态分析系统。

沃尔玛的信息网络系统包括：客户管理、配送中心管理、财务管理、商品管理、员工服务管理。

山姆·沃尔顿说：“如果看不到每一件商品进出的财务记录和分析数据，这就不是做零售。”

（5）降低经营成本，注重每一个“细节”

● 一杯咖啡10美分

沃尔玛员工想喝咖啡，就要在旁边的储钱罐里放上10美分。你觉得这种管理可笑吗？但请记住，这就是沃尔玛。

● “视纸如命”

有一天，山姆·沃尔顿在一家店面巡视，看到一位店员给顾客包装商品后随手把多余的半张包装纸、长出来的绳子扔掉了。山姆·沃尔顿微笑着说：“小伙子，我们卖的货是不赚钱的，只是赚这一点儿节约下来的纸张和绳子钱。”

- 沃尔玛从来没有专用的复印纸，用的都是废报告纸的背面；
- 除非重要文件，沃尔玛从来没有专用打印纸；

- 沃尔玛的工作记录本都是用废报告纸裁成的；
- 不论是总裁，还是经理，繁忙时都是店员。

美国人平时很忙，购物人数有限，而一到公休日、节假日，人们便拥进购物中心让几乎所有的沃尔玛店面都感觉人手不够，这时，沃尔玛从运营总监、财务总监、人力资源经理到各部门主管、办公室秘书，都换下笔挺的西装，投入繁忙的商场之中，去做收银员、搬运工、补货员、迎宾员……

● 零成本促销，全心全意为顾客省钱

无论是在美国本土还是在世界上任何地方，沃尔玛都鲜有大手笔的广告，它的广告费只占总运营费的0.4%，而竞争对手凯玛特却占到了10.6%。偶尔过节时发的彩页广告，细心人一看，里面的广告模特不是自家的店员，就是员工的子女，而省下来的钱去哪里了呢？请记住这个事实：沃尔玛的商品零售价比它的竞争对手凯玛特平均低3.8%。

为顾客省钱，顾客当然买你的账。

● 没有世界级大公司的“气派”

我们都知道，许多世界知名企业员工出差都要求住四五星级宾馆，打的要高级汽车，而沃尔玛却没有。

- 山姆·沃尔顿外出，也经常和别人住同一个房间；
- 2001年，沃尔玛在中国召开年会，世界各地的经理级人物住的都是招待所；
- 美国专家到中国建店，只住三星级宾馆，开店第二天立刻走人。

如此节约为什么？山姆·沃尔顿说："为顾客省钱。"

（6）降低采购成本，监督全球工厂的每一款产品的质量和价格

沃尔玛2002年虽然做到了全球500强之首，但仍然不遗余力地降低采购成本，监督全球工厂的每款产品的质量和价格。

沃尔玛2002年结束了与外部采购组织的合作，自己雇用了数百名员工从南美洲和中国进行采购，其中在中国的采购额达到60亿美元；沃尔玛在全球建立了21家办公室，监督全球工厂的每一款产品的质量和进货价。

沃尔玛计划在未来5年内再节约20%的采购成本，使它在全球的商品毛利率提高9%。这是一个多么令人惊叹的数字。沃尔玛的采购额仅丝袜一项就高达10亿美元，采购成本节约的努力将使它增加多少利润啊。

（7）"服务"是服务业的生命

沃尔玛每个细节都有精确的规定。

沃尔玛服务三条基本信条（Three Basic Beliefs）：

①尊重个人原则，努力做到最好；

②10英尺规则（10 Foot Rule）：任何一位职员，在顾客距离你10英尺（3米）以内的时候一定要问候；

③太阳落山原则（Sundown Rule）：员工或顾客的任何要求必须在太阳落山前得到答复。

（8）每个店的相同性与差异性

管理人员注意到每一家店的相同性，观察出每一家店的差异性，一个小细节的成功导致整个公司巨大的销售成功。

2001年的感恩节，沃尔玛电脑和打印机捆绑销售的策略没有取得预期的效果，但是，管理人员注意到一家商店反而特别火爆，总部立刻打电话询问此情况。该店报告说他们将包装箱打开，让顾客亲眼看到箱子里的电脑和打印机，这样，顾客便兴趣盎然。公司总部立刻下令：所有商店都打开箱子。于是，各连锁店的电脑和打印机销量迅猛增加。正是沃尔玛从服务到后勤管理、压缩成本的每一个“细节”中所做的的努力，使它从1988年至1993年的销售额增加了467亿美元，而同期凯玛特只增加了83亿美元，这也决定了两家企业的命运。

○凯玛特（K-MART）：从龙头老大走向破产保护

- 1962年3月在密歇根州花园城开张，比沃尔玛早几个月；
- 1970年，凯玛特在美国零售商中排行老大，销售额是沃尔玛的45倍；
- 1976年，拥有店铺超过1000家，年销售额84亿美元；
- 1976年至1990年，凯玛特占据全美第一折扣零售店的地位；
- 1988年至1993年，凯玛特进军许多关联或不关联的投资领域，其销售额仅增加83亿美元，开始显现走下坡路的迹象；
- 2000年，凯玛特的销售额359亿美元，居全球500强的第84位（沃尔玛同年销售额1913亿美元，居500强第2位）；
- 2001年，凯玛特负债102亿美元，股票狂跌，跌出全球500强；

- 2002年1月22日，美国第三大零售商凯玛特（K-MART）百货公司申请破产保护。

1990年正是凯玛特走向顶峰的一年，也是它开始走下坡路的一年，有一个关于凯玛特的故事在广为流传：

1990年凯玛特的一次总结会上，一位高级经理认为自己犯了一个“错误”，他向坐在身边的上司请示。这位上司不知如何回答，又向上请示：“我不知道，你看着办吧。”而上司的上司又转过身向上询问。这样一个小小的问题，一直问到总经理帕金那里。这位高级经理回忆说：“真是可笑，没有人发表意见，直到最高领导发话。”

在同一年创立的沃尔玛和凯玛特，这两个竞争对手经过40年的较量，终于分出了高下。请看下表，正是在每一个细节上凯玛特都略逊于沃尔玛，最终导致了凯玛特悲剧的产生。

沃尔玛与凯玛特细节上的差距

内　容	沃尔玛	凯玛特
成立时间	1962年	1962年
成立地点	本顿维尔（阿肯色州）	花园城（密歇根州）
拥有店铺数量（2003）	3400家（本土） 1200家（海外）	2178家（本土） 898家（联营书店）
公司排名	1970年名不见经传 2002年全美第一	1970年全美排名第一，2002年全美第三，但已申请破产保护

续表

内　容	沃尔玛	凯玛特
开店的地点选择（早期）	小社区、小城镇	大城市
经营方针（中期）	专注于商品经营，做“小买卖”	多元化，盲目收购
经营方针（后期）	自己与自己较劲，控制各方面开支	与沃尔玛较劲，公司大“失血”
客户服务	好	较差
价格策略	天天低价	与沃尔玛进行价格战
货品管理	井井有条	摆放凌乱
高科技运营成本	低于凯玛特2%~2.5%	高于沃尔玛
国际市场开拓	20世纪90年代中期进入中国市场，2002年全球采购中心设在深圳	忽略中国市场
资金回收率	36%（1994年）	16.1%（1994年）
日常开支占总收入比例	15.59%（1994年）	21.97%（1994年）
广告成本占运营费比例	0.4%	10.6%
商品物流成本占销售额比例	1.3%	3.5%
集中配送率	85%	50%~65%
供货情况	货源充足	经常缺货
商品平均售价	比凯玛特低3.8%	比沃尔玛高
配货运输车队管理	自己管理，高效配送	外包
配货时间	平均每天一次	平均5天一次
付货款账期	29天	45天

4
日本汽车与美国汽车的较量

美国是“车轮上的国家”，汽车普及率居全球首位，平均每100人有约60辆车，目前在全美国有超过1亿辆车在行驶着。美国每年销售新车约1400万辆，是全球最庞大的单一汽车市场，所以美国又是全世界汽车业最重要、竞争最激烈的地方。

美国汽车工业自亨利·福特1907年发明T型车及首创流水线生产方式以来，经过长期的竞争和兼并，完全由三大汽车公司控制着，它们是通用汽车公司，福特汽车公司和克莱斯勒汽车公司，俗称“三巨头”。“三巨头”在1993年销售额的总和2857多亿美元，与当年我国国民生产总值差不多。

在汽车发展史上，美国汽车业首先以流水作业的生产方式把汽车变成了一项普及性的商品，打败了汽车的发明地欧洲。从20世纪50年代到70年代初是其黄金发展时期，但70年代两次石油危机之后，经济省油的日本小型汽车崛起。从70年代到90年代，日本汽车大举打入美国市场，势如破竹，给美国汽车市场造成了巨大冲击。“三巨头”此后便陷入了长期的衰退：1978—1982年，福特汽车销量每年下降47%，1980年出现了34年来第一次亏损（也是当年美国企业史上最大的亏损），从1980—1982的三年间，亏损总额达33亿美元；而克莱斯勒公司濒临破产，通过提起反倾销法案强制日本人“自愿”限制汽车出口数量，方才免于倒闭。美国保持了多年的汽车第一大生产国地位也一度被日本人抢占。

说起日本汽车进入美国市场这段历史，有这样一个细节：

1980年7月，美国NBC电视台在黄金档时间播出了一个名为“日本能，我们为什么不能？”的电视专题片，时间长达两小时，其主题是比较美国与日本的工业。NBC节目主持人说：“日本本国几乎不产原材料，工业原材料的95%依赖进口。这就是说，就天然资源而言，日本可算赤贫。而在美国的市场上，到处都是日本的产品，汽车、家用电器、照相机等不用说，就是你要买把铁锤，也是日本制造。在第二次世界大战之前，日本人以制造伪劣产品闻名于世，‘日本制造’一词成为取笑劣质产品的口头禅。但时至今日，‘日本制造’已经是品质优秀的代名词。

“美国是汽车制造的王国，可是这个‘是’字要写成过去式。因为，今年日本生产的汽车数量总和已经超过了美国！”

主持人把画面镜头切换到了日本的汽车工厂：日本的汽车工厂日夜加班，连周六和周日都不休息，到处是一片繁忙景象；而美国的汽车工厂呢？画面转向美国汽车城底特律：停工的车间处处可见，街头到处是失业的工人，一片萧条景象。最近听说，美国福特汽车有意替丰田在美国装配汽车。这真是天底下最荒唐的事情，制造汽车的老鼻祖居然沦为装配线！而日本的汽车都销售到哪里去了呢？在美国的高速公路上、街头、停车场，到处都是日本品牌的汽车。

记者现场采访："为什么要买日本汽车？"答案是："日本汽车省油"、"日本汽车质量好又美观"、"日本汽车价廉质优"、"日本车使用方便"、"日本人服务态度好，售后服务质量高，用起来放心"、"美国车耗油，费用高"、"维修不方便"等。"美国的汽车根本不是日本的对手，美国汽车如今是一片打折降价声，但还是斗不过日本。美国的年轻人现在以开日本的小跑车为荣。"主持人的语调十分沉重。

一直处于垄断地位并以老师姿态自居的美国汽车业，在日本的进逼下节节败退，以至于不得不动用反倾销法案等其他手段来进行干预。

比起美国来，日本的汽车生产起步较晚。先让我们看一下日本汽车发展的几个主要数字：

- 现在作为日本第一大汽车生产厂家的丰田公司1933年年底才

成立，而且只是作为丰田自动纺织机械制造厂的一个部门；

- 1937年8月丰田汽车部门独立出来，成立了丰田汽车公司；
- 1950年，为了学习美国的经验，当时的丰田公司总裁丰田英二专程到美国的汽车城底特律考察了福特公司的轿车厂。当时这个厂每天能生产7000辆轿车，比日本丰田公司一年的产量还要多；
- 20世纪50年代日本汽车工业形成完整体系；
- 1961年日本汽车产量超过意大利跃居世界第五位；
- 1965年超过法国居第四位；
- 1966年超过英国升为第三位；
- 1968年追上西德居世界第二位；
- 1980年日本汽车产量首次突破1000万辆大关，达1104万辆，占世界汽车总产量的30%以上，一举击败美国成为“世界第一”；
- 1990年日本以1348.68万辆的汽车产量创出历史新高。

那么，后起的日本汽车凭什么与美国汽车较量呢？

○先从市场说起

1957年，丰田汽车公司经过20年的发展，已达到年产汽车8万辆的生产规模，成为日本国内最大的汽车企业，开始把目光投向国际市场。丰田公司多名领导出国考察时，都发现了当时年销售量700万辆的美国汽车市场巨大。如果能在美国站住脚，将意味着更大的发展前景。丰田的领导层兴奋不已、雄心勃勃，构想着进军美国的宏伟蓝图，在对美国市场没有进行详细调查的情况下，就决定向美出口汽车。丰田汽车销售公司负责在美销售业务的加藤诚之后来回忆说："目送汽车离开码头，我心里充满了喜悦和焦急。"第一批两辆皇冠车运抵加利福尼亚州时，受到当地媒体的广泛关注。不少顾客根据报纸广告纷纷打电话询问哪里能买到丰田汽车。

最初几天的热烈反应使丰田公司的销售人员激动不已，他们狂热地预计：1957年在美国至少可售出1万辆丰田汽车，10年内达到10万辆。在这种预期之下，丰田的国内工厂开足马力生产，准备迎接大宗订单，大把大把地赚取美元，但这种狂热没有持续多久就被泼了冷水。皇冠车在一些细节方面确实想得很周到，如车门没有关好时发出警告灯光，油箱加油口安装特殊锁盖，前挡风玻璃装有双速雨刷。但其他没有想到的细节使丰田车的弱点也很快暴露出来：这些在日本狭窄多弯的马路上跑起来性能优越的丰田车，在美国高速公路上时速一过80公里就力不从心了；在持续高温下，发动机猛烈震动，功率急剧下降……此外，丰田车在价格上与其竞争对手"大众牌甲壳虫"车相比，也没有什么优势。当时，甲壳虫售价1600美元，而丰田车则卖2300美元，结果只有5位代理商愿意经销其产品。就这样，丰田汽车进军美利坚的梦想"就像一个有洞的气球，慢慢没气了"。到1958年，丰田汽车在美国的第一个销售年度只卖出288辆小轿车。1960年，丰田公司被迫做出决定：暂停向美国出口轿车。这样，丰田公司第一次进军美国市场的努力以失败告终。

自那以后，丰田公司潜下心来，研究和生产适合美国市场的轿车：一方面调查研究丰田公司在美国的代理商及顾客需要什么，并对他们无法取得成功的原因进行彻底的研究；另一方面研究外国汽车制造商在美国的业务活动，以便找到缺口，从而制定出更好的销售和服务战略。

说到调研，我想到了日本精细的军事情报调研。早在中日甲午战争时期，日军为了摸清中方的情报，曾派间谍到北洋海军的军事基地旅顺口去调查。日本间谍不但摸清了清军的兵力布置情况，甚至将旅顺城的地理情况也调查得非常详细：不但标注了城内有多少条街道，而且每条街道有多宽，能并行多少辆马车等详细情况都弄得一清二楚。

丰田公司在汽车的调研上，也表现出了日本人特有的精细。发生在20世纪90年代的一件小事，说明了丰田公司市场调研的精细程度：

一位彬彬有礼的日本人没有选择旅馆居住，却以学习英语为名跑到一个美国家庭里居住。奇怪的是，这位日本人除了学习以外，每天都在做笔记。美国人居家生活的各种细节，包括吃什么食物、看什么电视节目等，全在他的记录之列。三个月后，日本人走了。此后不久，丰田公司就推出了针对当今美国家庭需求而设计的价廉物美的旅行车，结果大受欢迎。该车的设计在每一个细节上都考虑了美国人的需要，例如，美国男士（特别是年轻人）喜爱喝玻璃瓶装饮料而非纸盒装的饮料，日本设计师就专门在车内设计了能冷藏并能安全放置玻璃瓶的柜子。直到该车在美国市场推出时，丰田公司才在报上刊登了他们对美国家庭的研究报告，并向那户人家致歉，同时表示感谢。

正是通过一系列细致的工作，丰田公司才能很快掌握了美国汽车市场的情况，并制造出适应美国需求的轿车——可乐娜。有一个关于可乐娜的广告宣传片是这样的：一辆可乐娜汽车冲破围栏腾空而起，翻了几个滚后稳稳落地，然后继续向前开。马力强劲、坚固耐用、造型新颖，同时价格低廉（不到2万美元）的可乐娜推向美国后获得巨大的成功。当年丰田汽车在美国销售达3000多辆，是上年的9倍多。此后10年丰田汽车公司在美国不断扩展市场份额，1975年时已成为美国最大的汽车进口商。到1980年，丰田汽车在美国的销售量已达到58000辆，两倍于1975年的销售量，占美国进口汽车总额的25%。1999年，丰田公司在日本占据的市场份额从38%增加到40%以上，同时还占据了东南亚21%的市场，差不多是最接近它的三菱汽车公司的两倍。

○从汽车质量上

美国著名的市场调查公司J.D.Power在2003年对美国汽车市场进行质量调查，共有5.5万名美国车主参与了这项调查，受访者的汽车使用时间为3年左右。在受调查的37种汽车品牌中，平均每百辆车中有273个质量问题。在质量问题最少的10个汽车品牌中，有5个日本品牌、4个美国品牌、1个德国品牌。质量最好的3个品牌是：丰田公司的凌志（后更名为雷克萨斯）、日产公司的无限和通用公司的别克。其中，凌志汽车连续9年成为质量问题最少的汽车，每百辆凌志车中平均只有163个质量问题。调查报告显示，美国三大汽车公司的产品质量有所提升，整体上超过了沃尔沃、大众等欧洲品牌，但比日本汽车仍有差距。美国车在质量上的目标是追赶日本车，并正在"逐渐甩掉耐用性差的帽子"。

● 精益生产方式

在汽车的生产中，日本创造出了"精益生产方式"——用精益求精的态度和科学的方法来控制和管理汽车的设计开发、工程技术、采购、制造、贮运、销售和售后服务的每一个环节，从而达到以最小的投入创造出最大价值的目的。这其中的每一个环节以及各环节之间的衔接都是经过精心筹划和计算的。

精益生产方式是国际汽车界对日本汽车管理方式的一种概括，其中又以丰田的管理方式为典型。

日本的这种先进生产方式目前已为各国所效仿，就连美国人也不得不放下架子来参观和学习曾经是自己学生的日本人。通用汽车公司早在1984年就与丰田成立了一家合资企业，专门研究丰田的生产技术。1990年出版的《改变世界的机器》一书也把丰田公司视为世界范围劳动生产率的领先者，但是没有一家公司能照搬丰田生产体系，更不用说取得丰田那样的结果了。通用、福特和克莱斯勒都只是零星采用了其中的一些内容，本田公司的生产体系在许多方面非常类似丰田生产体系，但是谁也赶不上它们的大师。从表面上看，丰田生产体系很简单，可以用丰田喜欢印在3英寸×5英寸见方的卡片上的那种口号式的话来解释：最大限度地流动、消灭浪费、尊重人。从概念上讲，**丰田生产体系并不复杂，但是执行和协调会使人流汗、流泪、流血。**

美国肯塔基丰田装配厂的管理者迈克·达普里莱把丰田生产方式描述为3个层次：技术、制度和哲学。他说："许多工厂装了紧急拉绳，如果出现问题，你可以拉动绳子让装配线停下来。5岁的孩子都能拉动这根绳，但是在丰田的工厂里，工人被灌输的哲学是，拉动这根绳子是一种耻辱，所以人人都仔细操作，不使生产线出现问题，所以那根绳子潜在的意义远远大于它的实际作用。"

丰田生产体系还表现在思维方式的不同上。例如，在多数工厂，工人往往努力超产，因为他们一旦达到指标就可以轻松了。**但在丰田公司，超产被视为最严重的一种浪费形式。**公司设计的一道道工序有条不紊地进行，没有上下波动，给客户的数量正合适，结果是工厂平稳运转，每个人都在忙碌。曾在丰田公司工作过的美国密歇根大学日本技术管理教程主任约翰·舒克说：**"丰田生产体系需要大量详尽的计划、严格的纪律、勤奋的工作和对细微之处的专注。"**

从效果来说，观看运行中的丰田生产系统就像看一件赏心悦目的东西。工人们把以下4条作为工作原则：清扫、分类、筛选、整洁。丰田公司的装配厂有一种比较活跃的氛围：每个动作都有明确的目的，没有懒散的现象。在一般的工厂你会看到一堆堆未加工完的零件，一旦装配线停下来检修，工人将站在那里无所事事。而在丰田公司，生产过程就像设计的舞蹈，工人看上去就像舞蹈演员：取零件、进行安装、检查质量……这一切都是在完美的环境中进行的。

● 一切用数据说话

日本企业质量管理的成功，得益于美国著名质量管理专家爱德华·戴明。1951年，日本设立戴明国家质量奖。该奖主要面向日本国内的制造企业，评奖标准非常严格，获奖企业每年最多1～2名；日本国内称戴明奖为“企业诺贝尔奖”。

20世纪50年代，美国人爱德华·戴明博士提出了在质量管理中引入统计学的理论，也就是一切用数据说话。美国汽车工业对此视而不见，戴明博士便东渡日本。在日本，他受到日本人的欢迎，并被奉若神明。日本人应用戴明的理论，发明了“全面质量管理”的理论。

戴明的质量管理思想集中体现在计划、执行、检查、处理（PDCA）的循环上：

（1）计划阶段（Plan），看哪些问题需要改进，再逐项列出，找出最需要改进的问题。

（2）执行阶段（Do），实施改进，并收集相应的数据。

（3）检查阶段（Check），对改进的效果进行评价，用数据说话，看实际结果与原定目标是否吻合。

（4）处理阶段（Act），如果改进效果好，则加以推广；如果改进效果不好，则进行下一个循环。

PDCA循环的特点是：大环套小环，企业总部、车间、班组、员工都可进行PDCA循环，找出问题以寻求改进；阶梯式上升，第一循环结束后，则进入下一个更高级的循环；循环往复，永不停止。戴明强调连续改进质量，把产品和过程的改进看作一个永不停止的、不断获得小进步的过程。

戴明的质量管理思想对日本企业影响很大，日本企业纷纷使用PDCA循环自己找问题，然后改进产品质量，使包括汽车在内的各种产品的质量得到了迅速提高。

● Kaizen成本法

在成本的管理上，日本的汽车界创造了Kaizen成本法。

在日语中，“Kaizen”意指小的、连续的、渐进的改进。Kaizen成本法是指企业通过改进一系列生产经营过程中的细节活动，如持续减少搬运等非增值活动、消除原材料浪费、改进操作程序、提高产品质量、缩短产品生产时间、不断地激励员工，而不断降低成本的方法。设计过程中确定的产品各功能和企业各部门的目标成本，是产品制造及销售过程的成本控制依据。在这个过程中，企业可利用Kaizen成本法来逐步降低成本，以达到或超过这一目标，并分阶段、有计划地达到预定的利润水平。其计算方法如下：改善值=本年（月）的实际成本-上年（月）的实际成本。这一方法的指导思想是企业有能力不断地降低产品成本，这是一种永无止境、目标不断提高的成本管理思想和方法，这种成本意识是企业长期保持成本优势的基础。正是凭着这种精细的精神，经过几十年的努力，到20世纪80年代中期日本经济达到最辉煌的时期，日本汽车充斥着包括美国在内的世界各国市场。请看下列一组数字：

- 1970年日本汽车出口量为109万辆；
- 1974年汽车出口量超过西德，并一直居世界第一位；
- 1980年汽车出口量增到597万辆，其中向美国出口轿车达340万辆；日本汽车在美国市场的占有率达34%，如将在美合资建厂生产的轿车计算在内，其市场占有率高达39%；
- 1981年出口量为605万辆，占日本总产量的54%，其中轿车为394.7万辆，而美国则是日本汽车最大的海外市场。

美国、日本汽车企业状况比较

比较内容	日本汽车	美国汽车
汽车特点	轻巧美观、造型新颖、油耗低、使用效率高、做工精细	马力大、自重大、宽大、油耗高，做工逊于日本车
2002年90天内每百辆车的质量投诉率	丰田107次 本田113次	通用130次 福特143次 克莱斯勒141次
汽车研发周期	3年	5年
汽车生产成本	平均每辆比美国公司低100美元	高于日本100美元
2002年生产一辆整装车所需的时间	日产公司15.74小时 三菱公司21.33小时	24小时（通用公司） 26小时（福特公司） 28小时（克莱斯勒公司）
工艺水平	车门缝隙、漆面光滑度、焊接工艺均高于同价的美国车	

续表

比较内容	日本汽车	美国汽车
弹性化生产比例（一条生产线能装配结构不同的汽车）	71%（丰田）	34%（美国三大汽车公司平均值）
装配厂与供应商的距离	供应商与装配厂的平均距离59英里	供应商与装配厂的平均距离427英里
供应商的送货次数	每天送货8次	每天送货不超过2次
企业文化	“超极限努力”的团队文化	个人主义，不会为企业的利益而牺牲自己的利益
员工培训支出	高于美国企业2.5倍	
人力资源	终身就业制度，员工忠诚度高	市场调节机制，员工流动性大
对世界汽车工业的贡献	创造生产出“精益生产方式”	发明了汽车流水作业生产线

丰田汽车社长认为，其公司最为艰巨的工作不是汽车的研发和技术创新，而是生产流程中一根绳索的摆放，要不高不矮、不偏不歪，而且要确保每位技术工人在操作这根绳索时都要无任何偏差。

Part
03
1%的错误导致100%的失败
——忽视细节的代价

1 民营企业为何一再上演“大败局”

中国古代有这样一个故事：

临近黄河岸边有一片村庄，为了防止水患，农民们筑起了巍峨的长堤。一天，有个老农偶尔发现蚂蚁窝一下子猛增了许多。老农心想：这些蚂蚁窝究竟会不会影响长堤的安全呢？他要回村去报告。老农在路上遇见了他的儿子，他的儿子听后不以为然地说：“那么坚固的长堤，还害怕几只小蚂蚁吗？”随即拉着老农一起下田了。当天晚上风雨交加，黄河水暴涨。咆哮的河水从蚂蚁窝开始渗透，继而喷射，终于冲毁长堤，淹没了沿岸的大片村庄和田野。

这就是“千里之堤，溃于蚁穴”这句成语的来历。

企业中的各种“小问题”其实就是企业管理中的一个个小的蚁穴。

比尔·盖茨常常说，微软距离破产永远只有18个月。从企业需要强调和重视管理细节的角度，我觉得企业稍大一点儿就存在此类风险。韩国的大宇总资产达640亿美元，不能说不大，但说倒闭也就倒闭了。**因为企业大，所以小事没有人做；因为事情不大，所以小事做不透。**我愿意把工作中小事的失误比作一只有危害的老鼠，老鼠多了，破坏力巨大。中国的老鼠数量据说是人口的3倍，1990年的数据显示：吃掉的粮食30亿公斤，咬毁300万亩森林和3亿亩草原，咬伤至少10万人；在东海让海军的舰载导弹发射失灵，在大瑶山让列车改道颠覆，在句容县咬死3个婴儿，在新沂县又咬死3个婴儿。我们工作中频频出现的一系列的麻烦、一连串的失误势必在某一天酿成大祸。

中国改革开放以来，涌现出多少先富起来的风云人物，多少企业辉煌一时，又在企业界演绎了多少“大败局”的故事：秦池、爱多、飞龙、巨人、三株、太阳神、南德、亚细亚、冠生园、银广厦、烧鹅仔、荣华鸡、红高粱……

为什么有如此多的悲剧在企业界上演呢？看看那些企业当年的发展速度和规模，哪家不是“千里之堤”，倒下用时不过三五个月。三株曾在短短的三年时间里将销售额提高了64倍，达到80亿元，打造出了无比辉煌的保健品帝国，销售网络遍布全国，而且触角直达各地村镇。总裁吴炳新曾自豪地说：“中国第一大网络是邮政网，第二大网络就是三株网。”但是一个常德事件、一篇“八瓶三株口服液喝死一条老汉”的报道，便使拥有15万员工的三株轰然倒下，难得的企业管理帅才吴炳新大病了一场，且收到了医院的病危通知书，同时也使企业界多少人为之长吁短叹、唏嘘不已。

三株垮掉，追溯起来，原因是多方面的。近年来，各类评论也是仁者见仁，智者见智。三株曾不止一次地发誓，要在20世纪内将人类的寿命延长10年，可自己的寿命却不过六七年，一次打击就使其直接经济损失高达40亿元。笔者愿意就大企业抓小事来放两响马后炮：一是庞大的营销队伍日常管理纪律执行不严，财务监控不力，以至于企业遭到危机时，各级营销人员纷纷携款而去；二是企业在顺境时借助媒体非常顺手，在逆境时却没有对待突发事件的应急预案。

当然，三株的缺失远远不止以上两条，还是让我们听听当事人的说法吧。

1997年，吴炳新在三株年终大会上总结了三株的“十五大失误”：

（1）市场管理体制出现了严重的不适应，集权与分权的关系没处理好；

（2）经营体制未能完全理顺；

（3）大企业的“恐龙症”严重，机构臃肿，部门林立，程序复杂，官僚主义严重，信息流通不畅，反应迟钝；

（4）市场管理的宏观分析、计划、控制职能未能有效发挥，对市场形势估计过分乐观；

（5）市场营销策略、营销战术与市场消费需求出现了严重的不适应；

（6）分配制度不合理，激励制度不健全；

（7）决策的民主化、科学化没有得到进一步加强；

（8）部分干部的骄傲自满和少数干部的腐化堕落，导致了许多工作没有做到位；

（9）浪费问题严重，有的子公司70%的广告费被浪费，有的子公司一年电话费39万元、招待费50万元；

（10）山头主义盛行，自由主义严重；

（11）纪律不严明，对干部违纪的处罚较少；

（12）后继产品不足，新产品未能及时上市；

（13）财务管理出现严重失控；

（14）组织人事工作与公司的发展严重不适应；

（15）法纪制约的监督力度不够。

以上就是三株总裁吴炳新的一个总结。如此看来，三株大堤之毁并非哪篇新闻报道之所为，而是三株大堤之下的蚁穴成堆了。如果从事后诸葛亮的角度来看，三株被击倒，是不是一定要死掉呢？我看未必。就事论事，如果仅仅是因“常德事件”的新闻曝光而中招，三株集团完全可以事后补救，找出解毒良药。当年，美国强生公司也遇到过同样的麻烦，但几招过后就化解了危机。

强生公司生产的泰乐诺胶囊是一种止痛药，1981年就销售43.5亿美元，占强生公司总销售额的7%，占总利润的17%。1982年9月末的一天，一位叫亚当·杰努斯的患者服了一粒药后当天死亡；同一天，另一对服了泰乐诺的夫妇，也在两天后死掉了。消息迅速传遍了美国。强生公司在止痛药市场上的份额一度从35.3%下跌到不足7%，面临着巨大的危机。对此，强生公司迅速做出反应：

第一步，调查并澄清事实。

（1）公司迅速收集了有关受害者的情况、死因、有毒泰乐诺的批号、该药的零售点、药的生产日期、送往分销网的途径等，为此，公司特别请了100名联邦调查局和州的侦探，追查了2000条线索，研究了57份报告。

（2）求助媒体，希望它们提供准确及时的消息，以避免恐慌。通过调查发现：有毒的胶囊是有人从药店买了成品后掺入氰化物又退回商店所致，并不是强生公司生产中出的问题。强生公司把这个消息传达给客户和媒体，仅电报费就花了50万美元。

第二步，评估并遏制事件的影响。

“泰乐诺中毒事件”使强生公司损失过亿美元，但最主要的是对其商标本身的影响。强生公司事后进行民意调查，发现49%的人回答他们仍会使用这种药，于是，强生公司又把药摆到了货架上。

第三步，使泰乐诺重振雄风。

强生公司为实现这一目标，采取了“稳住常客，渗透新顾客群”的策略，具体步骤如下：

（1）请开发此药的麦克奈尔实验室的药学博士托马斯·盖茨在广告中向使用该药的美国人民致谢；

（2）鼓励胶囊的使用者去试用泰乐诺药片；

（3）公司承诺在“中毒事件”发生后扔掉泰乐诺的客户，只要打一个免费电话，就可得到2.5美元的赠券；

（4）公司设计了一种新型防破坏的包装，增强人们的信任感。

强生公司通过一系列周密的计划和行动，仅用了8个月就重新赢得了35%的市场份额，并一直维持到1986年，进而赢得了巨额利润。

可见，同样是一次中毒死亡事件，三株公司得到的是一个大败局，而强生公司则转危为安，得到大胜局。其实，只要我们的企业家们善于学习，案例多得很。欧美日等强国搞了那么多年的市场经济，教训一大堆。美国汽车企业在20世纪30年代也像我国现在一样，有一百多个汽车厂，而以后只剩下三巨头，那么其他的公司是怎么死的？我们的一百多个汽车厂老板有多少人去认真研究过？那么多要进军汽车产业的公司老板有谁去细细考察过？

败有败的理由，成有成的道理。

2
“88888账户”毁了巴林银行

1995年2月26日，英国中央银行英格兰银行宣布了一条震惊世界的消息：巴林银行不得继续从事交易活动并将申请资产清理。10天后，这家拥有233年历史的银行以1英镑的象征性价格被荷兰国际集团收购。

○巴林的辉煌

巴林银行集团是英国伦敦城内历史最久、声名显赫的商人银行集团，素以发展稳健、信誉良好而驰名，其客户也多为显贵阶层，包括英国女王伊丽莎白二世。该行成立于1763年，其创始人弗朗西斯·巴林爵士时常夸耀其具有5个世袭贵族的血统，比中世纪以来的其他任何家族都要多，连威尔士亲王也是巴林家的曾孙。巴林银行在世界金融史上具有特殊地位，被称为金融市场上的金字塔。它最初由一家贸易行开始，在不断拓展后成为政府债券的主要包销商，在欧洲金融界具有举足轻重的地位。它不仅为一大批富贵人家管理钱财，还为英国政府代理军费，从一个小小的家族银行，逐步发展成为一个业务全面的银行集团。最盛时，其规模可以与整个英国银行体系相匹敌。

巴林集团主要包括四个部分：（一）巴林兄弟公司，主要从事企业融资、银行业务及资本市场活动；（二）巴林证券公司，以从事证券经纪为经营目标；（三）巴林资产管理有限公司，主要以资产管理及代管个人资产为目标；（四）该集团在美国一家投资银行拥有40%的股份。

巴林银行集团的业务专长是企业融资和投资管理。尽管是一家老牌银行，但巴林一直积极进取。它在20世纪初进一步拓展公司财务业务，获利甚丰；90年代开始向海外发展，在新兴市场开展广泛的投资活动，仅1994年就先后在中国、印度、巴基斯坦、南非等地开设办事处，业务网点主要在亚洲及拉美新兴国家和地区。截至1993年年底，巴林银行的全部资产总额为59亿英镑，1994年税前利润高达1.5亿美元。其核心资本在全球1000家大银行中排名第489位。

然而，这个在全球范围内掌控270多亿英镑资产的巴林银行，竟毁于一个年龄只有28岁的小伙子尼克·里森之手。

○里森其人

尼克·里森是英国一个泥瓦匠的儿子，从未上过大学。1987年，他加入摩根斯坦利。这一资历足以使他被巴林银行录用。

1989年，里森在伦敦受雇于巴林银行，成为一名从事清算工作的内勤人员，其职责是确保每笔交易的入账和付款。当时巴林越来越多地从事金融衍生业务，里森也参与进来。1992年他被调职，专事疑难问题的处理，一会儿飞往印尼去建立分公司，一会儿前往东京协助调查内部欺诈的投诉。当新加坡国际货币交易所意图成为亚洲新兴金融业务中心时，巴林也想在此获取一席之地，而里森则受命组织一个班子去实现这一目标。

里森到了新加坡之后，开始只是做他在伦敦干过的清算工作，其后，由于缺乏人手，他开始自己做起交易来。由于工作出色，里森很快受到银行重用。1992年，里森被派往巴林银行新加坡分公司担任经理，他赚钱的才干得以充分发挥。1993年时，年仅26岁的里森已经达到了事业的巅峰，为巴林银行赢得1000万英镑，占巴林当年总利润的10%，颇得老板的赏识和同行的羡慕。

○88888错误账户的建立

无论做什么交易，错误都在所难免，在期货交易中更是如此。比如，有人会将“买进”手势误为“卖出”手势，有人会在错误的价位购进合同，有人可能本该购买6月期货却进了3月的期货等。一旦失误，就会给银行造成损失。在出现这些错误之后，银行必须迅速妥善处理。如果错误无法挽回，唯一可行的办法，就是将该项错误转入电脑中一个被称为“错误账户”的账户中，然后向银行总部报告。

里森于1992年在新加坡任期货交易员时，巴林银行原本有一个“99905”的“错误账户”，专门用来处理交易过程中因疏忽造成的错误。这原是金融体系运作过程中正常的技术手段之一。1992年夏天，伦敦总部要求里森另设立一个“错误账户”，记录较小的错误，并自行在新加坡处理，以免麻烦伦敦的工作。于是里森又建立了一个在中国文化看来非常吉利的“88888”错误账户。几周后，伦敦总部又要求统一使用原来的99905账户与伦敦总部联系，但这个已经建立的88888错误账户却没有被销掉。就是这个被忽略的“88888”账户，日后改写了巴林银行的历史。

○88888账户成为里森掩盖错误的保护伞

1992年7月17日，里森手下一名叫金姆·王的交易员误将客户买进日经指数期货合约的指令当作了卖出，损失2万英镑，当晚清算时被里森发现，但里森决定利用“88888”账户掩盖失误。几天后，由于日经指数上升，损失升到了6万英镑，里森决定继续隐瞒这笔损失。

另一个与此如出一辙的错误是里森的好友及委托执行人乔治干的。与妻子离婚后的乔治整日沉浸在痛苦之中，并开始自暴自弃。作为自己最好的朋友，也是最棒的交易员之一，里森很喜欢他。但很快乔治开始出错了：里森示意他卖出的100份9月的期货全被他买进了，价值高达800万英镑，而且好几份交易的凭证根本没有填写。为了掩盖失误、隐瞒损失，里森将其记入“88888”账户。

此后，类似的失误都被记入“88888”账户。里森不想将这些失误泄露，因为那样他就只能离开巴林银行，但账户里的损失数额像滚雪球一样越来越大。如何弥补这些错误并躲过伦敦总部月底的内部审计以及应付新加坡证券期货交易所要求追加保证金等问题，成了里森头疼的事情。

为了弥补手下员工的失误，里森将自己赚的佣金转入账户，但其前提当然是这些失误不能太大，所引起的损失金额也不是太大。但乔治造成的错误确实太大了，急于挽回损失的里森开始从蓄意隐瞒走向另一种错误——冒险。

○铤而走险，加大赌注

为了赚回足够的钱来补偿所有损失，里森开始承担越来越大的风险。他当时从事大量跨式部位交易，因为当时日经指数稳定，想从此交易中赚取期权权利金。但如果运气不好，日经指数变动剧烈，此交易将使巴林承受极大的损失。里森在一段时日内做得还极顺手。到1993年7月，他已将“88888”账户亏损的600万英镑转为略有盈余。当时他的年薪为5万英镑，年终奖金则将近10万英镑。如果里森就此打住，那么，里森以及巴林的历史就会重写。

其后，市场价格破纪录地飞涨，用于清算记录的电脑却频繁出现故障，等到发现各种错误时，里森的损失已将近170万美元。在无路可走的情况下，里森决定继续隐藏这些失误。

1994年7月，“88888”账户的损失已达5000万英镑。此时的里森成了一个赌徒，他一边将巴林银行存在花旗银行的5000万英镑挪用到“88888”账户中，一边造假账蒙蔽巴林银行的审计人员。他幻想着以一己之力影响市场的变动，反败为胜，补足亏空。

里森买卖的是一种最简单的衍生金融工具——日经指数225的期货指数。这是日本225种股票的价格指数，类似于美国的道琼斯指数。这种交易并不复杂，里森对价值几十亿美元的日本股票和债券设定一个可随时兑现的赌注，这种方式类似于拉斯维加斯那种被称之为“过或不及”的足球赌博，即赌球赛的结果超过或不及某一比分，而里森赌的是日经指数超过或不及某一点数。有所不同的是，在美式足球赌博中，如果他输了，只赔掉他的下注；而在期货市场，交易者只需拿出一个很小的比例（一般为6%）压在桌上，得失可能超出赌注的许多倍。

巴林自以为没有什么风险，因为里森宣称他所做的巨额买进是根据客户的指令进行的，而且被认为是使用客户的资金。此外，使巴林感到高兴的是，里森在该行持有的日经指数业务上还赚了一些小钱。巴林的一位职员说：“我不想说你有多棒，但这确实是一笔好生意。”巴林所不知道的是，这些交易是通过私设的“88888”账户进行的，而且不受任何约束，结果是致命的。

1994年11月下旬，里森决定赌日经指数不会掉到19000点以下，这似乎是一个安全的下注，因为日本经济在30个月的萧条后已开始复苏。私设的“88888”账户还有一个便利之处：里森在伦敦时已学会把现金转入适当的户头，不论是在大阪还是新加坡，都要求在交易日结束时即时交割交易合同的差额。由于88888号账户名义上归巴林银行所有，看起来巴林似乎自动地得到支付。

1994年12月和1995年1月，日经指数225向19000点下跌。1995年1月17日，7.2级地震毁坏了日本城市神户。以往坚如磐石的日经指数在一周内下跌了7%还多。尽管如此，里森在之后的三周内已买进了几千手期指，把宝押在日经指数将稳定在19000点上。在2月的头一周，里森赚了1000万美元，巴林银行高层欣喜若狂，梦想着里森每周都能为他们赚进这么多，但是金融衍生产品交易的风险和收益是相等的，此后里森开始了最后的疯狂，他完全逆市场趋势而动的大额交易使损失越来越大。

没有这种套头或对冲，也没有另外的押注可以使巴林免遭巨额亏损。里森试图买卖日本政府债券，但这又造成了新的巨额亏损。显然，巴林的财务已经失控，巴林银行总部一直为里森的疯狂举动供给资金，4个星期内达8.5亿美元。

1995年2月23日，是巴林期货的最后一日，这一天，日经指数下跌了350点，而里森却买进了市场中所有的合约。到收市时，里森总共持有61039份日经指数期货的多头合约和26000份日本政府债券期货的空头合约，而市场走势和他的操作完全相反，里森带来的损失达到8.6亿英镑，这是巴林银行全部资本及储备金的1.2倍，最终把巴林银行送进了坟墓。

○里森曾被奉为英雄

从20世纪80年代起，随着金融市场的迅速发展，一些银行，特别是美、日银行都在金融衍生市场进行大手笔的买卖，并付给那些明星交易员前所未有的高薪，外加更多的红利。此间，巴林稳健的财务作风也随之改变，将里森这种年轻而又野心勃勃的交易员视为财富。它对里森通过套利保值交易赚钱的期望，远远超过了对他的监督。

巴林银行认为，从新加坡的期货公司赚来的利润主要是内部交易中的套汇，即在东京和新加坡各交易所之间的转手掉期，他们还认为这种交易对巴林银行并不构成真正的威胁。在1994年，里森被认为曾为银行创下了巨额利润，并在新加坡被非正式地封为日经指数之王。他的这一声誉源于他有本事察觉日经指数微小的变化，无论是在新加坡还是大阪，他总是在价低的地方买进，在价高的地方卖出，从中赚取数百万美元。

所以，尽管里森缺乏约束的行为已经给巴林银行带来了巨额损失，但由于这些损失没有暴露，在巴林银行内部他竟被看成一个经营明星。在1994年12月，即巴林破产的两个月前，于纽约举行的一个巴林金融成果会议上，250名巴林银行在世界各地的工作者还将里森当成巴林的英雄，对其报以长时间热烈的掌声。

巴林伦敦总部的一位高级职员于1995年2月8日飞往新加坡，找里森及其班子核查情况。2月20日，东京地区总部的领导要求里森减少银行持有的日经指数期货，但谁也没有想到一个私设的账户88888正在给银行造成巨大的危害，到公司的内部审计有所觉察时，它的透支金额已超出公司的资本。

2月23日傍晚，已经赔光了整个巴林银行的里森，因无法继续隐瞒，只好携妻子踏上了逃亡的旅程。他们相继辗转文莱、马来西亚，最后抵达德国。1995年3月2日，里森和妻子终于在法兰克福机场被警察捉拿归案。这位曾被视为英雄的人后来被引渡到新加坡受审，被判处有期徒刑6年半，并在新加坡监狱服刑。

○巴林银行倒闭的原因

一个银行的区级职员就能将一个世界级银行毁灭，为什么？对管理细节的忽略是导致这家古老银行倒闭的主要原因。

巴林银行没有将交易与清算业务分开，竟然允许里森既作为首席交易员，又负责其交易的清算工作。在大多数银行，这两项业务是分立的。因为让一个交易员清算自己的交易会使其很容易隐瞒交易风险或亏掉的金钱。这是一种制度上的缺陷。但早在1992年3月，巴林银行的一份内部传真就提出如下警告：“我们正处于一种可能造成灾难的危险境地。我们的制度缺陷将造成财务亏损或失去客户的信任，或两者兼有。”遗憾的是，这份报告没有受到重视。银行的一份内部审计报告认为，尽管里森的做法有风险，他的部门将加速侵蚀巴林期货的获利能力……但少了他，巴林的期货业务就将缺少一个具有适当综合能力的交易员，即具有经验、关系、交易技巧和熟悉当地情况等品质的人。在新加坡，里森既是期货交易部经理又是清算部经理。自己监督自己，自然给了里森瞒天过海的机会。

巴林银行的内部审计极其松散，在损失达到5000万英镑时，巴林银行总部曾派人调查里森的账目，资产负债表也明显记录了这些亏损，但巴林银行高层对资产负债表反映出的问题视而不见，轻信了里森的谎言。此外，里森在新加坡有一批追随者。一名交易员说："当所有迹象表明应当卖出时，他却把行情抬得更高，而本地的交易员都跟着他走。"每天开市前，所有的交易员都会打听里森将会如何做，然后学着做。他在新加坡的顶头上司对他是如此信赖，以至于放弃了对他的任何监察。里森用剪刀、胶水和传真假造花旗银行有5000万英镑存款，也没有人去核实一下花旗银行的账目。

里森对巴林银行总部报喜不报忧，隐瞒"88888"账户中累积的亏损，只将获利的交易上报。1994年，在巴林集团税前营业利润的3700万英镑中，有2850万英镑来自里森的套利业务，他因而被银行高层视为明星交易员，银行高层尽可能地满足里森的需求，使得原有的内部审计对里森失效。

1995年1月11日，新加坡期货交易所的审计与税务部致函巴林银行，提出他们对维持"88888"号账户所需资金问题的一些疑虑，而此时里森每天都要求伦敦汇入1000多万英镑以支付其追加保证金，可这些问题仍然没有引起巴林银行高层的怀疑。监管不力不仅导致了巴林银行的倒闭，也使其3名高级管理人员受到了法律的惩处。

1995年1月，里森看好日本股市，分别在东京和大阪等地买了大量期货合同，指望在日经指数上升时赚取大额利润。谁知天有不测风云，日本阪神地震打击了日本股市的回升势头，股价持续下跌。巴林银行最后损失金额高达14亿美元之巨，而其自有资产只有几亿美元，巨额亏损难以抵补，这座曾经辉煌的金融大厦就这样倒塌了。

○一些被忽略的细节

- 1992年3月，巴林银行的一份内部传真就提出警告："我们正处于一种可能造成灾难的危险境地。我们的制度缺陷将造成财务亏损或失去客户的信任，或两者兼有。"但这一警告没有受到重视。
- 1993年，英格兰银行允许巴林银行在大阪的股票交易中突破不得超过25%的限制。
- 截止到1993年12月的15个月中，新加坡期货公司的交易活动造成的损失为1900万英镑，但上报利润是900万英镑。如此谎报利润竟未被发现。
- 从1993年年底开始，对里森的专门交易负有责任的罗思·贝克和作为股本产品部门负责人并对股本产品的风险承担责任的玛丽·沃尔兹，对新加坡期货公司的交易性质或是否可能获利等都不真正了解。
- 1994年7月至8月，巴林内部审计报告提出了职责分开的具体建议，但这些建议未得到实施。

- 1995年1月11日，新加坡期货交易所的审计与税务部致函巴林银行，提出他们对维持“88888”账户所需资金问题的一些疑虑，而此时里森每天要求伦敦汇入1000多万英镑以支付其追加保证金。可这些问题仍然没有引起巴林银行高层的怀疑。
- 里森为隐瞒损失，曾假造花旗银行有5000万英镑存款，但没有人去核实一下花旗银行的账目。
- 1994年7月，在里森的损失达到5000万英镑时，巴林银行总部曾派人调查里森的账目，资产负债表也明显记录了这些亏损，但巴林银行高层对资产负债表反映出的问题视而不见，轻信了里森的谎言。
- 1994年3月，巴林董事长彼得·巴林发表过一段评语，认为资产负债表没有什么用，因为它的组成在短期内就可能发生重大的变化。
- 1995年2月，巴林银行在日本大阪股票交易所承受的风险已高达73%，在新加坡高达40%。

3
“一个连简历都保管不好的人是管理不好一个部门的”

《武汉晨报》有这样一份报道，江汉大学应届毕业生陈某因为一份简历而在应聘时栽了跟头。

事情的经过是这样的：

参加招聘会的那天早上，小陈不慎碰翻了水杯，将放在桌上的简历浸湿了。为尽快赶到会场，他只好将简历简单地晾了一下，便和其他东西一起匆匆塞进背包。

在招聘现场，小陈看中了一家深圳房地产公司的广告策划主管岗位。按照这家企业的要求，招聘人员将与应聘者简单交谈，再收简历，被收简历的人将得到面试的机会。

轮到小陈时，招聘人员问了小陈三个问题后，便向他要简历。小陈掏出简历时才发现，简历上不仅有一大片水渍，而且放在包里一揉，再加上钥匙等东西的划痕，已经不成样子了。小陈努力将它弄平整，递了过去。看着这份伤痕累累的简历，招聘人员的眉头皱了皱，还是收下了。那份褶皱的简历夹在一沓整洁的简历里，显得十分刺眼。

三天后，小陈参加了面试，表现非常活跃，无论是现场操作Photoshop，还是为虚拟的产品做口头推介，他都完成得不错。在校读书时曾身为学校戏剧社骨干社员的小陈，还即兴表演了一段小品，赢得面试负责人的啧啧称赞。当他结束面试走出办公室时，一位负责的小姐对他说："你是今天面试者中最出色的一个。"

然而，面试过去一周后，小陈依然没有得到回复。他急了，忍不住打电话向那位小姐询问情况。小姐沉默了一会儿，告诉他："其实招聘负责人对你是很满意的，但你败在了简历上。老总说，一个连简历都保管不好的人，是管理不好一个部门的。"

不只是新毕业的学子们要注意这些，在工作岗位上的员工更要把小事做细。**一些不经意中流露出来的"小节"往往能反映一个人深层次的素质。**

在我做CEO的LF涂料公司有一位主管会计，平时做事还算麻利。但当我去她的办公室时，发现她的桌子上乱作一团。我当时并没有批评她，当我第二次、第三次去她的办公室时，看到她的桌上依然如故。我凭直觉判断：这个人不适合做主管会计。果然，干了七个月后，事实证明这个人确实不行，我只好给她换了一个岗位。

我们公司用人的时候，的确很注意干部和员工的“小节”问题。去年，我们公司招聘来一位很有才气的部门经理，按照公司的设想，本打算把他培养成公司的副总，但一件“小事”让我放弃了这种想法。有一次，我们公司七个人的管理团队到郑州建样板市场，当我们下飞机后，其余六个人都提着办公用品等行李，而这位经理却空手而去；两周后我们离开郑州返回时，其余六人还都是大包小裹的，他依然是空手而行。从这件事上，我判断出此人不能重用。第一次没提行李，可以用大意或疏忽来解释，而一再发生此事，只能说明他要么没有团队精神，不善合作；要么是很自私的人，没有责任感。

当然，我们用人是有标准的，平时一些不经意的小事，并不是用标准能衡量出来的，但它却能反映出一个人真实的东西。

展示完美的自己很难，需要每一个细节都完美；毁坏自己很容易，只要一个细节没注意到，就会给你带来难以挽回的影响。

一个不经意的细节，往往能够反映出一个人深层次的修养。

——汪中求

4
50亿分之一的氯霉素含量导致出口退货

浙江某地用于出口的冻虾仁被欧洲一些商家退了货，并且要求索赔。原因是欧洲当地检验部门从1000吨出口冻虾仁中查出了0.2克氯霉素，即氯霉素的含量占被检货品总量的50亿分之一。经过自查，问题出在加工上。原来，剥虾仁要靠手工，一些员工因为手痒难耐，用含氯霉素的消毒水止痒，结果将氯霉素带入了冻虾仁。

这起事件引起不少业内人士的关注：一则认为这是质量壁垒，50亿分之一的含量已经细微到极致了，也不一定会影响人体，只是欧洲国家对农产品的质量要求太苛刻了；二则认为是素质壁垒，主要是国内农业企业员工的素质不高造成的；三则认为这是技术壁垒，当地冻虾仁加工企业和政府有关质检部门的安全检测技术落后于国际市场对食品质量的要求，根本检测不出这么细微的有毒物。而我认为，这50亿分之一的数据，正好给了我们一个重要提示：只要是错误，无论如何细小，都可能造成巨大的损失。

5
T28手机使爱立信输掉中国市场

有着百年辉煌历史的爱立信与诺基亚、摩托罗拉并世称雄于世界移动通信业。但自1998年开始的3年里，当世界蜂窝电话业务高速增长时，爱立信的蜂窝电话市场份额却从18%迅速降至5%，即使在中国市场，其份额也从1/3左右迅速地滑到了2%！爱立信在中国的市场销售额一日千里地从手机销售头把交椅跌落，不但退出了销售三甲，而且还排在了新军三星、飞利浦之后。在中国这样一个快速成长的市场上，国际上很多濒危的企业一进入就能起死回生、生龙活虎，但爱立信却在这块风水宝地上失去了它往日的辉煌。

2001年，大家去买手机时都在说爱立信如何如何不好。当时，爱立信一款叫作“T28”的手机确实存在质量问题。这本来就是一种错误，但更大的错误是爱立信漠视这一错误。“我的爱立信手机的送话器坏了，送到爱立信的维修部门，很长时间都没有解决问题；最后，他们告诉我是主板坏了，要花700块钱换主板。而我在个体维修部那里，只花25元就解决了问题。”这位消费者确切地说出了爱立信存在的问题。那时，几乎所有媒体都注意到了“T28”的问题，似乎只有爱立信没有注意到。爱立信一再辩解自己的手机没有问题，而是一些别有用心的人在背后捣鬼。然而，市场不会去探究事情的真相，也不给爱立信以“申冤”的机会，无情地疏远了它。

其实，信奉“亡羊补牢”观念的中国消费者已经给了爱立信一次机会，只不过，爱立信没能好好把握那次机会。

1998年，《广州青年报》从8月21日起连续三次报道了爱立信手机在中国市场上的质量和服务问题，引发了消费者以及知名人士对爱立信的大规模批评，而且，爱立信的768、788C以及当时大做广告的SH888，居然没有取得入网证就开始在中国大量销售。当时，轻易不表态的电信管理部门的声明证实了此事。至此，爱立信手机存在的问题浮出了水面。但爱立信一如既往地采取掩耳盗铃的方式来解决问题。据当时参加报道的一位记者透露，爱立信试图拿出几万元广告费来封媒体的嘴；爱立信广州办事处主任还心虚嘴硬地狡辩：“我们的手机没有问题！”既然选择拒不认错，爱立信自然不会去解决问题，更不会切实去做服务工作。

质量和服务中的缺陷使爱立信输掉了它从未想放弃的中国市场。

一个由数以百万计的个人行动所构成的公司经不起其中1%或2%的行动偏离正轨。

——克劳斯比

6 一顿奢侈的晚餐吓走了外商

东北某国有企业与一家美国大公司商谈合作问题，这家企业花了大量功夫做前期准备工作。在一切准备就绪之后，该公司邀请美国公司派代表来企业考察。

前来考察的美国公司的代表在这家企业领导的陪同下，参观了企业的生产车间、技术中心等一些场所，对中方的设备、技术水平以及工人操作等，都表示了相当程度的认可。中方非常高兴，表示要设宴招待美方代表。

宴会选在一家十分豪华的大酒楼，有20多位企业中层领导及市政府的官员前来作陪。美方代表以为中方还有其他客人及活动，当知道只为招待他一人之后，感到不可理解。

美国代表在回国之后，发来一份传真，拒绝与这家中国企业合作。中方认为企业的各种条件都能满足美方的要求，对代表的招待也热情周到，却莫名其妙地遭到美方拒绝，对此也相当不理解，便发信函询问。美方代表回复说："你们吃一顿饭都如此浪费，要把大笔的资金投入进去，我们如何能放心呢？"

对这家东北企业来说，能得到一笔巨额投资对其未来发展具有重要作用，所以这次合作是一件大事，但这件大事却因为一顿饭的"小节"而毁于一旦。

如果说吃饭是一种"小节"，那么随地吐痰就更是一种小节了，但这种小节却使一家制药厂失去了一次大的机会。

○一口痰终止了外商谈判

国内有一家药厂准备引进外资，扩大生产规模。他们邀请德国拜耳公司派代表来药厂考察。在进行了短暂的室内会谈之后，药厂厂长便陪同这位代表参观工厂。就在参观制药车间的过程中，药厂厂长随地吐了一口痰。拜耳公司的代表清楚地看到了这个场景，便马上拒绝继续参观，也终止了与这家药厂的谈判。

在这位代表看来，制药车间对卫生的要求是非常严格的，作为一厂之主的厂长都能随地吐痰，那么员工的素质可想而知！与这样的药厂合作，如何保证产品的质量呢？

中国走上市场经济的道路，不仅需要体制的改变，而且需要文明形态和国民行为的改变。

——赵英（中国社科院教授）

7 "忠实地"放错位，总统宣誓重新来

2009年美国东部时间1月20日，奥巴马在正式的总统就职仪式上，面对赶到周边地区观礼的上百万名观众和世界各地通过电视、网络见证历史的无数群众时，由于最高法院首席大法官约翰·罗伯茨领读总统就职誓词时出现口误而跟着"犯了错"。

美国宪法第二条第一款规定，由35个英文单词组成总统就职誓词。译成中文为：我谨庄严宣誓（或郑重声明），我必忠实地履行合众国总统职务，竭尽全力，恪守、维护和捍卫合众国宪法。每位当选总统宣誓就职时，都要在最高法院首席大法官的带领下宣读这一誓词。

罗伯茨领誓时将本应置于句中的单词"忠实地"放在了句尾，导致跟从的奥巴马说到一半发现与自己预先背诵的版本不一而难以

继续。

罗伯茨随后重新起头领誓。这次他将“忠实地”放到正确的位置，却又落下了动词“履行”。奥巴马明显意识到罗伯茨的口误，却“照本宣科”，重复一遍罗伯茨第一次的错误语序，把“忠实地”放在句尾，完成宣誓。

美国白宫21日发表声明，根据美国宪法第20修正案规定，总统和副总统的任期从就职日正午起正式开始，因此小小口误并不影响奥巴马行使总统职权，但是美国总统就职誓词是写在宪法当中的，不能有任何误读。出于谨慎，奥巴马决定21日在白宫重新宣读誓词。虽然美国宪法明文规定了总统宣誓的措辞，但许多宪法专家都认为，重新宣誓虽无必要，倒也无大碍。

21日，奥巴马和一袭黑色长袍的美国最高法院首席法官约翰·罗伯茨出现在白宫的“地图室”。与20日的正式宣誓不同，奥巴马手边没有了那本林肯用过的《圣经》。

罗伯茨说：“您准备好宣誓了吗？”

奥巴马说：“是的，让我们慢慢说。”

为了保证这次读得一字不差，奥巴马特意放慢语速，用时约30秒，比20日多了5秒钟。

之前在美国历史上还有两位总统曾因正式宣誓出现口误而事后两度宣誓，他们分别是1881年就职的切斯特·阿瑟和1923年就职的卡尔文·柯立芝。

乔治·华盛顿大学美国宪法专家杰弗里·罗森介绍，最“大胆”的是1929年引领赫伯特·胡佛宣誓的大法官威廉·霍华德·塔夫特，“他即兴发挥，擅自改了一个单词”。相比之下，罗伯茨只是不损原意地颠倒了单词的顺序，但也由此小细节引来了总统宣誓重来的大事件。

Part
04

用心才能看得见

——细节的实质

1 王永庆是如何掘到第一桶金的——细节是一种创造

成功者与失败者之间究竟有多大差别？人与人之间在智力和体力上的差异并不是想象中的那么大。很多小事，一个人能做，另外的人也能做，只是做出来的效果不一样，**往往是一些细节上的功夫，决定着完成的质量。**台湾首富王永庆就是从细节中找到成功机会的人。

王永庆早年因家贫读不起书，只好去做买卖。1932年，16岁的王永庆从老家来到嘉义，并开了一家米店。当时，小小的嘉义已有近30家米店，竞争非常激烈。当时仅有200元资金的王永庆，只能在一条偏僻的巷子里承租一个很小的铺面。他的米店开办最晚、规模最小，更谈不上知名度了，没有任何优势。在新开张的那段日子里，生意冷冷清清，门可罗雀。

当时，一些老字号的米店分别占据了周围大的市场，而王永庆的米店因规模小、资金少，没法做大宗买卖。专门搞零售呢？那些地段好的老字号米店在经营批发的同时，也兼做零售，没有人愿意到他这个地处偏僻的米店买货。王永庆曾背着米挨家挨户去推销，但效果不太好。

王永庆感觉到要想米店在市场上立足，自己就必须有一些别人没做到或做不到的优势才行。仔细思考之后，王永庆很快从提高米的质量和服务上找到了突破口。

20世纪30年代的台湾，农村还处在手工作业状态，稻谷收割与加工的技术很落后，稻谷收割后都是铺放在马路上晒干，然后脱粒，沙子、小石子之类的杂物很容易掺杂在里面。人们在做米饭之前都要经过一道淘米的程序，很不方便，但买卖双方对此都习以为常、见怪不怪。

王永庆却从这一司空见惯的现象中找到了切入点。他带领两个弟弟一齐动手，不辞辛苦，不怕麻烦，一点一点地将夹杂在米里的秕糠、砂石之类的杂物拣出来，然后再出售。这样，王永庆米店卖的米质量就要高一个档次，因而深受顾客好评，米店的生意也日渐红火起来。

我在《营销人的自我营销》中曾经说过：**“营销是卖的艺术，是满足他人的策略，是提高性价比的智慧。”**

在提高米质见到效果的同时，王永庆在服务上也更进一步。当时，用户都是自己前来买米，自己运送回家。这对年轻人来说不算什么，但对一些上了年纪的老年人，就是一个大大的不便了。而当时年轻人整天忙于生计，且工作时间很长，不方便前来买米，买米的任务只能由老年人来承担。王永庆注意到这一点，于是他超常规地主动送货上门。这一方便顾客的服务措施大受顾客欢迎。

当时还没有送货上门一说，增加这一服务项目等于是一项创举。即使是在今天，送货上门充其量是将货物送到客户家里并根据需要放到相应的位置。那么，王永庆是怎样做的呢？

每次给新顾客送米，王永庆都会细心地记下这户人家米缸的容量，并且问明这家有多少人吃饭，有多少大人、多少小孩，每人饭量如何，据此估计该户人家下次买米的大概时间，并记在本子上。到时候，不等顾客上门，他就主动将相应数量的米送到客户家里。

王永庆给顾客送米，还要帮人家将米倒进米缸里。如果米缸里还有米，他就将旧米倒出来，将米缸擦干净，然后将新米倒进去，将旧米放在上层，这样，陈米就不至于因存放过久而变质。王永庆这一精细的服务令不少顾客深受感动，赢得了很多回头客。

在送米的过程中，王永庆还了解到，当地居民大多数家庭都以打工为生，生活并不富裕，许多家庭还未到发薪日，就已经囊中羞涩。由于王永庆是主动送货上门的，要货到收款。有时碰上顾客手头紧，一时拿不出钱，大家就会很尴尬。为解决这一问题，王永庆采取按时送米，不即时收钱，而是约定到发薪之日再上门收钱的办法，极大地方便了顾客。

王永庆精细、务实的服务方法，使嘉义人都知道在米市马路尽头的巷子里，有一个卖好米并送货上门的王永庆。有了知名度后，王永庆的生意很快红火起来。这样，经过一年多的资金积累和客户积累，王永庆便自己办了个碾米厂，在离最繁华热闹的街道不远的临街处租了一处比原来大好几倍的房子，临街的一面用来做铺面，里间用作碾米厂。就这样，王永庆从小小的米店生意开始了他后来问鼎台湾首富的事业。

事业发展壮大后，王永庆在管理企业时仍注重每一个细节。他的部属深深为王永庆精通每一个细节所折服。当然也有不少人批评他“只见树木，不见森林”，劝他学一学美国的管理，抛开细节只管大政策。针对这一批评，王永庆回答说：“我不仅做大的政策，而且更注意点点滴滴的管理，如果我们对这些细枝末节进行研究，就会细分各操作动作，研究是否合理、是否能够将两个人操作的工作量减为一个人，生产力会因此提高一倍，甚至一个人兼顾两部机器，这样生产力就提高了四倍。”

一个企业要创新，必须加强对细节的关注。一向以创新意识著称的海尔集团首席执行官张瑞敏曾经说过：**“创新存在于企业的每一个细节之中。”**

2 倒茶水的老头——细节是一种功力

“世界上最难遵循的规则是度，度源于素养”，这是我在《营销人的自我营销》中阐述的一个观点。在这里，我想补充说：“素养来自日常生活中一点一滴的细节积累，这种积累是一种功夫。”

○成功的应聘者

我曾看过这样一个故事，觉得对现在的企业和个人都具有借鉴意义：

某著名大公司招聘职业经理人，应者云集，其中不乏高学历、多证书、有相关工作经验的人。经过初试、笔试等四轮淘汰后，只剩下6个应聘者，但公司最终只选择一人作为经理。所以，第五轮将由老板亲自面试。看来，接下来的角逐将会更加激烈。

可是当面试开始时，主考官却发现考场上多出了一个人，出现7个考生，于是就问道："有不是来参加面试的人吗？"这时，坐在最后面的一个男子站起身说："先生，我第一轮就被淘汰了，但我想参加一下面试。"

人们听到他这么讲，都笑了，就连站在门口为人们倒水的那个老头子也忍俊不禁。主考官不以为然地问："你连考试第一关都过不了，又有什么必要来参加这次面试呢？"这位男子说："因为我掌握了别人没有的财富，我本人即是一大财富。"大家又一次哈哈大笑了，都认为这个人不是头脑有毛病，就是狂妄自大。

这个男子说："我虽然只是本科毕业，只有中级职称，可是我却有着10年的工作经验，曾在12家公司任过职……"这时主考官马上插话说："虽然你的学历和职称都不高，但是工作10年倒是很不错，不过你却先后跳槽12家公司，这可不是一种令人欣赏的行为。"

男子说："先生，我没有跳槽，而是那12家公司先后倒闭了。"在场的人第三次笑了。一个考生说："你真是一个地地道道的失败者！"男子也笑了："不，这不是我的失败，而是那些公司的失败。这些失败积累成我自己的财富。"

这时，站在门口的老头子走上前给主考官倒茶。男子继续说："我很了解那12家公司，我曾与同事努力挽救它们，虽然没有成功，但我知道错误与失败的每一个细节，并从中学到了许多东西，这是其他人所学不到的。很多人只是追求成功，而我，更有经验避免错误与失败！”

男子停顿了一会儿，接着说：“我深知，成功的经验大抵相似，容易模仿；而失败的原因各有不同。用10年学习成功经验，不如用同样的时间经历错误与失败，因为通过后者所学的东西更多、更深刻；别人的成功经历很难成为我们的财富，但别人的失败过程却是！”

男子离开座位，做出转身出门的样子，又忽然回过头：“这10年经历的12家公司，培养、锻炼了我对人、对事、对未来的敏锐洞察力，举个小例子吧——真正的考官，不是您，而是这位倒茶的老人……”

在场所有人都感到惊愕，目光转而注视着倒茶的老头。那老头诧异至极，很快恢复了镇静，随后笑了：“很好！你被录取了，因为我想知道——你是如何知道这一切的？”

老头的言语表明他确实是这家大公司的老板。这次轮到这位考生一个人笑了。

我曾经说过，一个人的能力是一种不能用编程来表现的东西，因而是学不到的。**世事洞明皆学问，人情练达即文章**。这个考生能够从倒茶水的老头的眼神、气度、举止等，看出他是这个企业的老板，说明他是一个观察力很强的人。这种洞察入微的功夫不是一朝一夕能够练就的，往往需要长期的积累，并在对每一个细节的观察中不断地训练和提高。

一心渴望伟大、追求伟大，伟大却了无踪影；甘于平淡，认真做好每个细节，伟大却不期而至。这就是细节的魅力，是水到渠成后的惊喜。

企业在用人方面，不能仅看应聘者嘴上讲的、纸上写的，而应多考察其生活中、工作上的细节。这些细节不属于科技尖端领域，都是极其简单、极其容易的事情。对现代企业而言，不能以学历、职称、相貌等表面现象来选择人才，要更多地注重人才的能力。我在给许多家企业做咨询顾问时，在选拔人才中总结了如下一些要注意的细节：

- 简历并不能表示应聘者的能力，你要了解应聘者的缺点在哪里。
- 学历与工作经历哪个对企业更重要？
- 求职者有没有个性特征？他（她）的个性特征表现在哪个方面？他（她）有无合作精神？
- 你深究过他是如何离开上一家公司的吗？
- 你能了解到应聘者有怎样的朋友圈吗？
- 注意捕捉哪些答案是应聘者考前编辑好的？
- 制造一些尴尬看应聘者有怎样的反应？
- 对已经很满意的应聘者能否设法激怒一次？
- 企业是不是给应聘者许下了过高的承诺，让应聘者对公司的期望值太高？
- 招聘人员是否给了应聘人员更多的表现机会？双向交流是否充分？

• 招聘人员对自己的形象是否足够注意？是否有足够好的口才？

○教授的测试题

一位医学院的教授在上课的第一天对他的学生说：“当医生，最要紧的就是胆大心细！”说完，他便将一只手指伸进桌子上一只盛满尿液的杯子里，接着再把手指放进自己的嘴中。随后教授将那只杯子递给学生，让这些学生学着他的样子做。看着每个学生都把手指探入杯中，然后再塞进嘴里，忍不住快要呕吐的狼狈样子，他微微笑了笑说：“不错，不错，你们每个人都够胆大的。”紧接着教授又难过起来：“只可惜你们看得不够心细，没有注意到我探入尿杯的是食指，放进嘴里的却是中指啊！”

教授这样做的本意，是教育学生在科研与工作中都要注意细节。相信尝过尿液的学生应该终生能够记住这次“教训”。

注意细节其实是一种功夫，这种功夫是靠日积月累培养出来的。谈到日积月累，就不能不涉及习惯，因为人的行为的95%都是受习惯影响的，在习惯中积累功夫、培养素质。勉强成习惯，习惯成自然。爱因斯坦曾说过这样一句有意思的话：**“如果人们已经忘记了他们在学校里所学的一切，那么所留下的就是教育。”**也就是说“忘不掉的是真正的素质”，而习惯正是忘不掉的最重要的素质之一，否则，我怎么会说“好运气不如好习惯”呢？

海尔首席执行官张瑞敏说：**“什么是不简单？把每一件简单的**

事做好就是不简单；什么是不平凡？把每一件平凡的事做好就是不平凡。”在海尔厂区上下班时工人走路全部按交通规则靠右边走，没有其他企业员工潮进潮出的现象，这就是不简单。难吗？不难。行人靠右走这是小学生都懂的规则，可很多企业没做到，海尔却做到了。这就是素质。海尔人的素质，在小小的走路这一细节上就体现出来了！

如果没有良好习惯作为基础，任何理想的大厦都难以建立起来。而习惯恰恰是由日常生活中的一点一滴的细微之处不断积累所形成的。所以，中国古人说得好：“勿以善小而不为，勿以恶小而为之。”从更深刻的意义上讲，习惯是人生之基，而基础水平决定人的发展水平。俄罗斯教育家乌申斯基（1824—1870）说：**“良好的习惯是人在其思维习惯中所存放的道德资本，这个资本会不断增长，一个人毕生可以享受它的‘利息’。”**另一方面，**“坏习惯在同样的程度上就是一笔道德上未偿清的债务，这种债务能以其不断增长的利息折磨人，使他最好的创举失败，并把他引到道德破产的地步”**……

要把重视细节、将小事做细培养成一种习惯。成功是一个日积月累、持续不断的过程，任何希图侥幸、立刻有成的想法都注定要失败。

合抱之木，生于毫末；九层之台，起于累土；千里之行，始于足下。

——《道德经·第六十四章》

3
加加林成为太空第一人的秘密
——细节表现修养

细节总容易为人所忽视，所以往往最能反映一个人的真实状态，因而也最能表现一个人的修养。正因为如此，通过小事看人，日渐成为衡量、评价一个人的最重要的方式之一。现在，有些用人单位在招聘时，还专门针对细节下些功夫——设计些细节方面的试题，通过细节来观察应聘者；有的用人单位甚至通过“吃相”、“笔迹”等细微小事来决定用人与否。

○地毯上的纸团

有一个流传很广的关于应聘的故事：

有家招聘高级管理人才的公司对一群应聘者进行复试。尽管应聘者都很自信地回答了考官们的简单提问，可结果却都未被录用，只得怏怏离去。这时，一位应聘者走进房门后，看到了地毯上有一个纸团。地毯很干净，那个纸团显得很不协调。这位应聘者弯腰捡起了纸团，准备将它扔到纸篓里。这时考官发话了："你好，朋友，请看看你捡起的纸团吧！"这位应聘者迟疑地打开纸团，只见上面写着："热忱欢迎您到我们公司任职。"几年以后，这位捡纸团的应聘者成了这家著名大公司的总裁。

这道显然是专门用来考察求职者细节的试题，使得一些志在必得的应聘者纷纷铩羽而归。在这里，一个不经意的细节就决定了面试的成败。

○第一位进入太空的宇航员加加林

1961年4月12日，苏联宇航员加加林乘坐4.75吨重的"东方1号"航天飞船进入太空遨游了89分钟，成为世界上第一位进入太空的宇航员。他为什么能够从20多名宇航员中脱颖而出？

原来，在确定人选前一个星期，航天飞船的主设计师罗廖夫发现，在进入飞船前，只有加加林一个人脱下鞋子，只穿袜子进入座舱。就是这个细小的举动一下子赢得了罗廖夫的好感，他感到这个27岁的青年既懂规矩，又如此珍爱他为之倾注心血的飞船，于是决定让加加林执行人类首次太空飞行的神圣使命。加加林通过一个不经意的细节，表现了他珍爱他人劳动成果的修养和素质，也使他成为遨游太空的第一人。

我也看到过一个相反的例子：

北京某外资企业招工，报酬丰厚，要求严格。一些高学历的年轻人过五关斩六将，几乎就要如愿以偿了。最后一关是总经理面试。在到了面试时间之后，总经理突然说："我有点儿急事，请等我10分钟。"总经理走后，踌躇满志的年轻人们围住了老板的大办公桌，你看文件，我看来信，没一人闲着。10分钟后，总经理回来了，宣布说："面试已经结束，很遗憾，你们都没有被录取。"大家惊惑不已："面试还没开始呢！"总经理说："我不在期间，你们的表现就是面试。本公司不能录取随便翻阅领导人文件的人。"几个年轻人全傻了。

细节最能反映出一个人的修养。加加林脱鞋子的举动，体现了他对别人劳动成果的尊重；而未经允许即翻看总经理文件的年轻人，甚至缺乏基本的礼貌。

细节的成功看似偶然，实则孕育着成功的必然。细节不是孤立存在的，就像浪花显示了大海的美丽，但必须依托于大海才能存在一样。

小事成就大事，细节成就完美。

——戴维·帕卡德（惠普创始人）

4
通用电气公司的莎士比亚考题
——细节体现艺术

如果说管理的一般法则是科学，那么在管理中细节就是艺术。不少人可能有体会：谈及企业管理方面的事，印象最深的往往不是那些深奥的管理学理论、管理的一般法则，而是由一个个管理细节凸显出来的鲜活的事例。

易趣创始人谭海音曾说：**“管理一半是科学，一半是艺术。”**她说她在学校里学的不是生搬硬套的管理模式，而是一种思考方法。可以说，成功的企业家可以不是管理方面的理论家，却必须是管理方面的艺术家。他们深谙“细节管理”的奥秘，处理问题于细微处见功夫，擅长在管理学一般理论与本企业实际的结合上做出一篇篇堪称艺术品的文章来。

众所周知，通用电气公司前总裁韦尔奇是企业管理界的大师，被誉为“世界经理人的经理人”。那年，在得知他正着手写一本商业管理著作时，时代华纳下属的“时代华纳贸易出版公司”就以710万美元的天价买下了该书在北美的发行权。几乎可以断定，多数读了这本书以及了解这位传奇式英雄的人，都认为他在管理学基础理论上并无振聋发聩的东西。人们津津乐道的是他作为通用电气公司总裁在长达20年的管理实践中所记录的一些管理细节，包括：手写“便条”并亲自封好后给基层经理人甚至普通员工；能叫出1000多位通用电气管理人员的名字；亲自接见所有申请担任通用电气500个高级职位的人员等。在世界最令人钦佩的大公司中，很少有哪家公司的老板能做到这些。正是一个又一个的细节，造就了这位管理大师的管理艺术。

再比如，经理人晋升应当通过考试这道程序，这是企业管理的常规，但每一家企业出什么样的考题，就是细节问题了。人们可能难以想到，通用电气公司出的考试题，既不是来自经济学典籍，也不是来自经营理论专著，而是把戏剧家莎士比亚搬出来，要那些竞争高级职位的经理人就莎士比亚的一部作品写篇“读后感”！

品出其中真味的人会发现，这个考题大有深意。该题考查的是管理人员的心理素质，包括体察社会心理的能力。在出题者看来，作为企业的高级管理人员，如果连一部世人皆知的文学作品中的人物心理都不得而知，又怎样去理解和面对公司内部成千上万的雇员的心理呢？如果理解不了雇员的心理，又何谈“以人为本”的管理呢？我们知道，当代管理学特别强调“以人为本”，韦尔奇本人正是一位实践“以人为本”理念的管理大师。他的名言是：**“我们所能做的是把赌注押在我们所选择的人身上。因此，我的全部工作就是选择适当的人。”**

在这里，莎士比亚的文学艺术与企业管理找到某种契合点。

其实，细节与艺术的关系早已不是什么新话题了。还在1941年，著名文艺批评家兰色姆就提出，使文学成为文学的东西不在于文学作品的框架结构、中心逻辑，而在于作品的细节描写，只有细节才属于艺术，也只有细节的表现力最强。相比之下，作为作品中心逻辑的框架结构反倒是非艺术的。

联系到企业管理，细节的宝贵价值更在于它是创造性的、独一无二的、无法重复的。按兰色姆的说法，细节描写不要说重复，连“转述”都不行，能够转述的只能是逻辑和理论的东西。

美国学者戴维·科利斯在《创建公司优势》一文中称，任何一种战略，即使其成就再辉煌，也不可能对所有的公司产生实效。那是因为每个公司都有不同的起点，都在不同的背景下运作，都有基本不同的资源类型。因此，并不存在一种能适用于所有跨行业公司的最佳的解决方法。所谓**“在商场上，每一笔生意都是独一无二的”**，成功的关键在于企业家针对具体环境处置问题的原创性和想象力，而原创性、想象力无疑是这个时代最稀缺、最宝贵的东西，它体现着一个人的经历、知识和整体人格。在这层意义上，企业家就像艺术品一样，是不可能成批生产的。例如，丰田公司30%的汽车是在世界上25个国家和地区制造的，但是那些地方的经营无一比得上日本本土。麻省理工学院的库苏马诺说："甚至丰田自己也不能在丰田汽车城外创造同样的效率。他们的系统庞大而独特，别人难以照搬。丰田设在美国的工厂是北美最好的，但它们装配一辆汽车的时间仍然比国内的工厂要多30%~50%。"

的确，企业管理最忌讳的是大而化之，精于细微才能真正提高管理水准，所以企业管理应该像王永庆所说的那样，不能只重视"面"和"线"，而忽视了"点"；应该重视"点"，"点"真正完善了，"线"和"面"就简单了。各事物的基本问题还是在"点"上，而"点"的改善是无止境的，如何画好"点"体现了艺术。

每个人都要用搞艺术的态度来开展工作，要把自己所做的工作看成一件艺术品，对自己的工作精雕细刻。只有这样，你的工作才是一件优秀的艺术品，也才能经得起人们细心地观赏、品味。

5
一把椅子的问候——细节隐藏机会

○夏路列公司的试衣室

日本的夏路列公司是一家生产内衣的公司，设在神户中央区港岛时装街，在20世纪80年代初创时，连经理在内仅有3个人。

当时，在日本各百货商店和服装铺都设有试衣室，但试穿内衣先要脱外衣，如果试一件不合身接着再试时，是一件很麻烦的事情，而且多少有些尴尬。

夏路列公司经理注意到了这个细节，就想：如果能在自己家里邀集三五位邻居或女友，一起挑选公司送来的内衣，有中意的式样当场试穿，这种场合气氛亲切，最适宜女性购买内衣。于是便决定采取这种方式来销售内衣，并配合这种销售方式做出了一些规定：

凡是在家庭联欢会上一次购物1万日元以上的顾客，就能获得该公司“会员”资格，今后购买内衣可享受七五折的优惠；会员如在3个月内发起家庭联欢会20次以上，销售金额超过40万日元，就能成为本公司的特约店，可享受六折优惠。如果在6个月内举办家庭联欢会40次以上，销售金额超过300万日元，就能成为本公司的代理店，享受零售价一半的批购优惠。

采取这种销售方式以后，夏路列公司获得了迅速的发展。十年以后，夏路列公司拥有员工200多名、代理店约800家、特约店2万多家、会员135万名，而且会员还以每月2万名的速度剧增，年销售额达200亿日元以上，成为日本内衣业的后起之秀，被舆论界称为“席卷内衣业的一股旋风”。

买衣服时的试穿是一件不起眼的小事，但夏路列公司的老板却从中发现了机会，并以此为契机进行创新，采取了新的销售方式，结果大获成功。

○一把椅子的问候

一个阴云密布的午后，由于瞬间的倾盆大雨，行人们纷纷进入附近的店铺躲雨。一位老妇人也蹒跚地走进费城百货商店避雨。面对她略显狼狈的姿容和简朴的装束，所有的售货员都对她视而不见。

这时，一个年轻人诚恳地走过来对她说：“夫人，我能为您做点儿什么吗？”老妇人莞尔一笑：“不用了，我在这儿躲会儿雨，马上就走。”老妇人随即又心神不定了，不买人家的东西，却借用人家的店躲雨，似乎不近情理，于是，她开始在百货店里逛起来，哪怕买个头发上的小饰物呢，也算为自己躲雨找个心安理得的理由。

正当她犹豫徘徊时，那个小伙子又走过来说："夫人，您不必为难，我给您搬了一把椅子，放在门口，您坐着休息就是了。"两小时后，雨过天晴，老妇人向那个年轻人道谢，并向他要了张名片，就走出了商店。

几个月后，费城百货公司的总经理詹姆斯收到一封信，信中要求将这位年轻人派往苏格兰收取一份装潢整个城堡的订单，并让他承包写信人家族所属的几个大公司下一季度办公用品的采购订单。詹姆斯惊喜不已，匆匆一算，这一封信所带来的利益相当于他们公司两年的利润总和！

他迅速与写信人取得联系后，方才知道，这封信出自一位老妇人之手，而这位老妇人正是美国亿万富翁"钢铁大王"卡内基的母亲。

詹姆斯马上把这位叫菲利的年轻人推荐到公司董事会上。毫无疑问，当菲利带着行装飞往苏格兰时，他已经成为这家百货公司的合伙人了。那年，菲利22岁。

在随后的几年中，菲利以他一贯的忠实和诚恳，成为"钢铁大王"卡内基的左膀右臂。他的事业扶摇直上、飞黄腾达，成为美国钢铁行业仅次于卡内基的富可敌国的重量级人物。

菲利只用了一把椅子，就轻易地与"钢铁大王"卡内基攀亲附缘、齐肩并举，从此走上了让人梦寐以求的成功之路。这真是"勿以善小而不为”。

○“三碗茶”成就一代名将

日本历史上的名将石田三成未成名之前在观音寺谋生。有一天，幕府将军丰臣秀吉口渴到寺中求茶，石田热情地接待了他。在倒茶时，石田奉上的第一杯茶是大碗的温茶；第二杯是中碗稍热的茶；当丰臣秀吉要第三杯时，他却奉上一小碗热茶。

丰臣秀吉不解其意，石田解释说：“这第一杯大碗温茶是为解渴的，所以温度要适当，量也要大；第二杯用中碗的热茶，是因为已经喝了一大碗不会太渴了，稍带有品茗之意，所以温度要稍热，量也要小些；第三杯，则不为解渴，纯粹是为了品茗，所以要奉上小碗的热茶。”

丰臣被石田的体贴入微深深打动，于是将其收归在自己幕下，让石田有机会成为一代名将。

菲利和石田的故事告诉我们：机会隐藏在细节之中。当然，你做好了这些细节，未必能够遇到如此平步青云的机会。但如果你不做，你就永远也不会有这样的机会。

工艺上的小差异往往显示民族素质上的大差异。

——张瑞敏

6 机器停着也能赚钱——细节凝结效率

学习管理学的人都知道，现代标准化的大生产管理是从泰勒开始的。泰勒管理的最大特点，就是将细节标准化，即对人的每一个动作都进行精确的测算，在找到能够将效益最大化的动作之后，就将这一动作作为标准确定下来，让员工按此标准执行。这种做法的客观效果是实现效益的最大化。在这里，细节是效率的基础和前提。

○丰田公司的零库存是怎么来的

丰田汽车公司是世界汽车业巨头之一，也是世界上利润最高的企业之一，它创造出了一种独特的生产模式——“丰田生产方式”。简单地说，这种生产方式就是基于杜绝浪费的思想，追求科学合理的制造方法而创造出来的一种生产方式。

杜绝浪费，这对每一个企业来说都是提高效率、增加利润的大事，但恐怕任何一家企业都比不上丰田公司做得精细。丰田公司对浪费做了严格的区分，将浪费现象分为以下七种：

- 生产过量的浪费；
- 窝工造成的浪费；
- 搬运上的浪费；
- 加工本身的浪费；
- 库存的浪费；
- 操作上的浪费；
- 制成次品的浪费。

拿我们中国的企业比一比，有谁将浪费现象做了这么细致的划分？正是这种精于细节的态度，使丰田公司得出一点警示：**许多制造业工厂中任何时刻都可能有85%的工人没有工作：**

- 5%的人看不出是在工作；
- 25%的人正在等待着什么；
- 30%的人可能正在为增加库存而工作；
- 25%的人正在按照低效的标准或方法工作。

我们再看看丰田公司是怎样避免和杜绝库存浪费的。许多企业的管理人员都认为，库存比以前减少一半左右就无法再减了，但丰田公司就是要将库存率降为零。为了达到这一目的，丰田公司采用了一种“防范体系”。为了建立这种防范体系，丰田公司在细节处真正做足了功夫。

就以作业的再分配来说，如果几个人为一组干活，一定会存在有人“等活”之类的窝工现象。所以，有人就认为，对作业进行再分配，减少人员以杜绝浪费并不难。

但实际情况并非完全如此，多数浪费是隐藏着的，尤其是丰田人称之为“最凶恶敌人”的生产过量的浪费。丰田人意识到，推进提高效率、缩短工时以及降低库存活动能否成功，关键在于设法消灭这种过量生产的浪费。

为了消除这种浪费，丰田公司采取了很多措施。拿自动化设备来说，该工序的“标准手头存活量”是5件，如果现在手头只剩3件，那么，前一道工序便自动开始加工，加到5件为止。到了规定的5件，前一道工序便依次停止生产，以防止超出需求量的加工。再拿后一道工序来说，后一道工序的标准手头存活量是4件，如减少1件，前一道工序便开始加工，送到后一道工序。后一道工序一旦达到规定的数量，前一工序便停止加工。

像这样，为了使各道工序经常保持标准手头存活量，各道工序在联动状态下开动设备。这种体系就叫作“防范体系”。

在必要的时刻，一件一件地生产所需要的东西，就可以避免生产过量造成的浪费。但是，这时必须知道“必要的时刻”是什么时候。于是，“单位时间”的意义就很重要了。

“单位时间”是制造一件产品所需要的时间，只能从产品的需求量类推出来。“单位时间”是用“一天的需求件数”除以“一天的可动时间”算出的。“可动时间”是一天内机器可以开动的时间。

在丰田生产方式中，“开动率”和“可动率”是被严格区分的。所谓的开动率是指一天的规定作业时间（假设为8小时）与有几小时使用机器制造产品的比率。假设有台机器只使用4小时，那么这台机器的开动率就是50%。开动率这个名词是表示为了干活而转动的意思，倘若机器仅处于转动状态（空转），即使整天开动，开动率也是零。因此，丰田公司不用“运转率”，而全部使用“开动率”这个词。

“可动率”是指在想要开动机器和设备时，机器能按时正常转动的比率。最理想的可动率是100%。为此，必须按期进行保养维修，事先排除故障。

拿私家车来说，可动率是用百分比表示的、自己的汽车想什么时候开都能顺利开动的状态。开动率则是一天内有几小时开动了自己汽车的比率。谁都是在需要的时候才坐汽车的，所以，100%的开动率并不是理想的。如果没事整天开着汽车闲逛，就是浪费汽油，汽车出故障的可能性也会增多，这是不合算的。

由于汽车的产量因每月销售情况的不同而有所变动，开动率当然也会随之而发生变化。如果销售情况不佳，开动率就下降；反之，如果订货很多，就要长时间加班或倒班，有时开动率为100%，有时甚至会达120%或130%。因此，不能把开动率的百分比作为一个工厂的目标。

参观丰田工厂的人可以看到，它和其他工厂一样，机器一行一行地排列着。但有的在运转，有的却没有启动，很显眼。于是有的参观者疑惑不解："丰田公司让机器这样停着也赚钱？"

不错，机器停着也能赚钱！这是由于丰田汽车公司创造了这样的工作方法：必须做的工作要在必要的时间去做，以避免生产过量的浪费，以避免库存的浪费。

这就是丰田公司的精细！如果不是在每一个细节上都精益求精，完全不可能达到这种效果。请大家想一想，对一个年产量340多万辆（这还是经济不景气时的产量）日产9000多辆汽车的大公司来说，里面又凝结了多少琐细、艰苦的劳动！

上帝与细节同在，同等级企业的竞争在细节。

——汪中求

7 乔·吉拉德的生日鲜花——细节产生效益

○为顾客献上的生日鲜花

我想凡是做营销的人没有不知道乔·吉拉德的，他被认为是“世界上最伟大的推销员”。他是如何成功的呢?

乔·吉拉德认为，卖汽车，人品重于商品。一个成功的汽车销售商，肯定有一颗尊重普通人的爱心。他的爱心体现在他的每一个细小的行为中。

有一天，一位中年妇女从对面的福特汽车销售商行出来，走进了吉拉德的汽车展销室。她说自己很想买一辆白色的福特车，就像她表姐开的那辆一样，但是福特车行的经销商让她过一小时之后再去，所以先来这儿瞧一瞧。

“夫人，欢迎您来看我的车。”吉拉德微笑着说。中年妇女兴奋地告诉他：“今天是我55岁的生日，我想买一辆白色的福特车送给自己作为生日的礼物。”“夫人，祝您生日快乐！”吉拉德热情地祝贺道。随后，他轻声地向身边的助手交代了几句。

吉拉德领着中年妇女从一辆辆新车面前慢慢走过，边看边介绍。在来到一辆雪佛兰车前时，他说：“夫人，您对白色情有独钟，瞧这辆双门式轿车，也是白色的。”就在这时，助手走了进来，把一束玫瑰花交给了吉拉德。他把这束漂亮的鲜花送给了中年妇女，再次对她的生日表示祝贺。

那位夫人感动得热泪盈眶，非常激动地说：“先生，太感谢您了，已经很久没有人给我送过礼物了。刚才那位福特车的推销商看到我开着一辆旧车，一定以为我买不起新车，所以在我提出要看一看车时，他就推辞说需要出去收一笔钱，我只好上您这儿来等他。现在想一想，也不一定非要买福特车不可。”就这样，这位中年妇女在吉拉德这儿买了一辆白色的雪佛兰轿车。

正是这种许许多多的细小行为，为吉拉德创造了空前的效益，使他的营销取得了辉煌的成功，他被《吉尼斯世界纪录大全》誉为“全世界最伟大的销售商”，创造了12年推销13000多辆汽车的最高纪录。有一年，他曾经卖出汽车1425辆，在同行中传为美谈。

○往返都能让客人看见富士山

东京一家贸易公司有一位工作人员专门负责为客商购买车票。她常给德国一家大公司的商务经理购买来往于东京、大阪之间的火车票。不久，这位经理发现一件趣事：每次去大阪时，座位总在右窗口，返回东京时又总在左窗边。经理询问工作人员其中的缘故。工作人员笑答道："车去大阪时，富士山在您的右边，返回东京时，富士山已到了您的左边。我想外国人都喜欢富士山的壮丽景色，所以我替您买了不同的车票。"就是这种不起眼的小事，使这位德国经理十分感动，于是他把对这家日本公司的贸易额由400万马克提高到1200万马克。他认为，在这样一件微不足道的小事上，这家公司的职员都能够想得这么周到，那么，跟他们做生意还有什么不放心的呢?

细节既能创造正效益，也会产生负效益。

一次，国内的一位旅客乘坐某航空公司的航班由济南飞往北京，连要两杯水后又请求再来一杯，还歉意地说实在口渴，空姐的回答却让她大失所望："我们飞的是短途，储备的水不足，剩下的还要留着飞上海用呢！"在遭遇了这一"细节"之后，那位乘客决定今后不再乘坐这家公司的飞机。

我告诉全公司的员工：**"每一条跑道上都挤满了参赛选手，每一个行业都挤满了竞争对手。"**请看下列企业在细节上下的功夫：

- 戴尔电脑公司的CMM（软件能力成熟度模型）分为18个过程域、52个目标和300多个关键实践，详细描述第一步做什么、第二步做什么。
- 麦当劳不用不圆和切口不平的面包；奶浆接货温度要在4摄氏度以下，高一度就退货；一片小小的牛肉饼要经过四十多项质量控制检查；生菜从冷藏库拿到配料台上只有两小时的保鲜期，过时就扔掉。生产过程采用电脑操作和标准操作，制作好的成品和时间牌一起放到成品保温槽中。炸薯条超过7分钟，汉堡包超过19分钟就要毫不吝惜地扔掉。麦当劳的作业手册有560页，其中对如何烤牛肉饼一项就写了20多页。
- 海尔生产线的十个重点工序都有质量控制台，155个质量控制点都有质量跟踪单，产品从第一道工序到出厂都建立了详细的档案。

Part
05

伟大源于细节的积累

——从小事做起

1
把目光放在客户而不是竞争对手身上（目标）

可以说，企业的产品和服务最终都是为人服务的，以使人过上更美好的生活为目标的。但如果这种目标不落实到每一个细节中，那么这就是一句空话。在海尔有这样一句话：**“企业如果在市场上被淘汰出局，并不是被你的竞争对手淘汰的，一定是被你的用户抛弃的。”**

国内外许多成功企业的经营之道，就是无论企业规模有多大，在处理事情时都要像一家小企业，即大企业懂得小经营，竭尽全力地赢得顾客，因为当前是以顾客为导向的买方市场。市场没有贵贱差别，顾客也没有等级之分。有眼光的经营者总是将每一位顾客看作“重要顾客”，并提供细致周到的服务。

有位年轻人到奔驰公司买一辆轿车，看完陈列厅里的100多辆车后，竟没有一辆中意的。他表示想要一辆灰底黑边的车。销售员告诉他："本公司没有这种车。"公司的销售部主任得知情况后十分生气，他对销售员说："像你这样做生意只能让公司关门歇业。"销售部主任设法找到那个年轻人，告诉他两天后来取车。两天后，年轻人看到了他想要的灰底黑边车，但还是不满意，说这车不是他要的规格。经验丰富的销售部主任耐心地问："先生要什么规格的，我们一定满足您的要求。"三天后，年轻人高兴地看到他想要的规格、型号、式样的车。可是他试开了一圈后，对销售部主任说："要是能给汽车安装个收音机就好了。"当时，汽车收音机刚刚问世，大多数人认为汽车安装收音机容易导致交通事故，但销售部主任犹豫了片刻仍对年轻人说："先生下午来可以吗？"

挑剔的年轻人终于从奔驰公司买走了他中意的车。他感激地对销售部主任说："感谢您的周到服务。我想，有您这种服务态度，贵公司肯定会赚大钱的。"

奔驰之所以成为奔驰，不仅在于其质量上的精益求精，也在于其以顾客需要为导向的全心全意的服务。当然，并非所有的企业都要尽全力去满足个别客户的特殊需要，因为只有具备快速反应能力的、管理效率极高的企业才能做到。

细致周到地为客户着想的精神也造就了伟大的建筑师德罗。

密斯·凡·德罗是20世纪世界四位最伟大的建筑师之一，在被要求用一句最概括的话来描述他成功的原因时，他只说了五个字——“魔鬼在细节”。他反复强调的是：不管你的建筑设计方案如何恢宏大气，如果对细节的把握不到位，就不能称之为一件好作品。细节的准确、生动可以成就一件伟大的作品，细节的疏忽会毁坏一个宏伟的规划。

当今全美国最好的戏剧院不少出自德罗之手。他在设计每个剧院时，都要精确测算每个座位与音响、舞台之间的距离以及因为距离差异而导致的不同的听觉、视觉感受，计算出哪些座位可以获得欣赏歌剧的最佳音响效果，哪些座位最适合欣赏交响乐，不同位置的座位需要做哪些调整方可达到欣赏芭蕾舞的最佳视觉效果，而且更重要的是，他在设计剧院时要一个座位一个座位地亲自测试和敲打，然后再确定每个座位的摆放方向、大小、倾斜度、螺丝钉的位置等。

他这样细致周到地为顾客考虑的结果是，他成为了一个伟大的建筑师。

中国的企业总的说来还缺少重视细节的意识。这是因为我们长期以来处于物质匮乏的状态。与此相应的是企业的粗放经营，很容易满足于“差不多”的管理，缺乏争取尽善尽美的意识。

在市场发育的早期，利润空间很大，只要人们胆大、有想法，就可以发财，不需要在细枝末节上下功夫。但随着经济的发展、社会产品的极大丰富和生活水平的提高，人们对生活质量的要求越来越高，对产品和服务质量的要求也越来越高。这种高要求，落实到实践中就是对细节的完美追求。同时，面对加入世贸组织带来的全球性竞争，粗放式管理再也不能继续进行下去了。**企业要想成功，一定要不遗余力地重视细节的改进、改进、再改进。而细节改进的方向，就是满足人们对生活精致化的要求，将其概括成一句话，就是人性化的要求。**

经济活动应该以人为本，人性化是产品和服务的终极目标。凡是不愿意改进、不愿意在细节上努力的企业，必定被淘汰出局。在我们的周围，服务不到位的情况随处可见。前些日子我住在北京一家非常有名的四星级宾馆。早晨我们前去就餐时，为寻找餐厅就花了很长时间，走了很多冤枉路，因为通往餐厅的路上，既没有指示牌，也没有服务员给予说明。还有，在吃饭的过程中，我的一个同伴还没有吃完，服务员就将其中的两个盘子取走了。服务员的神情表明，她并不是因为生气或别的什么原因，完全是一种无意识，就是说，她根本没有这方面的意识——对顾客起码的礼貌和尊重。我认为，存在这种情况的根本原因只有一个：就是竞争还不充分，利润空间还过大。如果在一个市场竞争很充分以及行业利润基本平均的情况下，这种宾馆不可能有生存的空间。

2 魔鬼存在于细节之中（决策）

有这样一个寓言：

一群老鼠开会，讨论怎样对付猫的袭击。一只被认为聪明的老鼠提议，给猫的脖子上挂一个铃铛。这样，猫行走的时候铃铛就会响，听到铃声老鼠不就可以及时跑掉了吗？大家都认为这是一个好主意。可是，由谁去给猫挂铃铛？怎样才能挂得上呢？这些细节问题却无从解决。于是，“给猫挂铃铛”就成了鼠辈的空话、人类的笑谈。

“魔鬼存在于细节中”，任何一个战略决策和规章法案，都要想到细节、重视细节。任何对细节的忽视，都可能导致决策失误。美国电信因决策失误导致宽带网进入居民家庭缓慢，就是一个例子。

美国是全球互联网革命的领导者，但21世纪伊始，宽带在居民家庭中的普及率并不高。据统计，当时在韩国，近2/3的家庭拥有宽带接入，而且宽带网的平均速度达到每秒3兆，是绝大多数美国宽带系统的2倍左右；在日本，据预测，有40%左右的家庭在2003年年底也已经采用宽带上网，速度可达每秒12兆。而在美国，接入宽带的用户只有15%，绝大多数互联网用户仍在拨号上网，无法享受信息革命带来的成果。

造成美国在宽带上发展缓慢的原因并不是基础设施不健全。其实，美国有80%~90%的人口都已经在宽带接入的覆盖范围之内了，只是宽带接入在即将进入用户的所谓“最后一英里”阶段碰到了障碍。

美国以1996年颁布的新《电信法》为基础的宽带政策规定：美国各地方电话公司必须将其网路拿出来供宽带运营商共用，意在通过这样的管制鼓励ADSL（数位用户线）等采用电话交换系统参与宽带业务领域的竞争，以大大降低“最后一英里”的连接费用。然而，这一政策忽视了一些细节问题，成为阻碍宽带网入户的重要原因。

在几年前，网络建设过热，美国曾出现“跑马圈地”的宽带建设热潮。出于对电信容量将迎来爆炸式增长的期待，电信业投资旺盛，然而宽带业务却一直未能形成足够的需求，结果导致电信能力过剩。电信业入不敷出，无法收回投资，日子很不好过，世通、环球电讯等电信巨头均申请破产。

受政策上“最后一英里”障碍的限制，大量闲置的宽带主干网络未能接入用户家庭。因为与窄网不同，宽带入户需要更多的设备建设投资。美国各地方的电话公司出于自身利益考虑，不愿意花钱铺设线路而让他人坐享其成，而参与竞争的宽带网运营商因互联网泡沫破灭，本来就自身难保，无力投入巨额资金。此外，宽带政策中的混乱与不统一，也影响着宽带最大限度地进入用户家庭，如对于以有线电视方式提供宽带服务的运营商，就不要求其与竞争对手分享网络设施；而整个宽带业务行业与影视娱乐业等内容供应商之间也存在矛盾，互相制约。正是这种决策上的失误，导致了美国宽带业务发展缓慢。

当初中国从日本进口缝衣针的时候，好多人都感到惊诧：一个针还要买日本人的？看到了日本的针大家才发现，我们常用的针是圆孔，而日本的针是长条孔，这是为照顾老人们眼花而设计的。上海内环高架桥不允许1吨以上的小货车上桥，一个月以后，0.9吨的日本小货车就在上海接受订单了。这些都说明了日本的企业十分注重细节。在实际操作中，要做到这些是不容易的，因为只有营销部、生产部、物料部、采购部、研发部、制造部通力协作，才能将这件事做好。但是如果你在决策和设计的过程中根本就没有考虑过细节，恐怕连市场的残羹剩饭也吃不上一口了。

我们的成功表明，我们的竞争者的管理层对下层的介入未能坚持下去，他们缺乏对细节的深层关注。

——弗雷德·特纳（麦当劳前总裁）

3
企业家要对细节有无限的爱（领导）

日用品和化妆品连锁超市DM在德国遍地皆是。30年前，格茨·维尔纳白手起家创建了DM连锁店。他有自己的一套注重细节的经营理念，有的地方还会为注重细节做出一些特别“古怪”的行为。

当维尔纳走进一家DM分店时，他要求分店经理拿扫帚来。这家分店的经理疑惑地把扫帚递给维尔纳：“维尔纳先生，我不明白您要它做什么？”维尔纳指着地下的灯光说：“您看，灯光的亮点聚在地上，什么用处也没有。”于是，维尔纳用扫帚柄拨了一下上面的灯，让灯光照在货架上。

这样的小事也要由大老板过问，并且亲自动手，岂不把他累死？可就是这样一个大老板现已拥有1370家连锁店、20000名员工，2002年DM的销售额高达26亿欧元。维尔纳也是同行业中最富有的，2003年年初时他的个人财产已达到9.5亿欧元。

维尔纳解释他注重细节的用意时说："这样做给人留下的印象远比下达批示深刻得多。当然，我不可能每天到所有的分店跑一圈，每一个细节都不放过，但是，'商业教皇'布鲁诺·蒂茨说得对：**'一个企业家要有明确的经营理念和对细节无限的爱。'**"

维尔纳的基本经营理念是：员工在面对顾客时越独立自主，企业就越企业化。然而，DM并不遵守似乎是资本主义社会的一项法则：谁干得好，就按照他的业绩给他提成和发奖金。DM员工的收入在同业中是丰厚的，但是没有奖金。

对此，维尔纳的解释是："我认为这（发奖金）是错误的。谁发奖金，谁就是对他的员工不信任。如果哪位老板这样做，那他的想法大概是：员工本来可以做得更好，但是没有附加的刺激就做不到。"可以说，维尔纳对员工的理解和关怀已深入了员工的自尊、价值等精神层面的深层次的需要。他的经验概括起来说就是"奥秘全在细微处"。

两位企业业务流程的研究者J. 佩帕德和P. 罗兰说：**"很大程度上是管理者和工人的思想意识决定着生产作业的状况。"**

作为一个公司领导，不需要也不可能事必躬亲，但一定要明察秋毫，能够在注重细节当中比他人观察得更细致、更周密，要像维尔纳那样，在某一细节的操作上做出榜样，使员工有效法的榜样，并形成一种威慑力，使每个员工都不敢马虎、无法搪塞。只有这样，企业的工作才能真正做细。

我在做职业经理的时候，总是担心一些事没有落实导致企业出问题。我觉得自己不过中人之资，除了勤勉，别无选择。曾经有一位美国纽约理工大学读完MBA的朋友给我列过一个清单，把每天、每周、每旬、每月、每季、每半年、每年应做的事都一一做了规定，我始终怕自己在工作中抓大放小、挂一漏万，于是把朋友给的单子始终保存着，并以之作为加强自我约束的镜子。现抄示于后（见下篇3：总经理必须做的事），也许对正在做职业经理的同道有用，对有思路但多忽视细节的管理者应该更为有益。当然，**为了把事情做到位、把小事做细，我也会采取一些办法。我觉得最行之有效的办法是承诺制、表格化和口头复述。**承诺制就是书面答复我何时完成何事、达到何标准；表格化就是把一些琐碎的小事用表格框定责任人、完成时间等；口头复述就是接受口头指令的人要对指令口头复述一遍，以减少误传、误听造成的差错。部队口令也常常通过口头传达，但一般均做复述，出现误差就少。

我国企业的不良品率平均在10%左右，而工业发达国家可以接受的产品不合格率仅有千分之三。

4
要让时针走得准，必须控制好秒针的运行（执行）

贝聿铭是一位我们熟知的华裔建筑师，他认为自己设计最失败的一件作品是北京香山宾馆。在这座宾馆建成后他一直没有去看过，因为他认为这是他一生中最大的败笔。

实际上，在香山宾馆的建筑设计中，贝聿铭对宾馆里里外外每条水流的流向、水流大小、弯曲程度都有精确的规划，对每块石头的重量、体积的选择以及什么样的石头叠放在何处最合适等都有周详的安排，对宾馆中不同类型鲜花的数量、摆放位置，随季节、天气变化需要调整不同颜色的鲜花等都有明确的说明，可谓匠心独具。

但是工人们在建筑施工的时候对这些“细节”毫不在乎，根本没有意识到正是这些“细节”方能体现出建筑大师的独到之处，他们随意“创新”，改变水流的线路和大小，搬运石头时不分轻重，在不经意中“调整”了石头的重量甚至形状，石头的摆放位置也是随随便便。看到自己的精心设计被无端改成这个样子，难怪贝聿铭要痛心疾首了。

因此，香山宾馆建筑的失败不能归咎于贝聿铭，而在于执行中对细节的忽视。

可见，一个计划的成败不仅仅取决于设计，更在于执行。如果执行得不好，那么再好的设计也只能是纸上蓝图。唯有执行得好，才能完美地体现设计的精妙，而执行过程中最重要的是细节。

同样，对营销来说，一个营销方案是否能取得预期的效果，就还原创意和实现创意的过程而言，执行过程中的细节绝对是重中之重。

丰田汽车公司前社长丰田英二曾说：“丰田汽车最为艰巨的工作，不是汽车的研发与技术创新，而是生产流程中技术工人对一根绳索不高不矮、不偏不倚、没有任何偏差的摆放和操作。”

某乳品企业营销副总谈起他们在某市的推广活动时说：“我们的推广非常注重实效，不说别的，每天在全市穿行的100辆崭新的送奶车，其上醒目的品牌标志和统一的车型颜色，本身就是流动的广告，而且我要求，即使没有送奶任务也要在街上行驶。多好的宣传方式，别的厂家根本没重视这一点。”

然而，这座城市里很多喝这个牌子牛奶的人，后来却坚决不喝了，原来正是送奶车惹的祸。这些送奶车用了一段时间后，由于忽略了维护清洗，车身沾满了污泥，甚至有些车厢已经明显破损，但照样每天在大街上招摇过市。人们每天受到这种不良的视觉刺激，喝这种奶还能有味美的感觉吗？

创造这种推广方式的厂家没想到，“成也送奶车，败也送奶车”。对送奶车卫生这一细节问题的忽视，导致了创意极佳的推广方式的失败。

同样的问题越来越多地出现在各企业的各个营销环节中。很多企业在营销出现问题的时候，一遍遍思考营销战略、推广策略哪儿出了毛病，但忽视了对执行细节的认真审核和严格监督。

对于一个营销活动的执行而言，细节的意义远大于创意。尤其是当一个方案在全国多个区域同时展开时，如果执行不力，细节失控，最终很可能面目全非。而每一个细节上的疏忽，都可能对整体的成功形成“一票否决”。这一点与学校的考试完全不一样。

我在北京大学为学生做报告时曾说过这个问题。在学校的考试中，100分的题如果你错了一小点，那么可以得到99分，其计算公式是：100–1=99分。但在实践中，你所做的事情如果错了一小点，那么你可能只得到零分，其计算公式是：100–1=0分。比如，当你填一张增值税发票时，10个或者20个栏目填错了其中的一项，那么这张发票就作废了，你只能得零分。在实际操作中，应该说这种事例虽然经常发生，但后果还不算严重，因为这损失的仅仅是一张票据，要是涉及生命安全呢？

2003年2月1日美国“哥伦比亚”号航天飞机返回地面途中，

着陆前意外发生爆炸，飞机上的七名宇航员全部遇难，全世界感到震惊。美国宇航局负责航天飞机计划的官员罗恩·迪特莫尔被迫辞职。此前，他在美国宇航局工作了26年，并已担任4年的航天飞机计划主管。

事后的调查结果表明，造成这一灾难的凶手竟是一块脱落的隔热瓦。

“哥伦比亚”号表面覆盖着2万余块隔热瓦，能抵御3000摄氏度的高温，以免航天飞机返回大气层时外壳被高温熔化。1月16日“哥伦比亚”号升空80秒后，一块从燃料箱上脱落的碎片击中了飞机左翼前部的隔热系统。宇航局的高速照相机记录了这一过程。

应该说，航天飞机的整体性能等很多技术标准都是一流的，但就因为一小块脱落的隔热瓦毁灭了价值连城的航天飞机，还有无法用价值衡量的七条宝贵的生命。在这里，一个小小的细节上的错误，结果岂止是一个零分了得？

在执行环节，不仅要细致到位，而且要注重执行过程中的创新与突破。这种执行环节的创新虽然与整体方案的创新相比更加细微，但正是这细微之处更能显现效果。

如某城市，在“感冒旺季”的时候，不同品牌的感冒药都在各个终端药店派驻了促销员。但A品牌的感冒药在执行层面要领先其他品牌一步。当该品牌着装整齐、佩戴统一校徽、具备丰富产品知识的300名医科学校女大学生出现在各个终端药店进行促销的时候，立刻把别的品牌的促销员比了下去，而且她们的素质、知识以及经过强化培训的促销技巧，在与消费者的沟通中更显优势。顺便说一句，300名大学生的人力资源成本就一定很高吗？不是的。学生需要企业提供社会实践的机会，安排一些适合他们的实践活动，不一定非得付报酬不可，关键看你的企业有无品牌优势，你组织的活动能否对他们的简历记录有帮助。

关于细节的不等式：100-1≠99　　100-1=0

功亏一篑，1%的错误会导致100%的失败。

——汪中求

5
科学管理就是力图使每一个管理环节数据化（管理）

在企业的管理中，对细节的追求是无止境的。但对细节的追求是可以衡量的，衡量的尺度就是已制定出的相应的标准和规范。我认为，标准和规范就是对细节的量化，是重视细节、完善细节的最高表现。一个没有规则、没有标准的企业肯定是管理不到位的。正是基于这一认识，我所在的公司在召开经销商大会的时候，仅规范文件就出台了32份（参见下篇2），几乎涉及了会议程序、会议内容、如何接待客人、怎样对待家属、怎样发放礼品、怎样送客回去等每一个细节，同时派专人负责各项工作的落实。细节完美是整体完美的前提，由于各项细节做得比较到位，会议开得非常成功，极大地提升了我公司的形象，极大地鼓舞了经销商对我公司的信心。

河豚在日本被奉为“国粹”，与浮世绘一样深受日本人的推崇。河豚肉质细腻、味道极佳，却毒性极强，处理稍有不慎就有可能致人死命。在中国，羡美味而“拼死吃河豚”的人一直都有，每年中毒、死亡者达上千人。但同样是吃河豚，在日本却鲜有因此而中毒、死亡的事情发生。问题出在哪呢?

在日本，河豚加工程序是十分严格的，一名上岗的河豚厨师至少要接受两年的严格培训，考试合格以后才能领取执照、开张营业。在实际操作中，每条河豚的加工去毒需要经过30道工序，一个技术熟练的厨师也要花20分钟才能完成。但在中国，加工河豚就跟做其他海鲜一样，加工过程随随便便，烹饪也没有经过太多的工序，其后果可想而知。

加工河豚为什么需要30道工序而不是29道？我想这30道工序绝不是平白无故杜撰出来的，一定是经过精细的科学实验测试出来的，人家没有因吃河豚而中毒就是明证。可能经过20道工序处理的河豚也不一定会吃死人，但粗糙的工序只能带来粗糙的感觉。就这一点来说，**凡是精细的管理，一定是标准化的管理，一定是经过严格的程序化的管理。科学管理就是力图使每一个管理环节数据化。**

麦当劳的牛肉饼在烤出20分钟内就要消费，没有卖掉就倒掉。这就是标准。你想想，要达到这样一条看来很简单的标准，背后需要做多少细致的工作？比如，客人多而要得又多时，现烤来不及，要让客人等——这是最让顾客头疼的事；客人少，而烤得多时，又只好扔掉——这会大大增加经营成本。如果既不想让客人等，又不想因多烤而倒掉，就一定要对顾客需求进行详细的分析、预测，找到一个客人数量与烤肉数量合理的比例，这样才能保证两不误。单单烤肉就有如此多的细节需要考虑，再加上其他食品以及服务的相应的标准，可以想见这其中的细节是多么复杂了。

现在，为适应加入世贸组织后的市场需要，我们的企业也开启了SOP——标准作业规范。厦门航空公司曾经发生过一起飞行差错——飞机升空后起落架无法收回。处理问题过后，厦门航空公司写下了第一张SOP，即所谓的标准作业规范，其中说明了如何不要忘记起落架上面的插销，因为那次事故就是插销没有拔引起的。飞机机身有任何地方在维修，都要系上一条红丝带。另外，插销要怎么拔，拔了以后要后退几步，手要怎么举起，飞行员怎么看到，大家怎么打手势等都有十分详细的标准。再出现任何问题，只要查阅SOP就能找出原因了。

在企业的标准化管理中，我们可以从ISO管理系统中看中德企业细节上的差距。

在ISO管理中，有一个要求是：企业与客户的合同必须经过评审。审核时，审核员发现客户已经在合同上签名，而没有本公司销售经理的签名。按照程序文件的要求，合同必须要有销售经理签名，所以这是一个不合格项。如果这是一家中资企业，审核员发现问题后，会在“纠正措施”上填写：没有签名的地方补上签名。接下来的过程是销售经理补上签名，再由审核员去验证。这件事情就算完了。

但这种事情发生在德国企业，处理方法就完全不同：发现没有签名，不是简单地让责任人补上签名，而是去查找没有签名的原因是什么，并进行分析。通过分析发现：程序文件上写的是要求销售经理签名，而销售经理经常出差，但合同又不能不签。说明程序文件不具备可操作性，应该修改程序文件为：当销售经理不在时，要授权给代理人。然后填写纠正措施：更改×××号程序文件。

同样一件事情，由于思维和处理方式不一样，得出的结果完全不同：前者的责任人是销售经理，后者的责任人是程序文件编写者；前者只是就事论事地做整改，后者却在修改完程序文件之后，还要检查另外有没有类似毛病的程序文件，如果没有，这个事件才算结束。德国企业就是凭着这种审慎严谨、一丝不苟的做事风格和擅长逻辑分析的特长，成就了戴姆勒、西门子、大众等世界级企业巨头，以及一大批对产品精益求精、有超强竞争力的中小企业，同时也打造了“德国制造”这个几乎成为产品品质保证代名词的大品牌。

6 创业很刺激，管理很平淡（效果）

大家都知道“青蛙原理”：如果把一只青蛙扔到开水中，青蛙会马上跳出来。但是如果把一只青蛙放入凉水中逐渐加热，青蛙就会在不知不觉中失去跳跃的能力，直到死去。

“青蛙原理”很能说明企业经营管理中的一些问题。在创业阶段，创业者激情四溢、敏感性很高，经常处于兴奋状态。在创业成功、企业走入正轨后，企业的管理趋于平淡，企业内部的一些小问题开始被忽略。这些被忽略的细节问题日积月累，就会积重难返，使企业逐步失去解决问题的能力，就像青蛙那样，在不知不觉中走向死亡。

中国改革开放以来，有多少创业英雄应运而生，又有多少企业风光一时……

你还记得那些如雷贯耳的名字吗？步鑫生、马胜利、张兴让、关广梅、年广九、钟沛、单华、陈悬国、王遂舟、牟其中……曾在1987年4月获首届全国优秀企业“金球奖”的20人中，目前仍然在岗的仅余3人。

你还记得那些辉煌一时的企业吗？

- 巨人集团以4000元汉卡起家，两年资产就达1亿元；
- 三株集团以30万元起家，3年销售额就达80亿元；
- 1992年，南德公司用500车皮罐头、皮衣等商品，从俄罗斯换回4架图-154飞机，牟其中称他赚了近1亿元；
- “红高粱”烩面，1995年从郑州到北京，迅速铺满全国20余座城市。

这些“英雄”创业时的刺激一定是常人难以想象的，也更加凸显了他们刺激中的创业与平淡中的失落之间的巨大反差，让人唏嘘。

在经济运行中，从来就不需要什么英雄。运营良好的企业历来主张从神经末梢看管理，从精细的管理中获得利润，尤其是在市场发展比较充分、利润空间逐渐缩小的情况下，更是如此。

德鲁克在《卓有成效的管理者》一书中说：**“管理好的企业，总是单调无味，没有任何激动人心的事件。那是因为凡是可能发生的危机早已被预见，并已将它们转化为例行作业了。”**张瑞敏借用这句话来阐述海尔OEC模式的核心思想。他说：“没有激动人心的事发生，就说明企业运行过程中时时处于正常，而这只有通过每天、每个瞬间的严格控制才可能做到。”

沃尔玛的创始人山姆·沃尔顿，在1918年出生于俄克拉何马的金菲舍镇，是一个土生土长的乡下人。60多年前，他在山姆大学毕业的第三天，就去一个美国小镇上的一家连锁商店里开始了他的第一份工作，十几年后他开设了自己的商店。从一个十足的新手起步，他学习生意经、擦地板、写发票、记账、装饰橱窗、称糖果、管理收银机、装潢店堂、安置设备、搬运货物、长途开车，并且一直坚持到生命的最后。经过40余年的经营，他成就了自己的商业帝国。

从山姆的自传《美国制造》中我们会看到，一个人的一个简单想法，是如何发展成一个可以触摸的商业帝国的故事。其中没有恢宏的战略，没有跌宕起伏的传奇，却有着一个不甘平凡的人具有的旺盛的创业精神，做简单的事，进货卖货，始终如一。

在山姆·沃尔顿的工作时间中，90%以上是用在乘飞机巡视分店、与员工和客户交谈、阅读财务报表、召开星期六例会讨论一个又一个分店的具体运营情况等方面。现在沃尔玛公司的高层经理，每个星期都要拿出两三天的时间去巡视分店，解决具体问题。沃尔玛就在这样平凡的努力中，创造了商业奇迹。

中国企业也有相当成功的案例，20世纪80年代后期以来以海尔、联想、海信、鄂尔多斯为代表的一大批中国企业不断实践，努力完善自己，并提出了“创办百年老店”、“办成长寿公司”的理念。激情过后是平淡，平淡方显真功夫。我相信，中国的创业者、企业家在激情创业以后，会在平淡中扎扎实实地做内功、抓管理，使我们的企业一步步地向世界500强迈进。

美国硅谷企业竞争十分激烈，以至于公司都在积极寻找自己的致命弱点，所有公司共同的生存之道是：拿出更好的产品来击败自己的原有产品。

Part

06

第一代老板靠胆子
第四代老板靠脑子

——微利时代要求精细化管理

1
专业化——市场分工越来越细

中国有句老话叫“三百六十行，行行出状元”。不过，随着社会的飞速发展，社会分工越来越细，新兴职业越来越多，职业更替的周期也在不断加速。2008年，劳动和社会保障部的统计显示，中国目前已经有1838种职业，并且还有逐年增加的趋势。

分工越来越细，专业化程度越来越高，是社会历史发展的必然趋势。从古典经济学派的亚当·斯密、大卫·李嘉图到萨伊、马克思、马歇尔、熊彼特、凯恩斯、萨缪尔森等，几乎所有的经济学家都把分工看成是工业化进程不断深化、劳动生产率不断提高的重要标志。按照自然分工和市场要求形成的社会产业链，被认为是经由市场那只神秘的“看不见的手”巧妙安排的，是符合社会整体利益最大化要求的天然产物。

经济学的开山鼻祖亚当·斯密的首要观点就是分工，讲专业化分工如何发展。**市场经济的发展一定是越来越专业化的竞争，国际上许多优秀大企业都是上百年专注于一个领域，把工作做足、做细，然后再涉足相关领域，而不是到处插手，盲目多元化。**

1981年于瑞士Apples市成立的罗技电子（Logitech）是全世界知名的电脑周边设备供应商，当初罗技只是依靠生产鼠标和键盘进入电脑周边设备行业。鼠标和键盘是电脑最基本、最不可缺少的外设配件，同时也是价钱较低获利较少的配件，因此对于电脑行业的巨头们根本没有吸引力，这便给了罗技一个契机。从此，罗技走上了鼠标和键盘生产的专业化道路，经过了数年的努力，罗技不仅在该行业中站稳了脚跟，而且已然成为全球最大的鼠标和键盘的生产供应商。

我认为这对我们中国的企业，尤其是中小企业有很大的借鉴意义。我一直不主张搞盲目的多元化，因为中国的企业95%都是中小企业，多元化基本上是陷阱而不是馅饼。我们的企业如果能在专业化上下足功夫，把产品做精，把质量做细，一定会获得高速的成长。浙江、广东的很多企业在这一点上做得非常好。最有代表性的就是鲁冠球的杭州万向节厂。在20世纪80年代，鲁冠球集中力量生产汽车万向节，实施“生产专业化，管理现代化”，后来又实现了“产品系列化”，使当初只有7个人、4000元资产的小厂一跃成为有数亿元资产的大型企业。2007年，鲁冠球位列《福布斯》中国富豪榜第33名，资产10.8亿美元。

亚当·斯密分析了分工带来的三大好处：

- 劳动者技巧和熟练程度的提高有助于生产效率的提高；
- 可以免除更换工作造成的时间损失；
- 使人的注意力倾注在单一事物上，更容易在工作方法的专业化方面有所突破，更有利于发明创造。

斯密有关劳动分工的智慧，成为产业分析和初期工业化时代泰勒管理理论的基本依据，从而也成为产业论的前提。

19世纪80年代，美国米德瓦钢铁公司工程师泰勒进行了搬运铁块、铲铁砂和煤块、金属切削三项实验，把工人的作业过程分解成若干基本部分，选择最佳的操作方法和劳动工具，确定标准化的作业过程、标准的动作和标准的定额时间，建立保证最高劳动生产率的标准体系，从而标志着工业生产中，由零部件标准化发展到操作工艺过程标准化，从技术标准化扩展到管理标准化。这种以标准化为核心的管理方法开拓了科学管理的新天地，泰勒也由此被人称为“科学管理之父”。

在泰勒的科学管理之后，产生了工业工程（IE）、质量管理（QM）、价值工程（VE）、系统工程（SE）、计划评审技术（PERT）、库存论、排队论、决策论、博弈论、规划论、图论、概率论和数理统计、控制论、信息论、ABC分析法等一系列现代化管理科学，人们开始在越来越细的领域内研究现代化的管理科学。

但是，现代管理科学的细化程度远远赶不上现代化生产和操作中的细化程度。现代化的大生产涉及面广、场地分散、分工精细、技术要求高，许多工业产品和工程建设往往涉及几十个、几百个甚至上千个企业，有些还涉及几个国家。如一台拖拉机有五六千个零部件，要几十个工厂进行生产协作；一辆小汽车有上万个零件，需上百家企业生产协作。日本的本田汽车有80%左右的零部件是其他中小生产商提供的。一架“波音747”飞机共有450万个零部件，涉及的企业单位更多。而美国的“阿波罗”宇宙飞船，则要两万多个协作单位生产完成。这就需要通过制定和贯彻执行各类技术标准和管理标准，从技术和组织管理上把各方面的细节有机地联系协调起来，形成一个统一的系统，从而保证其生产和工作有条不紊地进行。在这一过程中，每一个庞大的系统是由无数个细节结合起来的统一体，忽视任何一个细节都会带来想象不到的灾难。

可以说，随着社会分工的越来越细和专业化程度的越来越高，一个要求精细化管理的时代已经到来。

差错发生在细节，成功取决于系统。

——比尔·马瑞特

2 大趋势——产品利润趋向于零

随着世界经济一体化进程的加速，无论是传统产业，还是高科技产业，产品的利润无一例外都在下降。生意越来越难做，是所有人的共识：

- 1979年，世界石化产业的投资利润率为11%，到1998年，已下降为3%，炼油业的利润率已趋于零；
- 1988年林百里在台湾创建了广达电脑公司，如今已跻身于世界最大的笔记本电脑设计、制造商之列，到2003年，毛利率从原创建时的15%下降到目前的5%；
- 清华同方的计算机产品在2003年上半年的销售收入是1.4亿，毛利率仅为6.31%，净利率比2002年同期下降了45.04%；
- 2003年，中国手机厂商的纯利率一般在3%~5%，有的厂商则不到2%；

- 2006年，电子百强企业销售利润由2000年的6.55%下降到2.09%，利润总额第一次出现了负增长（同比下降4.64%）。

……

如今的厂家只能在更“玩命”的拼搏中回忆一台电脑挣2~3万元、一只手机挣几千元的美好岁月了。

市场竞争日趋激烈，利润空间逐渐缩小，整个经济进入微利时代。企业管理人普遍感受到了获利减少的压迫感。

市场越来越规范，同业竞争越来越激烈，一夜暴富的神话已难再有。而且，任何一个行业，只要利润空间稍大，就必然会导致大量资本短期迅速进入，使竞争猛烈加剧，利润率陡然下降。

进入微利时代，经营者如何应对？除了赚钱的思路、观念需要及时进行调整、转变、更新外，还需讲究赚钱的方式、方法。**英国实业家李奥·贝尔根据自己的经验，再结合时代的特点，把微利时代赚钱的要点概括为6字法则，即“预测”、“差异”、“创新”。**这六字法则是他在微利时代常胜的武器，也是我们打开“微利”时代赚钱之门的金钥匙。

● 科学预测才有“钱途”

“凡事预则立，不预则废”，微利时代更是如此。在微利时代，虽然信息高度发达，但是市场形态是千变万化的，综合性、大范围的信息不一定能准确地反映出一个局部地区的市场状况或消费动向。经营者既需要把项目放在大市场中来思考，同时也需在广泛收集信息的基础上，对不同的区域市场情况进行具体分析，并根据细节洞察先机，才能做出符合市场真实状况的判断，然后进行科学的预测。正确的预测、准确的判断，才能使自己的经营技巧、方法高出同行，生意才有利可图、有钱可赚。

下面是肯德基打入中国市场的故事：

肯德基打入中国市场之前，曾派一位执行董事来中国考察市场。他来到北京街头，看到川流不息的人流，穿着都不怎么讲究，就报告说：炸鸡在中国有消费者，但无大利可图，因为中国消费水平低，想吃的多，但掏钱买的少。由于他没有具体进行相关信息的收集整理，仅凭直观感觉、经验做出预测，被总公司以不称职为由降职处分。接着公司又派了另一位执行董事前来考察。这位先生在北京的几个街道上用秒表测出行人流量，然后请500位不同年龄、职业的人品尝炸鸡的样品，并详细询问他们对炸鸡的味道、价格、店堂设计等方面的意见。不仅如此，他还对北京的鸡源、油、面、盐、菜及北京的鸡饲料行业进行了详细的调查，经过总体分析后得出结论：肯德基打入北京市场，每只鸡虽然是微利，但消费群巨大，仍能赢大利。果然，北京的第一家肯德基店开张不到300天，就赢利高达250多万元。

● 差异才能取胜

在产品以及服务日趋同质化的情况下，只有显示出差异，才能从同行中胜出。在市场由卖方市场转向买方市场的今天，表面上看市场似乎饱和、产品似乎过剩，经营者感觉生意难做，不知从何做起。其实在市场上，消费者和经营者几乎同样痛苦：有卖不掉的，也有买不到的；有买不起的，也有没什么可买的。出现这种局面，其根本原因就是经营者看不到市场的个性需求，不对市场进行细分，不注重产品或服务的个性差异，不去寻找市场的空隙，结果是“你有我有全都有”。当今时代，消费市场呈现多元化倾向，个性消费日趋明显。经营者要想在微利中取胜，重要的是“你无我有”、“你有我优”、“你优我精”，打造产品或服务的个性差异，以差异性开拓市场、占领市场、取胜市场。只有“风景这边独好”，才能吸引消费者、刺激消费者，激发他们的消费欲望。

日本人渡边曾经是个打工仔，被老板解雇的几次经历使他萌发了自己当老板的愿望。起初，他想在东京开家小商场，但经过调查了解后，知道东京的商场很多，竞争激烈，自己再挤进去，没什么独特优势，很难生存。一天，他在一份报纸上看到：美国人中有1/4、日本人中有1/6、英国人中有1/7是左撇子。对此，他忽生灵感：开一家左撇子产品专营店。因为当时众多厂家均以右手习惯来设计产品，几乎没有人考虑左撇子的习性和生活、工作需要。于是，他立即说服一些厂商专为他的商场设计、生产一些左撇子专用产品，如汽车驾驶盘、网球和高尔夫球用具等，结果这些产品大受世界各地左撇子消费者的欢迎。不久，他的左撇子用品专营店成为东京最有实力的大商场。

● 创新才能胜出

市场竞争日益激烈，优胜劣汰的速度加快，企业不进则退。经营者要在这种社会求生存、求发展，就必须不断创新。通过创新，企业能改进自己的不足，增加自我发展的优势，在微利时代永葆财源不竭。

我国进入市场经济的时间并不长，但是零利润趋势已经很明显了。现在除了几个垄断行业可以效率较低却收入较高以外，在其他市场竞争比较充分的行业赚钱非常不容易。乍一看来，零利润定理似乎给我们描绘了一幅悲观的前景。其实不然，零利润定理要求企业不但在管理上要精打细算，尽最大努力降低成本，而且还要注意创新，不断开发出新的产品，以制造差异，显示不同，开拓新的利润空间。这就是广东话所说的喝头遍茶的功夫。

1990年，只有小学文化的四川农民周兴和在一个展览会上买了一项专利技术，办了一个小建材厂。由于所购专利技术含量不高，产品难以打开市场，企业也因此长时间处于亏损状态。面对这种局面，周兴和决定以技术创新为突破口。他选择当地的秸秆作为研究对象，想以此为原料研制高档建筑材料。

1997年，经过3年多的研究之后，周兴和的技术获得成功。由于他的技术解决了多年来农民焚烧秸秆所带来的各种问题，因而得到当地政府的大力支持和推广。

1998年，他的技术获得国际爱因斯坦发明金奖；1999年，他的“秸秆隔墙板”在成都销售收入达3000万元。他的创新，不但救活了他的建材厂，还使他的产品走向了世界。

3 同质化——企业经营的全球性难题

在市场竞争日趋激烈的今天，市场主体面临着经营的全球性难题——企业间产品或服务日趋同质化。

不同的企业在产品、技术、成本、设备、工艺等方面的同质化越来越强，差异性越来越小，在某种层面上而言，市场竞争越来越表现为细节上的竞争。例如，彩电、冰箱、空调、洗衣机等家电行业，产品同质化趋势越来越明显，一家企业在某一技术方面有所突破，其他厂家会迅速跟进，在技术与质量上保持同步。

在产品日趋同质化的前提下，各大厂商纷纷高举“服务”大旗以建立竞争优势，如春兰的“大服务”概念，海尔的“星级服务”、“个性化零距离服务”，荣事达的“红地毯服务”，等等。近年来企业对服务的重视程度有增无减，大多数企业的服务观念也在快速进步。在服务系统的构造上，许多企业也早已有了完整的服务机构，对于服务的精力和资金投入也在逐步上升。

服务不会是任何企业的长久优势，同样也会面临同质化。以家电企业为例，你承诺保修一年，我就承诺三年；你保证24小时送货上门，我就承诺12小时。大酒店烟缸中的烟蒂不超过3个，大堂柜台的糖缸中的糖果不能少于一半，微笑露出8颗牙齿，鞠躬前倾45度。这些都成了服务标准，有了标准，自然就同质化了。

我认为，在日趋同质化的市场竞争中，必须从人性化着手，建立自己的产品和服务的竞争优势，就是谁能为消费者想得更周到、细致，谁就会在竞争中胜出。

在稍微高档些的饭店就餐时，每位客人都会有一条餐巾，但通常情况下，餐巾掖在胸前卡不住，放在腿上又不知不觉会掉在地上，起不到保护衣服的作用，因而很多人只好将餐巾放在桌子上，用餐具压住，或者干脆不用餐巾，甚或放在屁股下垫座。有鉴于此，青岛东来顺餐厅特意在每块餐巾的一个角上挖了个锁边的长孔，夏天可以别在T恤或衬衫的扣子上，冬天可以别在外衣的扣子上，并根据季节的不同调整扣眼的大小，非常适用，方便了食客。餐巾上的小小扣眼，让顾客从中领略到餐厅无微不至的优质服务，生意兴隆自在情理之中。

当然，按照发展的观点，“没有最好，只有更好”，需要完善的细节会层出不穷，根本没有止境。当然，产品或服务也正是在这种无止境的追求中不断得到发展和提高的。

我们开经销商大会，发给与会者的礼品包都会贴上写有主人姓名的小标贴，大家不会拿错，客户看到了管理者的细心；我们开油漆工联谊会，不仅每人一份礼物，还在礼物中夹了一块丝巾，让他带给妻子或女友，多了一份温情，体现了管理中的服务人性化意识。

在朝着人性化努力的竞争态势中，服务的软件将起到比硬件更重要的作用，因为硬件部分大家都差不多，只有人员素质、服务意识等软性的东西，才会在服务中给消费者带来不同的感受。

有一天，老子把弟子们叫到床边。他用手指了一下自己的嘴里，问弟子："你们看到了什么？"在场的弟子都没有回答。老子对他们说："满齿不存，舌头犹在。"意思是：牙齿虽硬，但它的寿命有限；舌头虽软，但它的生命力更强。

老子的比喻似乎恰好说明了在产品和服务日趋同质化的大趋势下，软性的东西更能显示企业的生命力。

只有那些能够自如地应对经营环境的变化，不断进行自我变革的企业才有可能超越时代地保持住自身的优势。

——奥田硕（丰田前董事长）

4 拼细节——细节决定未来企业竞争的成败

中国经济在经历世贸组织、亚太经合组织、奥运会成功等一系列大事件以后，国际化进程大大提速，国内的大小企业也都面临着重新洗牌的市场格局。

如何在激烈的市场竞争中立于不败之地，是每个企业面临的重大课题。我认为，**今后的竞争将是细节的竞争**。企业只有注意细节，在每一个细节上做足功夫，建立“细节优势”，才能保证基业长青。

一个公司在产品或服务上有某种细节上的改进，也许只给用户增加了1%的方便，然而在市场占有率上，这1%的细节会引出几倍的市场差别。原因很简单，当用户对两个产品做比较之时，相同的功能都被抵消了，对决策起作用的就是那1%的细节。对于用户的购买选择来讲，是1%的细节优势决定那100%的购买行为。这样，微小的细节差距往往是市场占有率的决定因素。

日本SONY与JVC在进行录像带标准大战时，双方技术不相上下，SONY推出的录像机还要早些。两者的差别仅仅是JVC一盘带是2小时，SONY一盘带是1小时，其影响是看一部电影经常需要换一次带。仅此小小的不便就导致SONY的录像带全部被淘汰。

微软公司，这个企业界的神话，它的管理理念也就像它的名字一样，“微中见大，软中寓刚”。“微”，即小中之小，但它又是大中之大，产品一出，风行全球。“软”，即柔，但它以柔克刚，击败众多竞争对手，成为业界老大。对于每一套产品，微软为什么每年都要投入几十亿美元来改进或开发新版本？就是要确保多方面的优势，不给竞争者以可乘之机。

这是一个细节制胜的时代：

- 国际名牌POLO皮包凭着“一英寸之间一定缝满八针”的细致规格，20多年立于不败之地；
- 德国西门子2118手机靠着附加一个小小的F4彩壳而使自己也像F4一样成了万人迷……
- 宁波市一位副市长在飞机上因帮助一位香港客商捡眼镜而引进巨额投资。

……

我们已经生活在“细节经济”时代，细节已经成为企业竞争最重要的表现形式，所谓“针尖上打擂台，拼的就是精细”。

细节体现艺术，也只有细节的表现力最强。

——汪中求

Part
07

治大国若烹小鲜

——公共管理无小事

1 安全管理无小事——重庆开县井喷事故启示录

我们平时强调安全生产，总会说一句口头禅——人命关天。可我们周围一而再、再而三发生的安全事故不能不让我们感到揪心。

- 1994年12月8日，新疆克拉玛依友谊馆大火，死亡325人。
- 2001年6月5日，江西南昌广电局幼儿园大火，13名幼儿死亡。
- 2002年6月16日，北京海淀蓝极速网吧大火，死亡24人。
- 2003年11月3日，湖南衡阳大火，20名消防队员殉职。
- 2003年12月23日，重庆开县川东北气矿发生特大井喷事故，导致234人死亡，900多人受伤。
- 2004年6月22日，河南省小浪底库区一艘“明珠2号”乡镇客船翻船，20人死亡，22人失踪。
- 2005年12月2日，河南省新安县石寺镇寺沟煤矿发生透水事故。35人遇难，7人下落不明。

- 2006年11月5日，山西同煤集团轩岗公司焦家寨矿井下51108进风巷切眼开启时发生瓦斯爆炸，包括救护队在内的47人遇难。
- 2007年8月25日，湖北省武汉市发生重大交通事故，死亡23人。
- 中国每百万吨煤死亡率比俄罗斯高11倍，比印度高15倍，比美国高182倍。

……

从近年的统计数据看，我国平均每天各类事故造成300人丧生，每年因各类事故造成的直接和间接经济损失等于两个三峡工程。

一场场大火，一次次矿难，一次次交通事故，多少鲜活的生命随风而逝。还要付出多少代价，还要进行多少次总结，才能把我们对生命的重视落到实处呢?

国家安全生产监督管理局副局长王德学先生，三年中参与调查了多起重大生产事故，针对重庆开县井喷事故，他曾感慨地说：**“几乎每一起重大事故都是可以避免的。”**

那么，可以避免的事故到底是什么原因导致的呢?

是缺乏监管体系吗？不是。负责安全生产工作的国家安全生产监督管理局已经在全国30个省、市、区，包括新疆生产建设兵团，成立了安全生产监督管理机构，约60%的地市、40%的县市也都建立了安全生产监督管理机构。

是设备陈旧吗？不是。据称，中国的井控技术在世界范围内属于一流，而发生事故的四川石油管理局则是中国井控技术的领先者；发生事故的川东钻井公司无论技术还是设备都是一流的。作为天然气大省的四川，不仅生产天然气的技术和设备水平很高，而且在井控技术上也有全国最好的设备和专家。海湾战争后前往科威特油井灭火的中国救援队，主要就是由四川派出的。

既不缺乏规则，也不缺乏监管体系，技术设备又是一流的，却造成了二百多条人命的特大安全事故，为什么?

应该说，安全事故在任何国家都会发生，但为什么我们的伤亡率要比其他国家高那么多呢?这次井喷事故又给我们什么样的启示呢?社会各界和多种媒体都有不同角度的分析和讨论，笔者觉得以下三点是值得再提的:

（1）某些管理者只把“以人为本”的口号是挂在嘴上

胡锦涛同志说：“群众利益无小事。”当各级领导、各个企业真正能把群众利益放在重要位置时，就没有什么“小事”了。

（2）事故前预防机制的缺失，管理环节断链

我看到关于重庆井喷事故的报道，油井的工作人员还是很尽力的：一个当班的班长，当时仍在坚持操作，试图关闭闸门；井队队长吴斌往井台上冲了三次也没有成功，他跪在地上大喊，但已回天无力，只好组织员工撤退。钻井队队员除了两位通知群众的队员牺牲外，没有伤亡，但吴斌的眼睛却受了重伤。工作人员的英雄行为没能挽救众多群众的生命。

我做CEO的一家涂料公司属于安全防火重点行业，我自然很关心这种公共灾难。

从管理的角度来讲，我们可以总结一下事故前的预防机制的缺失、细节的不到位。

- 在天然气这种高危行业，管理部门是否进行了事先的安全和环保评估？或者，即使是评估了，管理部门是否执行到位？

据专家介绍，这种天然气井附近，生产部门应划出一个至少500米的安全距离，在1公里的范围之内不应有常住居民，而据《中国新闻周刊》的记者调查：在矿井周围30米内便有六七户人家，而周围1公里的范围内，有数百户。

- 管理部门没有对周边群众进行安全防范方面的教育和逃生培训。

我看到这样的景象：不少村民在撤离之后，想起家里的猪没有喂，竟然穿过封锁线回家去看看，这是一幅多么令人感慨的画面。我们真的不应该嘲笑农民们的无知，这次事故中伤亡最惨重的高桥镇的干部和村民都说：没有任何人向他们宣传过井喷可能造成的危害以及事故发生后如何自救。

- 管理部门缺乏必要的沟通。石油管理部门除了办理征地手续、交税外，很少与当地直接打交道。
- 通信设施的缺乏。晓阳村6组组长廖代宜事后说："要是有个高音喇叭，就不会死那么多人了。"难道从来就没有人考虑过"万一"吗？

（3）事故后处理措施的不当

即使事前预防机制有缺失，如果当事人能在事故中采取正确的措施，损失也不至于这么惨重。从专家们对事故调查的结果中，我们看到了一些事故中的细小环节的失误：

- 起钻时泥浆液的密度不够，造成压力失衡。
- 钻井装置没有及时抢接或抢接失败，导致井喷无法控制。
- 没有及时点火，导致硫化氢飘逸、有毒气体四散，当然这涉及管理体制问题，点燃井口不是基层的工人能决定的。
- 矿井出事后，井队首先把情况报告给上级——川东钻探公司，而地方政府部门没有及时得到消息，贻误了救援良机。高桥镇的干部说："如果矿井把情况第一时间报告给我们，就会节约很多时间，就有可能挽回一些人的生命。"

从以上的简单分析中，我们可以得到启示：思想意识上的轻视、疏忽，没有把群众利益当成大事，事前准备和事后抢救中的小节上的疏漏，导致了这场惨剧的发生。每次灾难发生以后，都会有一批人被处理、一些企业被处罚，可是无论如何，我们能挽回那些逝去的生命吗？我们能分担那些伤残者的终身痛苦吗？都不能。我们的管理者只有重视起来，从安全生产的每个细节抓起，才能把人身伤亡的数字降下来。

美国从1975年到1996年，也发生了208起硫化氢泄漏事故，却没有一个人因此丧生。

美国也是世界上主要产煤国之一，近年来每年煤矿死亡人数只有40名左右。1976年以来，美国一次死亡5人以上的矿难仅有13起，平均两年发生一起。

再看看我们，仅贵州一个省，2003年1—5月煤矿发生死亡事故

205起，死亡398人。我们的管理者是不是应该更多地研究一下别人的经验，看看我们缺了些什么？

我们的企业一定有很多的规章制度，管理者应该认真检查一下是否完善，执行者应自查一下是否执行到位，不要放过每一个细节。

温家宝同志说：“一个民族在灾难中失去的，必将在民族的进步中获得补偿，关键是要善于总结经验和教训。”

一件没有预料的事件可能引起故障，一个长久被忽视的问题可能导致一次危机。

——H.明茨伯格（加拿大管理学家）

2 重复建设问题多多——政府决策深究细节

决策问题在本书第五部分“魔鬼存在于细节之中（决策）”一节中已做了说明，这里专门谈谈政府决策中的细节问题。

实行改革开放以来，我们在工业领域里曾经历了三次大规模重复建设的阶段：第一阶段始于20世纪80年代，各地竞相上马以彩电、冰箱为代表的家电制造业。10年间，全国涌现彩电生产企业上百家，彩电业总投资达280亿元。第二阶段贯穿于20世纪90年代，汽车、钢铁成为投资热点。1999年，全国仅汽车生产企业就有122家，年生产能力已达240万辆以上，但实际上1/3的产能闲置。第三阶段从2000年开始到现在，以电子信息、新材料、生物医药工程为代表的“高新”项目成了各地竞相争夺的焦点和招商引资的重点，结果导致高科技领域的低水平重复建设和低层次恶性竞争加剧。此外，轿车生产线和钢铁产业重复建设亦出现回潮现象。许多行业似乎正在出现重复建设迹象，人们对此担忧日甚。有关统计表明，在各地“十五”高新技术产业发展规划中，集成电路产业的同构性达35%，纳米材料的同构性为48%，计算机网络为59%，软件产业为74%。而在长三角地区，有14座城市排在前4位的支柱产业是电子信息、汽车、新材料、生物医药工程，趋同率达70%……

当然，重复建设不只表现在工业领域，还表现在其他许多领域。

近些年的机场重复建设也不能不让人忧心。长江三角洲地区出现的机场建设大战就是其中一例。资料显示，到“十五”末期，华东地区将拥有运营机场36个，这些机场绝大部分汇集在长江三角洲地区，预计到2020年，这一区域拥有的民航机场将达到48个，从而形成平均每间隔400公里就有一个机场覆盖的布局，该地区每万平方公里的机场密度为0.8个，超过美国每万平方公里0.6个的水平。实际上，机场是投资大、回收周期长的项目，客货运不保持一定的航班量、运输量，就会导致亏损。比如，江苏南通机场建成后，当地曾一阵欢喜，称：“南通，南通，不再‘难’通。”但事实上，南通机场开航至今一直陷入亏损境地，成为当地的一个沉重负担。目前，华东地区已有3个机场停航，其中两个是因为航班量不足。

实际上，国内机场建设的重大失误早有福州长乐机场的前车之鉴，为什么有关部门不好好研究一下呢？

1997年6月通航的长乐机场，投资总额27亿元，包括利息达到

32.28亿元，但通航后到2001年完成旅客及货邮吞吐量不到机场实际规模的1/3，通航5年，亏损11亿元。

2001年11月，审计署对其进行审计后，定性为“决策失误造成严重国有资产损失”。

审计组公布了机场亏损的四大原因：

一是项目决策不科学，可行性研究中市场预测论证不充分，基础数据采集不科学；

二是项目建设规模过度超前，大量举债加大运营成本；

三是项目建设管理混乱，未严格执行基建程序，造成资金损失和资产闲置浪费；

四是机构运营后体制不顺，管理不到位。

从审计署的上述分析可以看出，福建长乐机场不论是前期决策，还是中期建设，抑或是后期管理，都存在诸多细节工作没有落实到位的问题。如今长江三角洲又出现机场建设大战，我们的相关部门在决策时是不是应该仔细考虑考虑呢？

决策过程可以概括为情报收集处理、拟定决策方案、选择评价方案和决策执行4个阶段。其中，情报收集处理是进行决策的第一步，如果情报收集不足，或收集的情报不准确，就不可能做出正确的决策。我们政府的决策部门在决策时，这几个环节是否都做到位了呢？

前文所说的美国兰德公司在朝鲜战争爆发前曾提出了“中国将出兵朝鲜”只有七个字的报告，但这简单的七个字却有380页文字材料的支持。想想看，这简单的七个字的后面凝结了多少精心细致的功夫？

还有一个大家熟知的故事：

美国福特公司的一台工业电机发生故障，各方人士检查了三个月，竟然束手无策，于是请来了德国专家斯坦门茨。他经过研究和计算，用粉笔在电机上画了一条线，说：“打开电机，把画线处的线圈减去16圈。”照此做了，电机恢复正常。福特公司问斯坦门茨要多少酬金？他要一万美元。人们惊呆了——画一条线竟要这么高的价！他坦然地说：“画一条线值1美元，知道在什么地方画线值9999美元。”

这个故事原说的是知识的价值，如果从决策的角度来说，就是决策的结果很简单，但决策的过程很复杂，需要人们做大量深入细致的调查研究。以此例来说，为什么要在此处而非在彼处画线？为什么是减去16圈，而不是减去15圈或17圈？可以说，决策正确显本事，细微之处见功夫。决策的过程是一个从细节中来，到细节中去的过程。

决策关乎社稷民生，关乎国运兴衰，所以负责决策的政府部门一定要做好前期的调查工作，把决策建立在扎实、细致的功夫之上，这样才能杜绝“决策拍脑袋、执行拍胸脯、结果拍屁股”现象的出现。

我强调细节的重要性。如果你想经营出色，就必须使每一项最基本的工作都尽善尽美。

——克洛克（麦当劳创始人）

3
落实政府职能转变——细节见证服务品质

实现政府从管理到服务的转变是中国加入世贸组织的需要，也是发展社会主义经济、增强国际竞争力的需要。我国早就提出了政府职能转变的任务，在2003年10月召开的中共第十六届中央委员会第三次全体会议上，通过的《中共中央关于完善社会主义市场经济体制若干问题的决定》中又提出了“转变政府经济管理职能”的目标，要求“深化行政审批制度改革，切实把政府经济管理职能转到主要为市场主体服务和创造良好发展环境上来”。

作为一个战略决策，转变政府职能的问题早已为人们所认识。实际上，从2001年起，地方各级政府相继采取了一些措施，包括上海、天津、南京、成都等在内，各大中城市都掀起了建设服务型政府的热潮，纷纷推出清理地方性法规，打造标准化、公开化平台，开展一站式服务等。

内蒙古，彻底清理了30多万件地方性政策法规；

湖南，废止11万份红头文件；

江苏，废止地方性法规4件、省政府规章26件、规范性文件1136件；

深圳，4项地方性法规中，删除了要求“有深圳常住户口”的条款，户籍限制被取消。

……

2006年，天津公布城镇职工基本医疗保险便民措施。例如，商业医疗保险医院再增16家，社会退休人员补足缴费可享医保政策，把百姓常用药纳入报销范围。这样扩大了保险受益人群，保障了困难群众医疗保险权益，充分体现了制度的公平性、普惠性。

一些转变政府职能的活动也产生了很好的效果，深受人民群众的欢迎。比如，2008年10月14日广东公安部门推出“父母一方有常住户口、子女未登记出生户口可给予户口登记”、“身份证办理报失即可申办新证”、“50张以上暂住证登记可预约上门办理”等23项便民措施，让人们感受到了来自公安部门的服务。如果这种服务真正落实到位的话，将会大大降低社会成本。比如，50张暂住证的登记，如果是外来人员个人去办理，那么50个外来人员为此耗费的时间、精力将远远大于一位行政管理人员上门服务所花费的时间成本。而新措施的出台，就是用政府服务的直接成本换取社会整体效率的提高。

2008年8月初，安徽省档案局决定设立专门机构，向全社会公开79个省级部门的6418份“红头文件”。此举在社会上“反响很强烈”。服务中心开放的第一天，就有近50人前来查阅文件，之后一个月内，几乎每天都门庭若市。很多群众想通过这种渠道了解国家政策，维护自身利益。

2006年上海市公安机关推出了六项便民利民措施，逐步解决出租车“三难”问题；增加“电子警察”记录处罚查询方式，扩大牡丹交通卡的申办工作途径，对办理车辆业务的人免费提供拍照、拓印、安装号牌三项服务；当场办理机动车报废手续。这些措施维护了社会治安秩序和交通、消防秩序，确保了社会的稳定。

但是，政府职能的转变远非出台一些政策就可以马上解决问题的。出台这些措施，从反映政府的意愿和改革方向的角度来说，是一件好事，但实行起来并不容易。正如我前面所举的戒烟的例子：下一个禁烟令很容易，但要真正达到戒烟的效果，却不是一件容易的事——任何细节上的疏忽，都会使禁令流于形式。这样不但不能解决问题，反而会影响政府的声誉和威望。

1998年年底，中国电信总局和国家47个部委（直属单位）信息部门发起“政府上网工程”，启动了中国政府信息化的进程，但时过5年之后的2003年，有记者对某市几十个政府部门网站进行调查，向其中10个网站发出了咨询的电子邮件，结果只有5个部门给了回信，其他网站杳无音信。而接到的5封回信，也是惜墨如金，礼节性大于实用性，根本起不到应有的作用。这样的网站有什么意义呢？

政府行为事关大局，牵一发而动全身。每一个细小的事情都会通过放大效应而凸显其社会影响。就群众生活来讲，细节的东西比国家重大的战略决策更能使人们切身地感受到。所以，在政府服务中细节有其突出的重要性。

温家宝同志说："中国有13亿人口，不管多么小的问题，只要乘以13亿，那就成为很大很大的问题……这是中国领导人任何时候都必须牢牢记住的。"

就拿已令人们头疼的北京交通拥堵问题来说，北京300多万辆机动车，如果平均每辆车每天在路上浪费半小时，那么300万辆车加起来就是62500天，相当于一个171岁的人白白地活了一生——还不算浪费掉的汽油的价值。

比如，在实行政府采购的行动中，辽宁省辽阳市政府采购中心做出了实质性的举措：率先在全省建立了800平方米的办公用品超市，并规定市直各行政事业单位必须到该超市统一采购办公用品，以减少因消耗巨大的办公费用而滋生的腐败。据悉，建立这一"防腐超市"，预计每年可节省约750万元的办公采购费。一个中等的辽阳市尚且如此，如果全国各地都采用这种办法，将节省多少经费！

从现在的情况看，政府要实现从管理到服务的职能转变，依然任重道远，需要从观念、工作作风、工作态度和体制改革等方面着手，实实在在地从细节做起。

高京华先生供职于Z-COM公司。该公司是著名的无线局域网全系列产品提供商，创建于美国硅谷，现在"江苏软件园"投资落户。高先生在硅谷工作了10年之久，谈及中国软件企业的生存环境与硅谷的差异，他对国内硬件环境表示满意，但认为软环境——金融、保险、物流等，也包括政府服务——就“差了许多”，让人感觉在中国内地办企业“太累，无效劳动太多”。

他举了两个例子：

第一个是企业发工资、交保险的成本。“我们在硅谷做这件事的全部运作成本只有25美元：美国银行下面有一个叫ADP的专业服务公司，你和它签个合同把发工资的事交给它就行了。美国的工资结构比中国这边复杂得多，它会帮你把该交的交、该发的发，包括各种税费、各种保险都处理得好好的。你每个月要做的事只有一件，就是通知它工资额有没有改动，如果接不到你的通知，ADP会在最后期限打个电话再确认。一个电话10秒钟，一切都搞定。但在中国内地就没这么轻松了。缴纳社会统筹养老保险金，得派一个专人跑政府相关部门，为一件事跑好几个来回是常有的事，而且经常莫名其妙地交滞纳金。我经常想，为什么就不能有人来做这些‘软的事情’，让企业专心经营？我们办企业，每一分钱都要花在研发上，算得非常细。从美国过来，就是看好这里的劳动力成本低，但如果社会成本居高不下，其他优势会被抵消的。”

第二个例子是软件出口退税的事。国家某部委就软件出口的具体办法发过一个红头文件，大家都很重视，省里、市里和软件园层层转发。“我立刻指定秘书办这件事，小伙子是南京大学的高才生，办事认真，从区里问到市里又问到省里，最后往省经贸委的一个数据处理中心交了2800元钱，说是上网登记费用。但是已经过去了一年，出口退税这件事也没办成，2800元白交。后来才知道此事在我国海关现有的对软件出口认定的条件下还行不通。既然行不通，为什么还叫企业办？我们一个高才生跑了整整两个月！你说这是多大的浪费？”

上述两件事所反映的问题并不全都是当地政府的错，而南京市建设“服务型政府”的决心和成就在全国都是有名的（深圳的媒体曾在《走出深圳看全国》的栏目中专文提出向南京市政府学习），可以想见其他各地政府的情形。

老子曾说：“治大国若烹小鲜。”他将治理国家比作烹调小鱼一样，只能将调味、火候放得适中，如文火烹煮，不急不躁，这样煮出的食物才能色鲜味美。如火候不对，调味不对，心烦气躁，下锅后急于翻动，最后煮出的东西将“一包糟”，色、香、味什么都没有了，肉也碎了。可见，细微之处方见真功夫。

细节考量着每一个政府公务员的素质，考量着每一个政府公务员的服务水平，造就了现代服务型政府。

每一个大问题里都包含着一系列的小问题。

——H. 豪利（美国管理学家）

4 开发区如何招商——城市竞争力引出的话题

2002年11月，网上一篇《深圳，你被谁抛弃》的文章引出了城市竞争力的话题。目前，在发展经济的大主题下，增强城市的竞争力是每一个城市决策者都在关心的话题。那么怎样才能增加城市的竞争力呢?

城市竞争力不是我研究的问题，但我可以从营销的角度来谈一下开发区的营销问题。开发区能否开发好，这也是城市竞争力的表现之一。

2003年11月，我应河南安阳工商联的邀请，就营销问题做了专题讲座，事后应邀就城市开发区如何招商问题写了《为安阳招商引资进一言》一文。现抄录如下：

中央电视台2003年12月3日的《央视论坛》节目，题目是《开发区该降温了》，自然不能不引起各级政府和各类投资企业的关注。

我国的开发区建设始于1984年，1988年批准的国家级开发区是14个，到2003年增至54个。加上省级、市级、县级乃至乡镇级的开发区，便很难准确统计了。仅广东一省就有国家级开发区6个、省级3个、软件或出口基地8个、863转化基地12个。

今日的珠江三角洲、长江三角洲和环渤海湾地区是我国最大的三个开发区集群，昆山、深圳和吴江成为中国开发区的样板模式。世界500强有254家进入珠江三角洲，“非典”期间广州开发区每个工作日平均引进1个项目。地处苏州和上海之间的昆山（县级市），台湾前百名的企业有25家落户于此，常驻台商超过千人。在深圳高新开发区，2002年的产值、出口、税收分别是1996年的7.2倍、22.6倍、10.8倍，成为深圳的第一亮点。

但中国如此之大，各地发展极不平衡。不少地方的开发区除了征用了大片农田，什么也没开发出来。各地开发区的缺陷多集中于3个方面：招商优势片面强调地价和税收、产业结构不合理、因配套不到位导致商业成本偏高。作为河南安阳地区工商联的特聘市场营销顾问，我觉得安阳的开发区建设也不尽如人意，招商引资同样存在不足。我想站在营销人的角度提一些建议，供地区领导参考。

调查研究是一切营销工作的基础，花大力气了解外商投资的决策程序和对投资地的考察内容是必不可少的工作。不了解别人投资时考虑什么，怎么能招商呢？

国外的企业，尤其是一些世界级大企业，在选定投资地点和分厂的厂址时，有一整套的评价和决策模型。在全球化因素的带动下，企业在别国设立办公室、工厂、零售店和银行的需求越来越大，这种甄选过程一般分为三步，首先是挑选进入国，其次挑选进入的地区或社区，最后确定具体地址。

在挑选进入国时，外企的挑选参数包括：

（1）政府法规的规范

（2）政府对企业的态度

（3）政局的稳定程度

（4）文化事件

（5）经济事件

（6）市场的位置分布

（7）劳动力的可获得性

（8）劳动力的劳动态度

（9）生产力

（10）生产成本

（11）供应商的便利性

（12）交通条件

（13）能源状况

（14）金融汇率

在决定进入哪一个地区时，外企一般考虑以下因素：

（1）该地区企业的愿望

（2）地方文化的吸引力

（3）税收

（4）气候条件

（5）劳动力成本

（6）劳动力可获得程度

（7）劳动者对工会的态度

（8）公共设施使用的成本

（9）该地区对环境的管制和保护

（10）地方政府的倾向性

（11）与原材料供应地的距离

（12）与消费者的距离

（13）土地费用

（14）建设费用

在选定一个确切位置之前，大企业的经理们一般要考虑以下几点：

（1）初选位置的可伸缩性

（2）火车、飞机、高速公路

（3）地段的限制

（4）所需的服务商、供应商的配合程度

（5）环保问题

以上就是我们常常提及的投资者考虑的33项。

一般说来，外企在进入某一市场时，优先或重点考虑的因素有以下几个：

（1）劳动生产率：这里相关的概念是劳动力成本（工资）与生

产力的相关系数。比如说，一个工厂其系数可由以下公式推出：

每件成本=每日劳工的成本（主要是工资）/每日的产量

每日的产量又取决于劳动力教育水平、培训水平及工作习惯。换句话说，如果劳动力的工作态度不认真或不负责，那么即便不收费，外企也不会进入。

（2）外汇：我国地方外汇政策与国家是同步的，如果国家没有大的动作的话，某地在这个领域的运作空间不是很大。

（3）地域成本：其中分为可见成本与不可见成本。可见成本指的是那些看得见而且可以精确测算出来的成本，如劳动力、原材料、税收、折旧等；不可见成本指的是无法量化的成本，如教育的质量、公共交通设施、社区对产业或商业的态度，还包括生活质量的变量，如气候、体育发展、报纸等媒体的发展情况。

（4）观念：包括国家、省、市对私有财产、污染、员工稳定性的观念。这种观念基本上构成了一个地区商业环境的框架。显然，客观地说，安阳在这一块的得分并不高，恐怕全国都是如此。

（5）与市场的贴近程度：外企进入一个地区最主要的目的是贴近消费者，如果某个地区不存在对其产品的大量需求，那么企业是难以进入的。

国外企业选择投资地，比较常用的是因素权数法，即用候选地址的每项指标乘以权数再相加得出的分数就是该地的得分。

例：福特在中国投资设厂，它把安阳与上海作为候选地，就会进行如下评判：

项目	权数	得分		权数得分	
		安阳	上海	安阳	上海
劳动力的供应情况	0.06	70	60	4.2	3.6
观念的供应情况	0.1	40	70	4	7
劳动力素质	0.1	40	80	4	8
劳动力价格	0.07	80	60	5.6	4.2
人均车拥有量	0.15	30	65	4.5	9.75
人均收入	0.15	30	90	4.5	13.5
教育情况	0.03	30	70	0.9	2.1
供应商情况	0.1	60	70	6	7
市场容量	0.2	40	90	8	18
税收	0.04	40	60	1.6	2.4
总计	1.00			43.3	75.55

安阳的得分是43.3分，上海的得分是75.55分。福特当然会选择上海作为其投资地。

迪斯尼在选择上海还是香港作为其迪斯尼乐园所在地时，运用的就是这种方法。当然，迪斯尼考虑的因素比上表所列的要复杂得多，权数的考虑也更为科学。

营销也需要工具，为招商引资的工作人员提供尽可能完整的营销工具也是必需之举。比如，地方介绍的画册、VCD、幻灯片、书籍等，招商还得有一本反映地方招商引资政策的《招商手册》等，同时相关的人员必须切实培训到位。

我在安阳工商联演讲时，觉得当地的企业家非常好学，对新的营销、管理观念非常渴望，白天听讲一整天，晚上还开座谈会，提了60多个问题。就招商引资而言，我们的相关机构的干部也需要接受一些新的营销理念。我的上一本书《营销人的自我营销》就提到一个观点：美国总统是销售员，县长是人民企业集团的总经理，招商就是营销开发区。

把信息和情报放在第一位，金钱就会滚滚而来。

——S.M.沃尔森（美国企业家）

5
避免“文山会海”
——中国改革“慢慢”式行政程序

中国地域广阔，各类政府部门层层叠叠，干部人数众多，“三天一大会，两天一小会”成为很多领导干部工作的真实写照。小到地区性会议，大到全国性会议，无不“牵一发而动全身”。这些会议的浪费和效率低下表现或显性或隐性。

长此以往，“文山会海”便成为政府工作中久治不愈的痼疾，不仅降低了工作效率，而且对政府的形象产生了严重的影响，百姓怨声载道。

为贯彻落实国务院领导同志关于“带头精简会议和文件，勤俭节约，降低行政成本”的批示精神，国务院办公厅就进一步加强审核把关、精简会议文件、改进会风文风等提出了一系列意见。

其中，国务院办公厅对会议的数量、会议进行的天数、发言时间长度、与会者人数、文件字数等给出了硬性指标。2007年9月，国务院办公厅向国务院下属机关下达指示，要求缩短会议时间和简化文件：

- 各部门将不能以国务院名义召开会议；
- 全国范围内的业务工作会议每年不能超过1次；
- 全国范围内的业务工作会议与会人员不能超过260人；
- 国务院召开的会议一般不超过一天半；
- 国务院部门召开的会议一般不超过2天；
- 电视电话会议一般不超过2小时；
- 会议发言人不能超过5人；
- 发言时间不能超过8分钟；
- 国务院印发的文件一般不超过5000字；
- 总理、副总理等国务院领导的讲话稿不超过8000字；
- 凡能通过电话、传真等解决的问题不印发文件。

（以上根据中国政府网刊发文件整理）

“俭，德之共也；侈，恶之大也”。在信息科技革命风起云涌、信息量剧增的今天，改革传统会议低效率的运作形式被提上了议事日程，已经势在必行！国务院办公厅带头精简会议，既节约了人力物力，也提高了效率；既让广大群众看到了政府讲求效率、求真务实的作风，也对政府以及相关部门的工作效率提出了更高的要求。真正做到了改革从细处着手，一点一滴改善政府工作效率。

杰出的策略必须加上杰出的执行才能奏效。

——H. 格瑞斯特（美国企业家）

6
“防微杜渐”——做好政府反腐工作

2009年两会前夕，新浪网和新华社、人民日报、中央电视台等官方媒体联合进行了一次网上民意调查，征求中国网民对目前最关心的问题的看法。这次民调结果显示出，中国民众最关心的问题不是席卷全球的金融海啸，也不是一年前的物价上涨问题，而是对官员贪污腐败的深恶痛绝。

不久前，中国《法制晚报》公布的一份反腐统计显示，中国贪官的胃口在2008年比2007年大了3倍。这份统计报告显示，被查干部无一“幸免”地都有受贿行为。2008年贪官们受贿的人均平均值是884.1073万元，与2007年受贿平均值253万元相比，有大幅度上升，贪官们贪污的胃口大了3倍。 2008年前8个月，8大贪官就贪了2.2亿元：安徽歙县原政协副主席徐普来贪污4918万元，上海市房地局原副局长殷国元贪污3555万元，湖南郴州原纪委书记曾锦春贪污3152万元，广西南宁市政管理局原局长张建辉贪污2598万元，长春市原市委副书记田忠贪污2566万元，重庆巫山县交通局原局长晏大彬贪污2226万元，海南文昌原市委书记谢明中贪污1800万元，北京市海淀区原区长周良洛贪污1672万元。看着这些巨大的数字，我们不禁被这些贪官的胃口和胆量吓一跳。他们为什么会成长成如此大的“硕鼠”？在他们小贪之初就没有苗头？还是在他们还是“小贪”的时候根本就不值得惩治？

尽管中国最高领导层一直把反腐倡廉提到“保证社会稳定”的高度，但中国的腐败官员却前“腐”后继，贪污现象越来越普遍，捞钱的胃口也越来越大。为什么会这样呢？这恐怕和我们的法制建设和民主环境不无关系。法律规定行贿1万元、受贿5000元才构成刑事犯罪。根据美国卡耐基国际和平基金会中国研究项目高级研究员裴敏欣指出，中国内地官员因为贪污而“东窗事发”沦为阶下囚徒的不到3%，因而贪污便成为官员们“高回报、低风险”的敛财手段。缺乏监督的政府官员易于在回扣和贿赂的诱惑下成为欲望的俘虏。

那我们来看看中国香港的情况，国际著名反腐组织——“透明国际”公布的2008年全球“清廉指数”，香港在180个国家和地区中排名第12位。以前常有人说，香港的清廉之道有两个方面：一是高薪养廉，二是惩治有力。细察香港反腐案例，我以为，这只说对了一半。

其实，比起内地，香港的惩治力度逊色多了。内地的腐败分子动不动就判个十年八年，甚至十多年，以至死刑。可是在香港，廉政公署出击的第一案——葛柏贪污案，主犯总警司葛柏在20世纪70年代贪污400多万港元，也就定罪4年。在香港，还从来没有因贪污罪被判10年以上的。如果一定要说香港反腐败惩治有力，那么只能说是经济上的重罚，因为罚款最高曾达1400万港元。但这都不是惩治贪污腐败的真正利剑。真正让人“丧胆”的是廉政公署的一个绝招——“零宽容”，就是你贪污1元，那也是贪，他们也要一查到底。并且，如果被起诉的贪污罪成立，那么这个人将失去高达几百万港元的养老金和公职。在香港高级警官冼锦华案中，冼锦华只因性贿赂罪名成立，就被判两年，同时失去了373万港元的退休金和公职。电影《2046》拍摄的时候，有一个娱乐记者为了进入拍摄现场拍照，塞给门卫300元港币，结果被判入狱3个月。一次一名无证小贩见警察走过来，就送给他一块黄色的东西，以求免遭罚款。结果这名警察被法院定罪，那时他才知道那块黄色的东西是块价值10元的手表，该警察被罚款5000港元。“零宽容”——即使数额再小，再情有可原，都要从严追究——使香港官员想贪而不敢贪。也正是对我们不屑的“小贪”的严厉惩戒，才杜绝了疯狂贪污的可能。要防止大贪的形成，这种细小的处理方式是值得我们借鉴和效仿的。

无独有偶，2009年2月26日，德国一名已经工作了31年的超市女收银员因贪污1.3欧元退瓶费遭到公司即刻解雇。柏林和勃兰登堡州劳动法院女法官丹尼尔·雷贝尔解释说，这并不取决于贪污的数额大小，“即使很小的款额也要保持绝对诚实”，绝不能因为数额小而放任自流。也正是由于在国人看来很不起眼的1.3欧元，工作31年的员工得到了应有的或者说是残酷的处罚。德国也正是以这种严格的惩治贪污腐败的态度，在国际著名反腐组织——“透明国际”公布的2008年全球“清廉指数”中排名第14位。同时，中国排在第72位，这样的结果值得我们反思。

那么，我们要如何真正杜绝腐败问题，做到政府官员的廉洁呢？首先要重新认识反贪污腐败的实质，并不是非得有贪官占了太阳月亮才反腐，要“大件”、“大贪”才是贪，贪的数额再小也是贪污行为，也应该受到严厉的处罚。反腐工作要从细节入手，从不起眼的“一元”、“一角”做起，做到“零宽容”来防微杜渐。

在反腐工作中，如果从官员那些不明来源的财产入手，从官员的子女亲属经商行为入手，从官员节假日、婚丧嫁娶日等收受的钱财入手，从官员突击违规提拔、招投标、土地转让等问题入手，从官员及其子女们在国内外的高消费入手，从群众的呼声入手，从举报人提供的线索入手，从他们贪污腐败小数额时入手，采取有力措施查处，把贪官扼杀在最初的“摇篮”里，还会出现那么多大贪巨贪吗？从一开始的“一元”、“一角”入手，贪官们还会有十年八年直到长成巨贪的潜伏过程吗？

所以，反腐倡廉工作要从不起眼的小钱、细节入手。只有防微杜渐，才能更好地杜绝和惩治贪污腐败。

中国人口有13亿，不管多么小的问题，只要乘以13亿，那就成为很大很大的问题……

——温家宝

下　篇

十年思考与实践

细节首先是态度，是一种放弃小聪明的踏实态度。

1
企业怎样戒烟

第一步，在第一次召开的干部会上，我宣布：“汪中求今天开始不抽烟，你们大家抽不抽我不管，我不抽烟，先做给你们看。我从上大学到现在一直在抽烟，但是从宣布之日起我不抽烟，我说到做到。”我把这个决定公开告诉大家，让大家监督我。但是，现在我没有限制别人抽烟——你现在抽烟，暂时我不管你。

第二步，过一段时间以后，我在全公司搞了一次支持戒烟的集体签名活动。在工厂大门上挂上一条巨大的横幅，上书“防火人人有责，提倡人人戒烟”。全厂300多人，近200人在无统一号召的情况下在横幅上签名。同时，我们在大门外边2米处画上一条很醒目的黄线，也大书10个大字“重点防火单位，严禁吸烟”。为什么不以大门为界线呢？往大门外推出2米，并无禁烟的技术意义，但前移2

米，在警示意义上就完全不同了。要知道，此前工厂的第一、二车间之间的通道上都有烟民扔下的烟蒂。

第三步，颁布一条纪律“不许流动吸烟”。工厂规定了3处吸烟区：一是老板的办公室，二是指定一处专为客户吸烟之所，三是厕所。

第四步，“全厂禁止吸烟”，并将此条写进员工守则，连来公司的客户都同样做到。

戒烟对于企业管理本算不上大事，但有效操作、切实做到，却并非易事。必须小事当大事做，这样慢慢来，一步一步，越来越严，让员工慢慢习惯，最后达到你严格管理的要求。

无视细节的企业，它的发展必定在粗糙的砾石中停滞。

——松下幸之助

2 开个经销商会30多份文件

开经销商会议是企业几乎每年都得进行至少一次的活动，但要想开好一个会，准备工作越细越好。一位清华大学在读EMBA学员根据我主持召开的LF涂料公司经销商会，写了一篇“项目管理”的论文。以下是论文的节选，从中可知其中事情的巨细。

1. 项目的实施背景

LF涂料公司是一家集科研、生产、销售中高档建筑涂料、家具涂料、装修漆和胶黏剂等化工产品为一体的中外技术合作企业，是广东省中山市目前最大的装饰涂料生产基地。公司开办历史较长（9年），在市场上有一定的知名度，也有相对稳定的客户170家，其产品在行业口碑较好（处中上游水平），企业规模在涂料行业处第二梯队稍后位置（全国8000家涂料企业中装修涂料销量排名15~20名）。

2003年对LF涂料公司来说是一个不寻常的转折年，公司在内部管理、人员结构上做出了重大的调整。公司顶住压力、锐意进取，在市场上取得了不错的佳绩。为了促进公司与客户的进一步交流与合作，并就公司未来的发展方向、品牌规划、市场操作模式等方面与经销商达成共识，LF涂料公司精心筹办了本次经销商会。

此前的LF涂料经销商信心严重不足，主要原因是：第一，公司人员变动很大，原有的7位总经理、副总经理和总工程师全部撤出，新的总经理到位，经销商面对如此大的人事变动很紧张，尤其因为新任总经理对涂料行业不甚了解；第二，因为公司过去管理不到位，财务报表不准确、乔迁的新厂厂房工程造价含糊不清、产品定价不明等造成产品品种、成本等重要资料不详，所以供应商不敢放心合作，他们要么委婉拒绝供货，要么变相提价，要么缩短付款周期，造成公司流动资金周转异常困难，加之原公司两位股东撤出，公司开始分期付款，资金运作雪上加霜；第三，长期以来的管理缺陷使企业供货速度慢、处理问题周期长，加之民营企业长期以来的口头承诺习惯常常造成承诺不兑现，使经销商看不清与公司合作的前景。

所以，这次经销商会对LF涂料公司具有特别重要的意义。为了通过这个大会重新燃起经销商的热情，树立内外部人士对LF涂料公司的信心，公司决定整合有生力量，成立以总经理为首的会议准备项目管理小组，为即将召开的大会做好一切前期工作。

2. 项目的实施范围

经销商会从7月2日首次策划到7月26日代表报到，共25天时间，此间须完成以下主要任务：

- 办公大楼一楼装修两个主品牌的专卖店，为客户提供一个参考版本；
- 必须先做出两个主品牌的宣传品、促销品，其他品牌的顺序延后；
- 提出公司三年规划和下半年的营销计划；
- 提出公司的品牌规划方案和与产品配套的宣传品、促销品方案；
- 通过政府、银行、协会、新闻单位的烘托，反映出公司受社会各界的认可，尤其是银行的大力支持，以此暗示公司的资金短缺问题基本解决；
- 通过举办会议证明公司管理队伍的素质、能力，特别是通过细节的处理表现出公司“把小事做细”的工作风格；
- 精心设计主要负责人的讲话，消除经销商对高层的疑虑。

3. 项目假定条件和风险评估

● 假定条件

- 会议召开时，所有的计划中所邀请的嘉宾及经销商是能够按时参加的；

- 会议期间所涉及的两家宾馆将给予全力的支持；
- 本项目组成员拥有相关的技能并有可靠的时间，能保障所从事本项目的有关工作顺利开展；
- 本项目可能涉及的采购都是市场上可以取得的，并具有可靠的时间保证，即使有质量瑕疵，也可以由供应商及时解决；
- 对于会间散发的会议调查问卷，经销商将认真对待并填写。

● 风险评估

本项目在实施中可能存在以下风险：

- 部分嘉宾及经销商可能由于种种原因不能按时到达甚至成行；
- 宾馆可能在客房预订及服务方面出现问题；
- 项目涉及的有关供应商未能按时交货，或者货物有质量问题而未能及时解决；
- 两个样板展厅不能及时完工；
- 预定在会间展示的网站设计、改造不能及时完成；
- 费用超支。

即便我们的经销商会开得前所未有的好，但在总结会上，我们仍然发现了诸多不足，觉得还是有很多小事没有做细，总结报告列举了20条：

1. 会务组未能在开会期间召开小型预备会议，确定当天或第二天的工作内容、注意事项，负责人缺乏各种会议管理表格。例如，业务人员与客户对应表、实到代表确认表、返程时间表、客户及会务组住宿安排表等，会后自由活动的详细分工不到位、不明确。

2. 旅游日出游人数与计划人数严重不符，会务组未能在出游前晚最后确定人员。

3. 客户人员调整住房、中途退会、离店等变动情况，大区经理未能及时通知会务组。

4. 客户的亲属关系未注明，导致会务组将客户夫妻分房安排；客户亲属旅游安排也因人员上报不及时而疏漏。

5. 会议内容分工的主要负责人不能随意换岗；特殊情况换岗需做好充分转接工作。

6. 参会客户的姓名、性别、人数及着装尺码等基本情况不清晰，导致会务组安排住宿及发放礼品难度加大。

7. 每日用餐时应交代后续的相关安排，反复提示。

8. 经销商发言的资料准备不充分，发言内容与幻灯资料不一致。

9. 无专人引导或标识指引会议室位置及座位安排（特别是在会议的第一天）。

10. 娱乐活动过于单调、无趣。晚间可考虑座谈会、放映营销参考片或其他形式的娱乐活动。

11. 会刊没有认真、充分校稿。

12. 调查问卷方面。

①因无明显标识“转反面”导致部分经销商未能全部填写问卷；

②对工程师的调查未注明前任和现任；

③ 问卷仍存在错别字；

④ 原定的发言代表未能参会，但与其发言有关的调查题没有及时从问卷上删除。

13. 未安排同品牌经销商座谈。

14. 未设计对会议主持人的评价调查。

15. 机场、车站接站车中途改变路线未及时通报，让一批客人随车接公司内部人员的做法不妥。

16. 极少数业务人员同客户一起消费时将个人消费转嫁至公司。

17. 吃喝娱乐占时偏多，费用也太高。

18. 内部参会人员未一一明确，安排亦欠妥。

19. 未及时提供与会代表通讯录。

20. 会议筹划启动稍晚，造成专卖店布置及配置准备不充分。

经销商会准备工作文件

文件编号	文件名称	文件编号	文件名称
001	会议筹备工作的通知	017	企业专题片解说词
002	邀请函	018	产品宣传资料清单
003	所需会议辅助资料的准备	019	产品包装清单
004	会场布置预案及人员配置	020	参会经销商名单
005	两个专卖店设计方案	021	会议预算表
006	专卖店用材清单及店内宣传品、促销品配置清单	022	会议期间交通车辆安排计划表
007	专卖店预算	023	“快速增长的涂料市场”专题演讲

续表

文件编号	文件名称	文件编号	文件名称
008	筹备工作补充通知	024	公司2003—2005发展规划（董事长专题发言）
009	会议分工安排表	025	总经理主题报告
010	会议议程表	026	品牌规划方案专题发言
011	邀请嘉宾名单	027	自动配色调色系统专题发言
012	参会代表到站明细表	028	涂料企业广告配置专题发言
013	会议须知	029	部分地区成功经营模式介绍（专题发言）
014	参会家属安排	030	获奖经销商名单
015	会议主持人台词	031	会议准备和效果调查问卷
016	媒体报道用通稿	032	公司营销管理工作调查问卷

3 总经理必须做的事

总经理每天必须做的事情

1. 总结自己一天的任务完成情况；

2. 考虑明天应该做的主要工作；

3. 了解至少一个片区的销售拓展情况或进行相应的指导；

4. 考虑一个公司的不足之处，并想出改善的方法与步骤；

5. 记住公司一名员工的名字和其特点；

6. 每天必须看的报表（产品进销存、银行存款等）；

7. 考虑自己一天工作失误的地方；

8. 自己一天工作完成的质量与效率是否还能提高；

9. 应该批复的文件；

10. 看一张有用的报纸。

总经理每周必须做的事情

1. 召开一次中层干部例会；

2. 与一个主要职能部门进行一次座谈；

3. 与一个你认为现在或将来是公司业务骨干的人交流或沟通一次；

4. 向你的老板汇报一次工作；

5. 对各个片区的销售进展总结一次；

6. 召开一次与质量有关的办公会议；

7. 纠正公司内部一个细节上的错误做法；

8. 检查上周纠正措施的落实情况；

9. 进行一次自我总结（非正式）；

10. 熟悉生产的一个环节；

11. 整理自己的文件或书柜；

12. 与一个非公司的朋友沟通；

13. 了解相应的财务指标的变化；

14. 与一个重要客户联络；

15. 看每周必须看的报表；

16. 与一个经销商联系；

17. 看一本杂志；

18. 表扬一个骨干。

总经理每旬必须做的事情

1. 请一个不同的员工吃饭或喝茶；

2. 与财务部沟通一次；

3. 对一个片区的销售进行重点帮助；

4. 拜会一个经销商。

总经理每月必须做的事情

1. 对各个片区的销售考核一次；

2. 拜会一个重要客户；

3. 自我考核一次；

4. 月财务报表；

5. 月生产情况；

6. 月总体销售情况；

7. 下月销售计划；

8. 下月销售政策；

9. 下月销售价格；

10. 月质量改进情况；

11. 读一本书；

12. 了解职工的生活情况；

13. 安排一次培训；

14. 检查投诉处理情况；

15. 根据成本核算制订下月计划；

16. 考核经销商一次；

17. 对你的主要竞争对手考核一次；

18. 去一个在管理方面有特长，但与本公司没有关系的企业；

19. 有针对性地就一个管理财务指标做深入分析并提出建设性意见；

20. 与老板沟通一次。

总经理每季度必须做的事情

1. 季度项目的考核；

2. 组织一次体育比赛或活动；

3. 人事考核；

4. 应收账款的清理；

5. 库存的盘点；

6. 搜集全厂员工的建议；

7. 对劳动效率进行一次考核或比赛；

8. 表扬一批人员。

总经理每半年必须做的事情

1. 半年工作总结；

2. 适当奖励一批人员；

3. 对政策的有效性和执行情况考评一次。

总经理每年必须做的事情

1. 年终总结；
2. 兑现给销售人员的承诺；
3. 兑现给经销商的承诺；
4. 兑现给自己的承诺；
5. 下年度工作安排；
6. 厂庆活动；
7. 年度报表；
8. 推出一种新产品；
9. 召开一次职工大会；
10. 回家一次。

如果你热爱工作，你每天就会尽自己所能、力求完美，而不久你周围的每一个人也会从你这里感染到这种热情。

——山姆·沃尔顿

4
给秘书的20条提示

我当过六年总经理，用过四个秘书。第一个是湖南小女孩，董事长配给我的；第二个是湖北人，挺能干，去别人的公司高就了，我很高兴，祝贺她；第三个是一个男孩，不卑不亢，用得挺顺手，被一个当董事长的好朋友看上，送去给他当部长了，能往高处走，支持；第四个是四川人，读书少一些，进修去了，更赞成，不知现在是否有出息了。

秘书很重要，秘书又很难当。

我当过两年秘书，我的上司是副厅级单位的正职，于是我也“鸡犬升天”了，从一个中学老师一下子就成了级别不高（副科）、权力不小的角色。文字的工作倒是没有多大问题，写的稿子、起草的文件、做的纪要，经常是不用领导多改的，但我的秘书当得并不成功，对复杂的社会的适应速度太慢，犯了很多“错误”。于是，邓小平发表南方谈话后后我下海了——给香港的一家公司打工，心甘情愿地“受资本家剥削”去了。

在企业，对秘书的要求有所不同。例如，我要的秘书必须是勤奋、得体、有序、精细、高效的。当然，想做点儿事需要一些牺牲精神，尤其不可能完全按时上下班。如果秘书听到下班铃就走，一加班就讨论加班工资，那就等着别人抢你的饭碗吧，尽管你是懂劳动保护法的，但你更要懂中国现阶段企业发展的需要。

在此，作为曾经的老男秘和后来用过多位秘书的“过来人”，给正在或准备当秘书的同人20条提示：

1. 必须有更多的付出，不能太计较时间和报酬；

2. 不会摆弄文件夹，不宜当秘书；

3. 常用电话号码、重要客户和合作者的联系方式尽可能熟记；

4. 学会记录，只要在场能记录的尽可能别落下，说不定什么时候有用；

5. 领导开会少发言，记住自己只是列席；

6. 有调查研究和了解情况的权力，但绝对没有指令权；

7. 为了写东西，多准备标准文本；

8. 对其他同事不可有骄奢之气；

9. 无论对上、对下，多用“请”和“谢谢”准没错；

10. 不要上网做与工作无关的事，也许别的同事可以；

11. 手机永远是振动，网上聊天也不要有“嘀嘀”的叫声；

12. 要细心，学会在小事情上为上司补缺；

13. 做好常规性的琐碎事务，不要让人有半点儿不放心；

14. 对上司要适时地提示、温和地提醒；

15. 不是上司问及的话，不议论同事的不好；

16. 如果一周以上都觉得没什么事情做，该考虑换岗或辞职；

17. 少喝酒，不能醉，如果上司老让你喝酒甚至不在意你醉酒，你就已经不是真正的秘书了；

18. 穿衣服有工装最好，不要为了取悦自己或别人穿太性感的衣服；

19. 异性秘书，对上司的生活部分不宜太关心，对上司的家人彬彬有礼就够了；

20. 切不可产生办公室恋情，如有萌芽立即走人。

注：秘书的类别很多，地位高低和权力大小有很大的不同，此文提及的20条更多是指中小型企业的总经理秘书，自然不可一概而论。

（转自我的新浪网博客2007年1月27日之博文——再论秘书的难当，参见www.xywzq.com）

夫祸患常积于忽微，而智勇多困于所溺。

——欧阳修《伶官传序》

5
《三大纪律八项注意》的来历

1927年10月24日早晨，上井冈山的前三天，毛泽东站在井冈山的荆竹山雷打石上首次向部队宣布了三项纪律：

- 行动听指挥；
- 打土豪要归公；
- 不拿农民一个红薯。

1928年1月24日，在遂川县城李家坪，毛泽东向部队提出了六个要注意的问题：

一、上门板；

二、捆铺草；

三、说话要和气；

四、买卖要公平；

五、借东西要还；

六、损坏东西要赔。

几年以后，当红军到了中央苏区时又增加了“不调戏妇女”“不虐待俘虏”两条注意事项，成了“三大纪律八项注意”。

管理强调“三严”：严格的规则、严肃的执行和严酷的训练。

——汪中求

6
危机公关的7个关键细节

人的一生很难万事如意，企业也是如此。留心的人会发现，当初写进《基业长青》中的一些企业已经垮了。其实所有企业都是会死的，只是谁先死谁后死的问题。“危机公关的7个关键细节”讲的是怎么面对企业可能经历的意外打击。

2006年的危机公关事件现在还没有定论，因此我不便多说。《经理人》杂志2006年第12期评出了“2006年度表现最差的10位企业家”，说明他们在遇到危机时没有处理好。但是有几件事在2005年就已经有定论了，其中有四个大的事件发生在广东，一个是创维，一个是高露洁，一个是广本，还有一个是顾雏军。有的处理得好，有的处理得不好；有的老板还在经营自己的企业，有的却被抓进牢房了；有的企业通过这个事情出了风头，有的受了打击很难再站起来。

对于危机公关，我只讲7个关键点。

第一，生于忧患

生于忧患的意思是我们应该有一种危机意识，随时要想到自己可能有灾难。人当然都不喜欢灾难，避祸是我们的基本思想，但事实上灾难是不可避免的，一生中不碰到灾难可能是极为罕见的事情。所以我们首先应该在安定的时候有忧患意识，就是当危机事件来了我们应该采取什么应对措施。

企业在经营当中危险的因素太多了，内部有产品的缺陷、员工素质问题、管理的不完满、法制观念淡薄等；外部因素更多，竞争对手的不公平竞争、社会舆论的压力等都有可能导致企业面临很大的灾难。

2003年，我在广东一家企业当总经理。当“非典”来了之后，中国绝大多数企业都束手无策。我记得当时广东人都是买醋回去熏，当然是道听途说而已。而北京惠普公司就非常及时地采取了一系列应急措施，那就是他们几年前制定的一个应急处理方案，叫“公司业务意外应急计划”的备份方案，在正常情况下作为备份，在一些紧急突发情况出现时这一计划就启动了。因此公司专门成立了由高级管理层为核心的危机管理团队，在他们的运作下，一条条措施很快就出台了：第一，给员工发口罩；第二，让员工打车；第三，准备一栋新的大楼叫“B办公室”；第四，员工尽可能在家里用网络上班，如果没有网络公司给你建，没有电脑公司给你买……

现在我说的是危机来临了怎么办。

首先我们看创维的情况，他们的危机处理方法是非常成功的。2004年11月底，在代号“虎山行”的行动中，创维数码主席黄宏生被抓起来了，但是创维的管理团队处变不惊，危机处理非常成熟。事发之后创维不仅企业实现了销售的增长，还从家族制转到了现代企业治理结构，打破了中国企业树倒猢狲散的宿命。当然，这与很多因素有关。比如，危机出现后，创维在张学斌的带领下迅速召开紧急会议，制定应急方案，用百万港元保释黄宏生，然后开新闻通报会，强调他们会积极配合调查，并表示企业一切运转正常。接着，创维派高层管理人员在北京促销，表示企业经营状况良好。再后来，创维向政府申请的一些项目也非常成功，说明他们得到了政府的信任。

到2005年3月，黄宏生案复审，因为他是政协委员，全国政协要开会，所以他要求参加完政协会议之后再复审，得到了批准，并及时向社会公布了这件事情。这样一来，创维得到了公众的信任，到2005年8月创维基本上渡过了难关，形势开始好转。

广东的另一家企业——金正遇到危机却倒闭了。2004年7月金正集团董事长万平被抓，公司由于失去核心领导显得束手无策，不仅没有进行危机公关的紧急处理，反而产生了股东之间的内战。显然金正的企业文化存在问题，危机处理手段也比较差。于是企业被恐怖笼罩，一步步朝着坏的方向发展——高层纷纷出走，经销商倒戈相向，银行查封企业资产，企业迅速倒闭。

同样是广东的企业，同样在业内都是知名品牌，老板同样被抓，但是由于处理得不一样，结果就完全不一样。由此看出两家企业领导班子的危机意识是不一样的，也就是领导的基本素质是有差异的。

第二，凡事趁早

雷厉风行本身就是积极的信号，等到危机事件出现以后，不要拖，不要满不在乎，应该积极响应，这是非常重要的。

中美史克在2000年因为PPA事件受到的冲击非常大，之前它在国内感冒药市场上有将近六亿元的销售额，占了市场份额的80%以上。在感冒药不允许有PPA的情况下这家企业很可能面临灭顶之灾，但是他们处理得非常成功。

中美史克处理事件的速度特别快，他们在2000年11月16日接到天津卫生局要求立即停止销售含有PPA成分的药物的传真。同一天上午，中美史克立即成立了危机管理小组，确定应对危机的立场基调：沟通小组负责信息发布和内外部的信息沟通，市场小组负责加快新产品开发，生产小组负责组织调整生产并处理正在生产线上的中间产品。

同时，他们还发布了危机纲领——执行政府暂停令。不管对还是不对，不管有理还是没理，中美史克首先表现了对政府、对社会、对客户的利益的尊重和负责。事发后他们通知经销商立即停止销售，停止广告宣传和市场推广活动。大家都知道，停止销售每天都有巨大的经济损失，可能高达几百万元。但是在这种危机面前，企业必须承担损失，而不能拿企业的利益跟政府、媒体、公众进行对抗，以争取在最短的时间内重塑或挽回原有的形象。

中美史克危机处理的经验告诉我们，他们处理危机和突发事件的速度非常快，并且非常细化，这一点是中国的很多企业做不到的。

第三，控制情绪

遇到危机要表现出积极的态度，不要发牢骚、不要辱骂、不要辩解。有时候外来的舆论压力未必是对的，很可能是道听途说、捕风捉影的，遇到这种情况我们有口难辩，因为公众不清楚情况，如果这时不控制情绪的话，影响会非常大。事实上很多老板在这个问题上做得不好，因为他们平时在企业内部就不会控制情绪，高兴了就开会给员工洗脑，不高兴就开会骂人。如果把这种恶习带到公众的面前，只会加速企业的死亡。就如心血管疾病的人发了病还起劲骂医生，那只会死得更快。

2001年9月3日，中央电视台的《新闻30分》报道了南京冠生园月饼陈馅翻炒后再制成食品出售一事。9月5日报纸上登载后，南京冠生园回应说，月饼回收利用是普遍现象。这种做法非常不明智！9月7日报纸披露说他们的月饼添加剂竟然过期四年，9月17日《长春日报》登载：千万元订单成为废纸，大量“冠生园”月饼被退货。

信誉的缺失使多年来一直以月饼为主要产品的南京冠生园在短时间内迅速被逐出了月饼市场。

据同年9月20日广东的新闻媒体报道，南京冠生园重新上柜却无人问津。虽然冠生园有做错的地方，但不是全部不对。他们错在回应媒体的第一句话是“这是普遍现象”。明知陈陷制作月饼是不符合食品卫生标准的事，却利用消费者长期以来对自己的信任而为之，冠生园在失去了消费者的同时失去了发展的机会，还把自己推到了公众和媒体的对立面，必然会受到站在道德立场的媒体的批评性报道。所以，企业遇到危机时应该反省自己的言行、控制自己的情绪。

第四，统一口径

遇到危机时统一口径非常重要，以免节外生枝。企业领导对外要说一样的话，做不到就让一个人说。那别人问怎么办？可以选择不说话或说“无可奉告”！

我再举中美史克的案例。在事件发生之后，他们提出统一口径的要求，任何人的回答都应该是“不知道”，再由一个发言人来说，从头到尾仅一个人在说话。他们统一口径的具体措施如下：马上发出《给医院的信》、《给客户的信》；让经过培训的专职接线员负责接听客户、消费者的询问电话，以准确、专业的回答打消他们的疑虑；召开新闻媒介恳谈会，表示此事不影响他们在华投资的决心。时任总经理的杨伟强记不清楚他接受了多少媒体的采访，常常为了方便媒体采访从天津赶到北京，当天又匆匆赶回去。当记者问他是不是很辛苦时，他苦笑道："企业遇到了这种事情，我别无选择。"因此，企业在面对危机的时候，统一口径是非常重要的。

第五，勇于承担

大众的情绪一般是同情弱者。企业挣老百姓的钱，出了问题就应该勇于承担。

1999年6月初，比利时发生了可口可乐中毒事件。一周后，比利时政府颁布禁令，禁止本国销售可口可乐公司生产的各种品牌的饮料，已经拥有113年历史的可口可乐公司遭受历史上鲜见的重大危机。当时可口可乐首席执行官依维斯特马上赶到比利时，第二天比利时各家报纸就出现了由他签名的致消费者的公开信。同时可口可乐宣布，将比利时的可口可乐全部收回，并向消费者退赔。虽然喝可口可乐中毒的可能性非常小，但是可口可乐公司积极主动地道歉，不推脱责任，不进行辩解，体现了企业勇于承担、对消费者负责的企业精神，最终获得了消费者的同情，企业的形象也开始逐步恢复。

第六，权威出马

来自权威的信息容易说服公众，不要用企业单方面的信息去说服公众。

讲一个杜邦特富龙的事件。2004年7月9日，美国环保署宣称，杜邦公司的不粘锅因涂上了一层名叫特富龙的涂料，可能会致癌或者影响生育功能。这个影响很大，大家都很紧张。那么杜邦是怎么做的呢？同年7月15日，杜邦中国集团公司常务副总经理任亚芬和杜邦公司的技术经理王文莉接受新浪采访时认为，媒体在误导消费者。此时全国不粘锅市场已经一片混乱。7月20日，杜邦中国公司在北京召开新闻发布会，总裁查布朗跟中国记者见面。他表示“特富龙”不粘锅并不含致癌物，并出示了一份卫生部实施的标准，还让技术专家把整捆的技术资料拿到中国，回答中国媒体的问题。他们不讲故事，只是拿表格，拿一份份的技术文件让你拍照，用科学家的证明来说话。这样一来，尽管我们对这些数据完全不懂，但是看着一大堆的数据就相信他们是对的，企业就很容易渡过难关了。接着，美国杜邦总裁贺利接受《人民日报》的采访，并对外界宣称：“我们可以拿整个杜邦公司的名誉做担保，杜邦不粘锅绝对安全。”真正的自信才敢一搏，把宝押上去。2004年10月13日，国家质检总局在对特富龙检测之后向大家公证，特富龙不粘锅没有副作用。

杜邦公司为表示权威，甚至不惜从美国总部请来专家与中国记者见面，化解了此次危机。

第七，上下贯通

企业遇到危机要把企业内部和外部的资源连成片。具体怎么做呢？再讲创维的例子。

2004年12月2日，国美、苏宁、永乐、大中四家家电连锁巨头纷纷发表声明力挺创维，表示愿意销它的货。12月2日，国内八大彩管企业发表声明，表示将优先保证创维的原材料供应。12月3日，深圳七家银行分行行长分别表示鼎力支持创维。12月中旬，深圳市副市长到创维表态：创维本部发展非常稳定，市政府全力支持。到这个时候，创维基本上就没有很大的风险了。在这样的情况下，销售、供应、银行、政府四方的表态预告创维已经冲过了险滩。

最后，我想送大家两句话：

第一句，日本的普查发现40岁以上的人没有一个人体内没有癌细胞，区别在于是否分裂、转移、扩散。没有分裂、转移、扩散，那就不叫癌症患者，而癌细胞分裂、转移、扩散的机会很多，所以每个人都有得癌症的可能。但是如何保证癌细胞不分裂、转移、扩散呢？就需要采取扼制癌细胞的方法，比如，坚持锻炼、保持好的生活习惯、定期体检等。企业也有癌细胞，那是什么呢？就是可能存在的危机。如何渡过危机扼制癌细胞呢？就要懂得危机公关的方法和措施。

第二句，简单与复杂总是相伴而行，每当你把公关看得很简单时，面临的危机总会特别复杂。所以对待危机时，一定要采取积极有效的方法。

（此文根据2006年12月17日由《南方都市报》和《新京报》于广州凤凰城举行的“2006年度中国十大营销事件·人物盛典”大会

上的演讲实录整理）

同声相应，同气相求；水流湿，火就燥。

——《周易·文言传》

7
透过细节看日本

今年夏天，我们组织了一个“中国精细化管理考察团”，对日本的企业、大学和政府的招商机构进行了为期一周的考察。让我们感到震撼的是精细化思想已深深根植于这个国家的方方面面。一位在中国、美国、日本工作过多年的教授说：“即使中国现在跟日本在一个起跑线上，我们也未必能够赶上日本。”

我当然会把见闻记录下来，而当我受聘为评委的《中国商业评论》拟公开发表的时候，我却不由得担心：会不会有人看了此文，就认定汪中求没有民族自尊心了呢？甚或干脆就说我已经是今日的汉奸？因为差距、因为追赶、因为时不我待，我仍然予以发表（《中国商业评论》2006年第12期）。在此转载，以飨读者。

压力驱使着日本人拼命工作

日本人背后似乎有一只看不见的手在驱使着他们拼命地工作，而且在工作中互相督促、精益求精。

自觉遵守与相互督促

在工作时间，日本男性白领最常见的装束是西装、衬衫加领带，即使夏天室外温度已达40多摄氏度他们也是如此。大热天还穿着这么正规的装束，因此对业务员在街上中暑昏倒的事情也就不足为奇了。不仅是白领，连出租车司机也都西装革履。尽管热得不停擦汗，但他们就是不会把外套脱下来。事实上可能没有谁管，但这是他们的职业化习惯。

在日本街头，经常可以看到60多岁的警察或保安在跑步指挥车辆，神情特别专注。书店的工作人员经常趴在地上擦地，跪下来工作是再正常不过的事情了。我们去酒店用餐，进餐厅时把鞋子乱糟糟地脱在一起，出来时发现服务员都给我们摆好了，一律头朝外，一伸脚就可以穿上。

在任何单位，如果有人做事不努力或者把事做砸了，就会有好多“好管闲事”的人上来指责：“哎呀，纯子小姐，怎么这么做事啊？”“木村先生，你的失误让我为你没面子啊！”我跟日本朋友总结说：“日本人宁可自己付出更多，也必须要获得或保留干预和指责他人的权利。”朋友回答说：“真的是这样。这是一种氛围，逼着你提高。”

忙工作忙得没时间做梦

如果工作没有做完，日本人是不可能下班的，这是他们的一种习惯，很多根本没法一下做完工作的人就只好推迟下班的时间。一天晚上8点来钟，我们路过世界500强之一的住友公司门口，大批员工那个时候才下班。我们很迷惑，是集体加班还是其他什么原因？晚上11点半，我们在地铁站看到人流如潮。不少人一天打两份工，一上车就睡着了，太累了。

在日本，男性的平均结婚年龄是35岁，当父亲的平均年龄是36岁。很多人甚至不敢结婚，不敢生孩子的人更多，特别是职业女性。因为女人一生孩子往往就意味着职业生涯的结束。女人不出来工作，主要原因是小孩没有办法给别人带。请一个人带孩子，比自己打一份工还贵，自己带孩子五六年，就没办法再跟上社会的发展了，只好继续做家庭妇女。

有位日本朋友跟我说："日本人不做梦，哪有时间做梦！"听完，我心中有一种莫名的伤感。

人际互信与秩序共守

尽管压力巨大，但日本人的生活却从容而有秩序。这点从东京市容的细节上就能感受得到——绿化率极高，几乎没有见到裸露的土地，即使偶尔有一个小角落空出来，都会种上一株树或摆上几盆花。

路不拾遗

东京的房子一般不装防盗门，而且很多门是非常薄的木板门和玻璃门。偶尔一楼有防盗网，二楼以上我从未看到防盗网。我们很惊讶，他们怎么不担心入室盗窃的问题？此外，多数自行车是不上锁的，连摩托车晚上也是放在外面，根本不担心什么。

在火车上、在旅店中、在会议室中，甚至在餐厅中，再值钱的包，放在那里根本没有人动。京都火车站人流如织，旁边的餐厅人来人往，餐桌上七八个包丢得零零散散，也没有一个人拿。

我们住过的几个酒店没有“查房”之说，你走了就走了，把牌子放在那里，把费用结清就可以。而在中国住酒店，离开时“查房”的程序必不可少，很多酒店还有物品损害赔偿价格表，表现出一种非常深刻的不信任。我们一位老师在日本坐地铁，把西装放在衣架上忘了取。捡到的人帮他寄到下一站，等他来取，而且烫好、折好。

在商业闹市区，经常看见女士将翻盖手机夹在牛仔裤后兜上逛街，就这么着，谁也不在乎。还见过一个女士，她背着一个很大的包，朝外的第一个口袋就是钱包，我在1米外都可以看得见，她就这么逛，没觉得有什么危险。

我们总觉得贫富差距过大才会有抢劫盗窃，实际上不完全是这样。日本也有穷的，至少从各地去的人也有穷的，而且也有流浪者。我这次还找了一个街头艺术家给我画了一幅漫画像，标价1600日元。他画完以后，自己感觉画得不好，就只收了1000日元，还一个劲儿地道歉。

堵车但秩序井然

日本人很讲究秩序。排队是正常的，而且自觉保持1米的距离。在自动扶梯上，人们都很谦和地站在左侧，让有急事的人从右侧快速通过。

在东京，我们见过几百人在一个路口等红灯，没有一个人乱闯的。车辆在通过路口时也没有减速的意思，因为所有人一定会遵守交通规则，不需要减速，也不可能出现意外。但是，在红灯转为绿灯的时候车辆反而慢下来，车可以通行，走到一半的行人也可以通行，只要有一个人还在穿越，车辆就会让人，这个时候就体现出了“以人为本”。

日本的路并不一定都很宽阔，很少看见超过单向四车道的，甚至还有主要公路是双向单车道。有一次高速路堵车，但还不至于堵得不能行走，只是慢，当时绝对没有人插队，更没有人急着猛按喇叭。

我们的团队每到一家酒店，酒店都有人到前面的路口迎接，指挥车辆怎么开进去、停在什么地方。我们住过的几家酒店，都有一个牌子竖在大堂，写明“某某团队”什么时候出团，并按照时间顺序排好，以避免若干团队一起出发造成拥挤。如果时间安排出现冲突，酒店会建议某些团队推迟五分钟或者十分钟出发。

深刻的危机意识

日本的面积大概相当于我们一个四川省，但人口密度却比四川还要大。地狭人多，又没什么资源，而且台风、海啸、地震非常频繁，从这个角度来讲，日本是一个非常可怜的国家。正因为如此，日本人有深刻的危机意识。

吃一次涮肉也会觉得无比幸福

日本的学校每月有一次防火演习，每季度有一次防震演习。每个家庭都备有压缩防灾包，里边放着压缩饼干、纯净水、保暖衣、手电筒和雨披。日本全社会从上到下都只有一个信念——我自己要拼命，如果不拼命这个国家就完了。

丰田做汽车之前，整个日本是没有汽车工业的，他们叫那时的汽车“自动车”。制造“自动车”最早也是由丰田第二代领导人丰田英二提出来的。他去考察英国的汽车，回来就发奋自己做，把原本很挣钱的纺织放弃了。由于不分白天和黑夜地努力，这个人只活了50来岁。

日本虽然是汽车大国，但企业中层及以下员工几乎都不可能开车上班，因为停车费非常贵。在东京的许多停车场，100日元只能停车15分钟。多数日本人都买得起车，但是没多少人负担得起停车费！

在我们看来，日本这么发达的一个国家，一般人吃饭应该不成问题。但日本人正餐也吃得很少：菜只能遮住一个小碟子的底部，米饭也只有一小碗。我总怀疑日本人很少吃饱饭。至少我在日本工作的朋友，如果哪天能开怀吃一次涮肉，就会觉得幸福无比。真不懂日本人这样是为了健康保持七分饱呢，还是为了保持一种压力意识。

租房要给房东感恩费

日本人住房压力非常大。日本房价高是全球出了名的，东京的住房均价是每平方米60万日元（约合人民币4万元），一个人辛苦一辈子可能也只能混一个小房间。普通人根本买不起房，买得起的白领也不过买四五十平方米的小房子。

最奇怪的是日本的租房方式：不仅租金特别高，而且要首付5个月租金。除了当月租金、押金（相当于两个月租金）、中介费，还有一笔感恩费要付给房东。很难理解，日本市场化程度那么高，房客反而要向房东支付感恩费。

出租车司机给学生上社会课

日本学生上课并不完全在学校内，他们经常去校外学习：到风景点去参观，去看祖先是怎么拼搏的；到企业去参观，看企业是怎么发展的……让他们去思考，看自己能否跟得上时代、能否适应社会需要。严格来讲，这是他们的公民意识教育和思想教育，或者叫德育。

日本很重视德育，相对的投入也非常大。我们去参观世界文化遗产清水寺时，碰到很多中学生。学生不是由老师带领，而是由出租车司机领着。一个出租车司机带四个学生，他会把社会上很多事情讲给学生听，而且一两小时不停地跟学生讲，这是他必须做的。学生在司机讲的时候做笔记，回学校还要写感想。

日本整个民族忧患意识非常重，小学课本的内容也告诉学生：

这个国家生存是很艰难的，这个国家的处境是非常危险的，这个国家是可能随时被别人打垮的。尽管在日本历史上从来没有外来侵略者能深入日本的本土（第二次世界大战时美国的占领不算在内），但是日本政治家始终认为外族强盛了就一定会打进来，别人发达了日本的生存空间就会相对萎缩。

良好的公民素质

日本社会流传一句话："管好自己，不给社会添麻烦。"每个人都是这么一个信念，整个社会公民素质就非常高。

瓶子扔掉前还要将商标撕掉

日本居民如果在街上一时找不着垃圾桶，就把垃圾带在身上，回家放进自家的垃圾桶。有一位陪同我们的女士，我们有人告诉她："小姐，你身上有两根头发。""很抱歉。"她一边说一边把头发取下来，用一张餐巾纸包好，放进自己的口袋。

在自助餐厅吃饭，人人用完餐都会自己收拾桌面，随手用纸巾擦去桌上洒的几滴汤，再把杯盘碗筷收到集中存放的地方。

当然也有抽烟的人，但他们绝不会乱弹烟灰、乱扔烟头，在街边吸烟都会带上一个便携式的烟灰缸（我就特意从日本买回来两个便携式烟灰缸）。

在公共场所遛狗的人身上一定带着垃圾袋，狗一拉屎，他们马上小心翼翼地扫起来装到垃圾袋里带走，再用纸巾把地面擦干净。

我认为人类的文明和垃圾的处理紧密相关。垃圾的处理可分为四个文明阶段：

第一个阶段是“随地吐痰阶段”，既然有人随地吐痰就会有人随地甩垃圾；

第二个阶段是“集中堆放阶段”，北京现在就处于这个阶段，垃圾开始集中堆放、不乱丢；

第三个阶段是“分类处理阶段”，日本把垃圾分成三类：可燃物、不可燃物、瓶罐器皿；

第四个阶段是“精细管理阶段”，就不只是三类分放了。比如，通常人们会在喝完可乐后把瓶子扔到垃圾桶了事，而日本人会把可乐瓶上的商标纸撕掉，丢进可燃物的垃圾桶，再把瓶子塞到装瓶罐的垃圾桶内（因为瓶罐回收后也需要工人把商标纸撕掉）。

同样，家里用完了的酱油瓶，日本人往往会用清水把瓶子洗一洗，再放到垃圾桶里，因为回收后也是需要清洗的。对于摩丝类产品的空瓶子，日本人在将其扔进垃圾桶之前，会先给瓶身扎一个孔，以免存在安全隐患。

顺便提一下，日本东京有若干大型垃圾处理厂，它们都有很高的烟囱，只是烟囱并不冒烟，而且垃圾厂附近必有一个体育场。垃圾焚烧的余热可以供体育场的游泳池保持水温，还可以让大家健身的时候理解自己和垃圾的关系、人和环境的关系。

管好自己，不给社会添麻烦

日本人出门都喜欢带一把伞，而且是长柄的伞（很多出远门的人的旅行箱旁边也会插一把长柄伞）。所有的公共场所都有一个机器，里面是塑料袋，把伞往里面一插，套一个袋子再拉出来，提着雨伞进屋就不会有水滴出来。我们在日本那么多天，只有一天是晴天，但从未感到哪儿湿漉漉的，连公交车上也都有一个放置雨伞的桶。到一些名胜参观，进室内前得把雨伞和鞋子放在门外，等回来再取；如果不从原路返回，就用垃圾袋将鞋装着，提在手上，出口处必定会有一个箱子，用来收集装鞋的垃圾袋。

日本人非常彬彬有礼，一天到晚地鞠躬。我觉得，他们的礼貌不只停留在表面上，而是出于内心深处对社会的一种认同，以及对自己渺小的认知。大公司的高层也总是低着头走路，微闭着眼睛，自我收缩，甘为渺小。这事实上是一种境界：把别人看得比较高大，把自己看得很卑微。

我们参观的两所大学，和中国的大学很不一样，没有围墙，也没有气派的门楼，不起眼的大门上只有很小的一块牌子，非常普通。就连丰田那么大的公司，总部大楼也并不奢华，牌子也是很小的一块，很低调。

一位在中国、美国、日本三地的大学都工作过很多年的中国教授曾跟我说："即使中国现在跟日本在一个起跑线上，我们也未必能够赶上日本。"

虽然不喜欢听，但是我能理解。

8
给女儿待人接物的36条建议

女儿：

此次你随我拜访了很多前辈、学者，很高兴你有了很大的进步，毕竟是大三的学生了，但还是有很多细节做得不到位，老爸给你一些建议，希望在待人接物方面你能做得更好。因为，在他人不了解你的学识之前，只能评价你的修养，而修养常常表现在细节上。虽说今日已是个个性时代，人各有其风格，淑女未必再是褒义，但举止得体、温良恭谦、文质彬彬，总会给人以好感，并能避免犯错、犯傻。今日的学校教育已很少涉及此类内容，故在博客上刊发，以对你的同辈有所启发。

1. 遇上父亲的同事或朋友不知如何称呼时，以“叔叔”、“伯伯”、“老师”称之，毛泽东当年就要求儿子毛岸英称比自己小六岁的李银桥为叔叔。

2. 遇上长辈、师友，按照礼仪习惯是由长者先伸出手，如果是异性，你也可以大大方方先伸出手来。

3. 进电梯，如果没有电梯司机，一般是下属或晚辈先进电梯，为他人控制梯门的开合。出电梯，要按住开梯按钮让他人先出。但如因人多而你在门边，也可以先出。

4. 与师长同车，通常让师长坐在司机身后的右侧座位上。与师长关系特别亲密的人开车时则一般可以理解为副驾驶位为尊，也有些地方以司机右后位为尊。一般你应该最后上车帮师长关好车门，然后坐车内空余的座位。

5. 与师长同行，可让师长走前面，自己侧后随之。

6. 在马路上与师长同行，则可把较安全的一侧留给对方。

7. 上楼梯、台阶时，在湿滑处、易碰头处均应及时给师长提示。

8. 与师长同行尽可能为他提行李。如果师长要帮助你提行李，可以成全其绅士风度，但不宜让自己两手空空。

9. 上妆迎客是对他人的尊重，但知识女性不宜化浓妆，也不要当他人的面补妆。

10. 赴宴不要过早上席位，跟随上席先坐末座，当然也不必过于拘泥，最终客随主便就是。

11. 在不用分座次的情形下，最好不要坐在光线过强的地方。

12. 会客不要穿崭新的衣服，最好也不是刚做的发型。但衣服缺纽扣或袜子有孔洞也很不好，万一有此情形，应在对方注意到时微笑道歉，无须一直遮掩。

13. 作为晚辈，刚走上社会，倒茶、斟酒之类多做无碍。

14. 在正式会客或交流中（包括宴席上，尤其会议桌上），不要玩手机（包括发短信）。不得已要用手机时，也应离席并向主持人或身边人示意致歉。

15. 咳嗽、打喷嚏、擦口鼻、掸衣上脏物之类，尽可能背身过去处理。假如觉得动作很大并时间来得及，可离席处理，之后向主持人或身边人轻声致歉或以微笑示意。

16. 师长抽烟时，不要表现出不悦，但可以健康为理由建议其少抽。如果在禁止吸烟的场合，则礼貌地提示其换至吸烟室。

17. 与师长交谈，说话语速适中，不宜过快。

18. 与人交谈，少用或尽量不用“然后”、“再就是”、“知道吗”、“嗯”等学生化的口语，应在走出大学校门前通过训练调整过来。

19. 说话时可以手势助之，但频率不宜过高，且幅度不宜过大。比如挥手不过头，横摆不过肩。

20. 对于某一领域不了解是正常的，学习的一个目的就是发现并弥补自己的空白领域。因此对话或陪客时，因专业不对口或知识结构不具备，可以少说话，但不可表现出漠视，要配以会意地点头和微笑。

21. 在一般的交流中（有英文环境或与外籍人士交往除外），最好不要插入英文单词，实在要用也当随之译出中文。

22. 师长交代事项时，最好即时以纸笔记下。

23. 接待你的地方如接待条件不好，倒的茶水也一定要喝，可以不喝完。

24. 任何情况，酒都可以不喝，可用替代品，且应征得或说服主陪同意。

25. 如有跳舞场合，要大方出场，但要适可而止，切忌卖弄或垄断现场。

26. 因受到师长的接待，离开后应于下飞机或下火车时向其报平安。

27. 对师长的劝诫、建议或批评，事中表示接受，事后如可能应以电话、短信或电子邮件方式向其表示感谢或言明自己的进一步理解。

28. 师长来短信应回复，哪怕“知道了”、“好的”、“明白”、“OK”也行。

29. 给人去短信，应留下自己的姓名。如对方连你的姓名也可能记不住则应留单位或相识之场合（确认非常熟悉并一定存有你的号码者除外）。

30. 给人回信或去电子邮件，最好每次都在最后一页的左下方留下自己的联系方式（非密友一般不留住宅电话）。

31. 收到师长转交或邮寄来的礼物，应及时告知收到，并真诚地表示喜欢或言明对此礼物的理解。

32. 离席时，应将座椅推入桌下放好。

33. 出门时，应轻放回弹之门。

34. 关车门，最好一次关牢。但不宜产生重重之声响，切忌使人误以为你扫兴而去。

35. 分别时，有人送你，应放下车窗玻璃告别，挥手示意。

36. 客人离去，应送至楼下或电梯口。如送到车旁，应待车开动后目送客人离开可视范围再返回。

父亲

2007年2月15日

人要成就一件大事，就得从小事做起。

——列宁

9 谈谈企业的零库存管理

年过完了，我于今天（2007年2月27日）在江西国税局开讲了，各企业也投入正常运转了。各位，库存管理又该理一理吧。

今天，我要讲的是零库存管理。丰田公司是全球工业界最早提出零库存管理的，从目前来看也是零库存管理做得最好的企业。我去年上半年去考察的时候发现，丰田公司的零库存管理可以做到让我们吃惊的地步——一半以上的主要原材料和半成品根本不需要进仓库，在生产线需要时能提前十分钟到现场，其他时间“库存在路上”。

那么丰田是怎么做到的呢？中国企业能不能学到呢？老实说丰田做到这一点是以很深厚的功底为基础的，我们暂时学不到。

第一，丰田公司有以总装厂为圆心、以169公里为半径画圆的一个工业园。当然，这个工业园里面不是没有别的单位，政府、铁路什么都有。它是物流管理概念上的工业园，绝大多数的供应商、零部件和半成品工厂都在169公里的半径之内，这样就可以做到“召之即来”。

第二，物流水平很高。所有的运输都全有GPS定位仪，调度们在总调度室通过巨型的电子牌一眼就可以看出一千多个品种的东西是什么型号、什么规格、多少件、走到哪个地方，这才叫总调度，有点儿像我们民航的调度。

第三，他们已经不需要质检了。丰田公司的上游厂商给他们的原材料和半成品，到了厂里根本不需要质检就直接上线。有人说：“那怎么得了！”那怎么不得了？人家30年的信誉绝对不会出问题，供应商不敢冒一个厂垮掉的风险搞一次质量事故，他们对产品质量的要求比下游提出的要求还要高，绝不会拿自己企业的生命开玩笑。

第四，不需要质检，当然更不需要检数了。货运车有“电子别针”一样的设备，进场马上数字就出来了，根本用不着点数，不会出什么差错。

第五，为了使上游供应商和零部件厂能够跟总厂有效衔接，一般都提前五年公布自己的科技成果（尤其是新产品开发），我五年以后开发什么，你提前做准备，让你保持跟我同步，这样供应就不会出现一时接不上头的混乱状况。

第六，丰田汽车投入巨大的人力、物力和财力，帮助上游做管理培训和引导。管理的培训促使上游供应厂商跟丰田的管理保持同步，上下游几乎是一家人，不分什么你的我的，我把你培养起来了，你搞好了，我就很方便了。

最后的结论是：零库存并不等于库存是零，而是企业通过管理加强物流使自己的库存在时间和空间上尽可能接近于零。因此，我们的企业现在应该而且可以着手的是，尽最大的可能减少库存量、缩短库存时间。

10 小处不可随便

费尔斯通说：“成功是细节之子。”帕卡德说：“小事成就大事，细节成就完美。”维尔纳说：“奥秘全在细微处。”我国唐宋八大家的苏东坡也说过“始知真放在精微”，他是从艺术和哲学层面讲的。我的《细节决定成败》其实只不过是老子说的“天下大事，必作于细”的一份读后感，只不过我的这份读后感写得比较长，而且一口气讲了80多个故事，如此而已。

这本书我现在看不是很满意。因为这本书只讲清楚了细节的重要性，没有讲细节如何决定成功、细节怎么决定失败，也没有讲细节决定成功和失败的原理是什么，更没有讲细节该怎么做！现在的这本书只是呼唤大家关注细节，如此而已。

有一次，我跟龙永图先生一起出席“晋商高峰论坛”，送了他一本《细节决定成败》。他当时就用英语对我说，“魔鬼在细节”。这句话出自密斯·凡德罗这位世界一流的建筑学家之口。还有一个“海恩定律”说的也是细节的重要性。海恩是德国的科学家，他是飞机涡轮发动机的发明者。他说：“每一起严重事故的背后都有9次轻微事故、300起未遂先兆、1000起事故隐患。”

很多人都知道国民党元老于右任。他出任国民党监察院院长时，发现机关里面还有随地大小便的，于是就拿起宣纸写了一个条幅“不可随处小便”，叫手下的人拿去贴。因为于右任是有名的书法家，他的字千金难求，这个手下的人就另外写了一个禁止条贴上去了，反正作用是一样的。他把于右任的条幅拿了回家，重新剪拼排成：“小处不可随便。”这就成了一句格言，非常有价值。确实，“小处不可随便”。

我是农村出来的，父母过不惯城里的生活，仍然在老家待着。我回老家，有三件小事是非常注意的。第一，不西装革履，尽可能穿着朴素、朴实。第二，老家村庄里比父亲年纪大的老人，我都会一个一个地拜访。如果他们拿出凳子给我坐，我从来不会去擦凳子，也不会拿个手帕或餐巾纸去蒙上，拿出来就坐呗，因为我一擦，我们之间就有距离了，就与他们生分了。第三，因为我们老家还比较穷，老百姓给我倒茶，有的老人会拿自己常年喝茶的茶杯倒茶给我喝，那是一种特别的尊重。虽然那个茶杯里面可能会有一圈一圈的黑垢，但是这种杯子倒的茶我一定会喝，如果我连一口都没喝，他会觉得我看不起他。对于这三个细节，20多年来我始终坚持如一。当然，可能有人认为汪中求虚伪，但是我要说，一个细节能坚持20多年就不是虚伪了。这应该是一种素质。当然也许是我自夸了，但我觉得一个人如果对很多细节没有一定的关注，想做一个受欢迎的人是不容易的。

我在书上曾经写了这样一句话：做人优先于做事。连做人都没有学会，你就算有知识又有什么用呢？最近我在博客里发表了一些谈家乡的文章，在《江西人谈江西》这篇文章中，我提出的一个观点就是“爱国家首先爱家乡，爱家乡首先爱父母”。我不相信一个连父母都不爱的人会爱国家，因为人的爱是统一的、是关联的，如果说一个很残忍地虐杀动物的人很爱父母，我就不相信。一个真正孝敬父母的人，他对自己的家乡一定会非常关注、非常眷恋，当然有能力的时候也会出手相助。对自己的家乡很关注、很爱的人，才可能将这种爱扩大到自己的国家，一个真正爱国的人最后才有可能爱全人类。

细节往往从深层次上反映出一个人的修养。当然，我并不认为一个人一生能搞定所有细节。比如说，美国前总统小布什就搞不定有的细节。他在英国访问时，女王伊丽莎白二世在白金汉宫设晚宴招待他。小布什跟我一样都是农民，牛仔出身，散漫惯了，忽然到传统的皇宫里面去用餐，面对餐桌上的三个叉子、一把刀、两把大勺、两把小勺、七个酒杯，他一下子就蒙了。小布什搞不清楚什么时候应该端什么杯子、什么时候应该敬酒、什么时候敬谁、应该用什么样的酒杯。对此，英国媒体说：“可怜的小布什，时常流露出特有的傻笑。”小布什学不会，因为太精细了。倒是布莱尔比较了解他，请他到郊外的一个乡村酒馆吃饭。牛排、啤酒之类的食物和饮料，吃喝完嘴一抹就走了，两个人才吃了15英镑。当然，保安费花了200万英镑。

最后，我们不妨复习一下孙中山先生在《建国方略》这本书中说的两段话：“中国事向来之不振者，非坐于不能行也，实坐于不能知也。”“吾心信其可行，则移山填海之难，终有成功之日；吾心信其不可行，则反掌折枝之易，亦无收效之期也。”

11
做好细节的4个习惯

一个人的思想意识、思维方式等是很难改变和改造的，但一个人的行为却能依靠强力来改变。无论是企业、政府机构还是社会组织，都可以通过一些具体可行的方法对全体工作人员实施一些习惯的训练，这对于提高全员素质至关重要。这种行为的改造有时是强制的，但勉强成习惯，习惯成自然。

要做好细节，必须培养下面这4类习惯。

清单习惯

一张记录纸就能把车辆的全天候工作状态、工作效率和成本一一记录在案。

我们以企业而论，企业的使命要落实到战略上，战略要落实到规划上，规划要分解到计划，计划要分解到日程。如此，员工就应该按本系统、本组织的日程要求做自己的工作日志。

工作日志就是我们提出的清单的一种形式。

工作日志其实很简单，就是把当天要做的事情一项一项地列出来，再加上一个序号、标准、用时。在一天结束后对照工作日志看看工作完成了没有、做到位了没有、做好了没有，没有完成或没有做好的原因是什么。

这样一来，慢慢就会形成习惯，想问题就比较全面，而且有利于跟上下游工序配合。如果一个人力资源部的全部工作人员的工作日志都在内网上共享，整个部门的工作成效就相当不错了。

习惯性地为自己整理一下工作内容、大小项目及其工作进度，实在是一个有益的、省时的好习惯。正如孙中山先生所说："中国事向来之不振者，非坐于不能行也，实坐于不能知也。"（语出《建国方略》，文中"坐"是"因为"的意思）清单习惯不难设计，也不难执行，关键是我们愿不愿这么做。清单习惯借助自动化、信息化实现起来也不难，关键是我们是否认为需要。

日本汽车出租公司的司机外勤管理用的就是一张清单，简单而有效。

他们在每台大巴、中巴车上安装一台针孔打印机，备用的是专用的打印纸。打印纸上有3圈数字用来记数：汽车打火和熄火的时间用来记录车辆做功时间、行车里程用来记录车速、单位时间耗油用来记录运行成本。一张记录纸就把车辆的全天候工作状态、工作效率和成本一一记录在案，如有堵车等情况司机需另做记录和说明，并经用车人证明后，传真回公司备案。因此，评比、考核、计酬依据就很充分了。

这也是一种清单习惯，只不过日本人把它自动化了。我想我们也可以开发出这种类似的自动化设备，只是我们是否认为需要这么做。

定置习惯

所谓定置习惯包含两方面：空间的定置和时间的定置。空间的定置主要是指所有物品、材料、工具等都需要一个摆放次序和固定的摆放位置。时间的定置就是一些常规的、成周期率的事情，应定时进行。

空间的定置

我们曾对3家企业的176名办公室工作人员做过一次检测，得出的结果是平均每人每天有87分钟在找文件、重新整理文件、找尺子圆规等。这是很可怕的，工作时间被无谓地消耗，工作效率下降，但管理者又不能怪他们工作不努力，因为他们完全没有经过定置管理的训练。

大多数制造型企业的生产系统一般都推行过“5S管理”，生产现场的材料、半成品、成品、工具、工装、配件、耗材等的放置都很有秩序，即使人员换岗也不存在找东西的现象，而绝大多数非制造型企业的白领却很少接受过这种管理训练。

在日本，幼儿园的小朋友都在进行这种训练，一群2~3岁的小孩，一会儿围着圈圈坐，一会儿排成方阵，实在是不容易的。但如果有小孩头像画在地板上，小孩站在自己的脸上、坐在自己的脸上，队形就很整齐。大班的小朋友个人用品的摆放都很整齐，从不混放，也不会拿错。这种习惯的养成对成人后参加工作提高工作效率很有帮助。

时间的定置

就各种会议而言，很多董事长、总经理是完全没有时间定置概念的。我在前些年做部门经理时，就特不喜欢这种情况：下午4点突然接到总经理的电话："5：30开个会。"总经理应该知道，每个人都有自己的安排，如果随时可以召集过去开一个不知主题、不明议题的会，只能说明我手头工作量不满。最后，那个临时召开的会效率也很低。

在我当总经理的时候，很多会都是定死了的：每年春节开工后第二周的周五开年初计划会（有4天以上的准备时间，讨论不完周六可延时半天）、每月12日开董事会点评上月计划完成情况并提出下月要求（9日报表做完了，其后两天做财务分析）、每周一晚上7：00开总经理办公会（一周下来总有很多事要沟通、要总结，经过一天的整理，此时开会就会很流畅，有事则长，无事则短）。我的看法是："所有人的时间够不够用，全在于怎么安排。"

据传康德在哥尼斯堡大学教学期间，每日起床、写作、讲课、吃饭、散步的时间都非常准确。早晨，每当邻人看到康德教授携着手杖步出家门，走向两旁栽着菩提树的小路时，就知道是6：30了。

如果自家的钟是6：35，那一定是自家的钟快了5分钟，拨回来准没错。康德说，他这样做是为了给这座城市的市民树立一点儿严谨习惯的示范。我们当然不一定要像康德那样生活，但在工作中有良好的时间定置习惯，就会使团队成员之间有良好的配合，整个组织工作效率就会得以提高。

从一定意义上说，研究细节的意义正在于效率。进行定置习惯的训练，意在培养下属做事有节奏、有次序、不混乱。尤其在团队合作时代，定置习惯的训练可以使团队整齐划一，减少由于参差不齐而形成等候、等待的麻烦。

接点习惯

我们常常根据“我以为”做出判断，结果却“并非如此”。

一个商人请了一位画家到家里吃饭，商人亲自下厨，画家就一边与女主人聊天一边给她画了一幅素描。素描完成后，商人看了很满意。就在商人啧啧称赞之时，只见画家远远地向商人伸出了左手的大拇指，类似于做比例测量的姿态，右手在素描册上迅速地勾勒着。商人便迅速地摆好姿势配合。很快，画家的作品完成了，商人很兴奋地抓了过来，但他却变得不高兴起来，原来画家在素描册上画的并不是男主人，而是自己左手的大拇指。商人很不高兴地说：“我以为你是帮我画像呢。”

在管理工作中，我们常常根据“我以为”做出判断，结果却“并非如此”。如何克服“我以为”以减少团队合作中的衔接失误，就成了一个很重要的问题。工业时代的主要特征是“分工越来越细，合作越来越强”，团队中的每个成员不通过训练强化自己在工作中的衔接能力，不努力做接点习惯的训练，是绝对不行的。我在这里介绍3种接点习惯的训练方法，即承诺制、进度表和口头复述。

上层对中层：承诺制

承诺制多用于上司对下属，尤其是上层对中层布置工作时。所谓承诺制就是下属向上司打工作领条。我做总经理给部门经理布置工作时，都要求下属给我写个条，写清楚何时、何地、接受了什么任务、何时完成，有必要时还要写上完成后的验收标准和成本代价，更重要的是要签上部门经理的大名。中国人一向注重签名，签字画押是十分严肃的事情。面对白纸黑字的承诺，事后的评价、追究、考核就有了依据，而且极大地避免了交代工作时没说清楚、没听明白、互相赖账、无法追溯的可能。

中层对基层：进度表

进度表多用于中层经理对基层下属使用，尤其针对一项工作可拆分成若干子项目的情形。一张表发下去，几个责任人都签上名，每人存一份，每个人的责任心都会有所加强，检查落实也容易到位，工作考核也方便。这样的进度表累积到年底，就成了评优、奖惩的依据。当然，一些建立了现代企业制度的企业会有更好的方法，如项目管理软件、MindManger等。但对中国大多数中小企业而言，先用这种基本的方法操练员工，将对他们素质的提升有很大帮助。

小事情的确认：口头复述

在工作中，很多小事情在沟通时不用写条列表，但应让接受指令者重复一遍，避免衔接的误差。比如，我让秘书帮我买一张北京到广州的机票，秘书听明白了之后，必须给我复述一遍："好的，买一张汪中求12月22日下午4点左右北京到广州的机票1张。"这样免得出错后说不清楚是上司说话时口误还是下属听话时思想不集中。这种做法挺机械的，似乎有上司对下属不尊重之嫌。其实大可不必这样理解，管理就是这样，认真对待所有琐琐碎碎的事情，并努力将其做透，才是正途。

换位习惯

当自己作为顾客发现问题时，记忆是深刻的，改起来也容易改到位。

去年上半年，我应邀入住沈阳市铁西区一家准四星酒店。早餐一进餐厅就有服务员来收餐券，这当然是应该的，但收完餐券就没下文了，如给我领个座。等我自己找位置坐定后，却发现没有餐巾、刀叉、筷子等，去盛稀饭又发现一个稀饭的钵子、一个牛奶的钵子，却只有一个舀勺。用完餐需要餐巾纸，举目四望却不能和任何一个服务员对视，于是只有"哎、哎"地叫唤。当然，这家酒店的老总是我的朋友，他故意不安排人陪同，让我独自一个人消费，好检查服务细节的缺陷。

后来我给酒店老总建议，把服务员分批拉到别的酒店去消费一两次，好的总结成优点学习，差的挑出毛病对照自己去改。当自己作为顾客发现问题时，记忆是深刻的，改起来也容易改到位，比管理者苦口婆心去教育来得快得多、彻底得多。虽然成本会高一些，但投入同样的培训费用，还不一定能达到这样的效果。

换位习惯，准确地说是换位思考习惯，指站在工序和环节的下一位去思考问题，站在服务对象和顾客的角度去思考问题。很多人的很多事也努力做了，但就是做不到位，原因就在于没有站在被服务者的角度去思考。

比如，城市交通的路牌让外地人迷惑；办个出国考察的手续要反复几趟地跑，不是配套材料不齐，就是表格填写不对……更可气的是为一个证动不动到当地派出所出手续，有身份证而且已经全国联网，何必让人跑来跑去，社会成本浪费多大啊！甚至异地购车缴养路费还要暂住证，暂住证出示了还要再出示身份证，没有身份证是办不了暂住证的呀！

公务员和事业部门的工作人员服务不好，恐怕也不能说他们都是态度不好、公仆意识不够，依我看也是因为他们没有接受过换位思考的训练。

在企业，换位思考的习惯是可以训练出来的。比如让员工到下一道工序工作一周，比如让销售经理去生产部当10天见习副经理，比如让财务人员到市场去收收款，比如让生产部的干部协助采购部的人去买一两次比较紧张的原材料（而且在公司资金紧张的时候）。

员工经过系统的、一定量的训练，就能习惯于列清单、习惯于定置、习惯于换位思考。如此，时间一长团队成员工作起来就一定会变得更细致、更认真、更到位，合作也就更流畅，效率也就更高。

12 舅舅由弟弟接待

在拙作《精细化管理》（作者：汪中求、吴宏彪、刘兴旺，2005年5月，新华出版社出版）一书中，我们提出中国企业必然迎来几大转变——从随意化到规范化、从经验型到科学型、从外延式到内涵式、从机会型到战略型，但归根结底是从粗放式到精细化的转变。

在我们的生活环境里，医院开刀都开错了——把左边的割成右边，把刀子放在身体里忘取出来，要多荒唐有多荒唐，对此我们并不少见。企业粗放的问题更多，有一家企业采购一车硫酸，人家第一天卸一半之后回10公里外的旅馆睡觉了，第二天又来卸下另一半，这就算两车。

2007年我们组织“中国精细化管理考察团”去德国考察，在交流中国企业面临的普遍问题时，我们重点提出以下几点：

1. 工业起步晚，规则意识差，不善于团队合作，运行效率低下，从业人员职业化程度低，执着于自身的专业并保持持续热情的员工极少。

2. 员工素质参差不齐，一套规则无法使全部团队成员都适应，加之培训体系尚未形成，对训练需求的了解不透彻，培训效果很不理想。

3. 企业都在谈论企业文化，但很多停留在设计、提出、背诵口号上，例如，执行文化都很不理想，常常是制度详细而执行千差万别。

4. 工作流程已受到重视，但对流程合理性的检验却没有流程，根据流程设计的员工训练也在摸索之中。

5. 岗位普遍负荷不到位或严重不均衡，尤其是非生产经营一线人员，因此定岗、定责、定薪都很困难，且波动订单下的组织和指挥更是困难重重。

6. 大多企业已经开始全员考核，有些因考核指标过多不能突出重点，导致没有产生导向作用；有些考核过于简单又容易走过场，从而导致以主管个人意志为主，不能通过考核提升全员的积极性。

非企业组织管理一样粗放。有一年，上海申花队从德国引进了一位球星。这位球星刚加入就给申花队提出了几条建议：第一，球员上场练球必须穿统一的队服；第二，出席公共活动、集会或者记者招待会必须穿西装；第三，脱下的衣服应该把它翻面，要认真地拿正面的衣服给别人洗；第四，鞋子脏了，要先将泥巴去掉，把一个经过整理的脏鞋送去洗；第五，衣服放在柜里，应该叠成A4纸那么大。他提出的这些问题没有一个是关于怎么踢球的，但是这些问题对上海申花队是非常重要的，球员是成年人，不应该在什么时候睡觉也让总教练来管，但中国队确实存在一些我们想不到的荒诞问题。一支过于松散的球队，怎么会有合力，怎么能踢好这种靠团队组合形成优势的足球？

2005年年底，我去呼和浩特讲课。内蒙古的《北方新报》提出了“3毫米规则”，硬性要求一张报纸的文章与文章之间的距离必须是3毫米。学员问我：“汪老师，您认为3毫米对不对？”“我认为3毫米无所谓对错，4毫米、2.5毫米也没觉得有什么不可以。但是，从管理的角度来说，3毫米规则非常有价值，它推进了整个报社的规则意识、培养了员工的严谨态度。我们长期以来做事太马虎了，不强调规矩、不严格要求，就会一直粗枝大叶、浅尝辄止。长期的粗放管理最终将使我们的报纸丧失竞争力。”

服务业本就没有什么大事，都是一些琐碎的事务，但同样粗放得使顾客常常哭笑不得。

有一次，我住进一家酒店。整理休息后我想洗衣服了，却找不到洗衣房的电话。于是我想当然地找客房中心：“我要洗衣服是不是找你们？”客房中心回答说：“对不起，你找前台吧。”对我来说，我打通了电话，不管谁接电话就一定要让我接通洗衣房的电话或至少找到洗衣房的电话，不应该让我再绕过去找别人。比如说，你家舅舅来了，你说：“对不起，舅舅，你由弟弟接待。”难道他不同样是你的舅舅吗？我们也听过“整合营销传播”，一个企业用一个口子对外，用一个声音说话，我们任何一个窗口、任何一条内线、任何一个岗位都必须做完全一致的事情。如果你做不了，你最多说：“对不起，请你把电话放下，我让前台找你。”当然，我还只能把电话打到前台，前台说：“你把衣服装到洗衣袋就好了。”我说：“我没有找到袋子。”他说：“不可能。”怎么能说“不可能”？就算我错了你也不能跟我争，什么叫作“上帝”。我们老讲“客户是上帝”，“客户是舅舅”就不错了，当什么“上帝”。我这个“上帝”火气上来了，结果来了一个小伙子，确实没有找到袋子，小伙子说：“把衣服给我吧。”我说：“你就这么拿走了？你不给我单子吗？”他说：“从来不给单子。”我是搞管理研究的，可能有一点儿倔毛病，说：“你必须给我一个单子。”他说：“我不会丢的。”我说：“你不会丢也不能不给我单子。”最后值班经理来了，说不用填单子。我写了一个他的工号，问他什么时候可以拿来，他说：“明天九点，九点之前协作的洗衣店不开门。”洗几件衣服的小事儿还有这么多的麻烦，还说“以店为家”，我在“家”里有这么麻烦吗？

如此等等，不一而足。如果都是这样的管理，我们怎么可能超过已经高度职业化的发达国家的同行？怎么可能赶上工业化上百年的西方国家？怎么有机会实现中华民族的“复兴”？别的不说，就以资源而论，我们早已不是“地大物博”了。现在中国缺水的城市非常多，典型城市50多座严重缺水，北京也是其中之一，中国人均淡水的水平非常低，占全球平均水平的四分之一，而北京是全国平均水平的八分之一，也就是说北京水资源是全球平均水平的三十二分之一。中国的石油资源相当于世界人均水平的六分之一，到2020年中国石油的总缺口将达60%，我们需要的石油的总量是4.5亿吨，但是我们自有开采能力不会超过2亿吨。中国是个主要资源严重短缺的国家。

看看全球知名企业的管理。沃尔玛是全球最大的企业。老板自己出差，绝大多数情况坐普通舱，而不像我们有些企业的老板动不动坐头等舱。他出去经常跟他的秘书（不是女秘书）合住一个标准间。他们开全球各地的总裁会，会找一个宾馆租下来，然后跟人家谈判：我这个会开七天，所有人吃住都在这里，你给我们什么价？然后再买来新床单、毛巾、洗漱杯等把酒店的换下来，用完之后把这些物品卖给酒店。

按照规定，麦当劳员工洗手有六个步骤：第一，洗两遍；第二，用麦当劳的专用洗手液；第三，在60摄氏度的温水里洗；第四，消毒液在手上搓洗不少于60秒；第五，洗完手，放在烘干机下烘干；第六，关水龙头不要用洗过的手指，避免再次弄脏干净的手。对于如何洗手，所有食品和餐饮企业都有要求，但只有麦当劳这样的世界一流企业才会这样小题大做地要求并做出详细规定。

因此，精细化管理是针对粗放式管理提出来的。

13 于细微处见真功夫

——《服从是一种力量——让理念落地的华天模式》序

家中养了玫瑰，没过多少天，就在夜深人静的时候，听到了花落的声音。起先是试探性的一声“啪”，像一滴雨打在桌面，紧接着，纷至沓来的“啪啪”声中，无数中弹的蝴蝶纷纷从高空跌落下来。

这是张爱玲的散文《花落的声音》中的一段。我不读散文已经很多年了，今天在读关于华天酒店的书《服从是一种力量》时，不由自主地回想起过去背诵过的散文。酒店服务实在是十分细微的，如同细腻的女作家的散文，如同夜深静听落花声。

我这些年在各地讲学，走过300多座城市，住过200多家酒店，觉得中国大陆的酒店往往是五星级的装修、四星级的配套、三星级的服务。以参观者的心态走一走，很多酒店实在不能说不好，因为它们的大堂多是富丽堂皇，但作为客户一住进去，就常常会发现很多服务不到位，而作为挑剔的管理者，我与酒店员工打上交道时，就不由得经常生气。

有一回，我在沈阳讲课，住在一家政府接待指定的四星酒店。早晨起来，因为不忍心干扰接待人员，我就独自下一楼用早餐。脚一踏进餐厅，迎面一句："餐票？"为什么不可以先说一声"早晨好"呢？在餐厅落座后，就再没人过来了。应该有人过来倒杯茶水呀，至少问一声啊。自助嘛，就自己去取食物。品种的多少尚且不论，但盛粥和舀牛奶用同一个勺，总是不正常的吧？在吃饭时，因为桌上没有纸巾，于是想找服务员要几张，却没有一个服务员看向客人这边，只好放声叫唤。

类似的现象，实在不止于这一家、不止于沈阳。

华天大酒店以服务作为王牌，上下都立足"服务就是婆婆妈妈"、"服务到把客人感动"的信念，用力、用心、用情于客户服务，20年终于修成正果，为中国酒店服务业创立了一种范式。

赞比亚总统奇卢巴入住华天大酒店，离店之时，突然停步转身，向酒店前来欢送的员工深深地三鞠躬。这是值得传扬的。（注：奇卢巴总统的留言是——衷心感谢贵酒店的管理者和员工为我及我的随员所提供的热情接待。在贵酒店的逗留将成为我充满温情的回忆。见《服从是一种力量》第35页，新华出版社出版）我觉得，这是酒店做出了特色、做足了功夫的表现。集中力量服务尊贵客人，或许存在策划和设计的用心带来的功效。而“世界一流酒店组织”的高级检察官怀特女士作为神秘客户入住，在结账时设计“刁难”，华天大酒店的普通服务人员能顺利过关，就实属不易。

作为精细化管理的提倡者和研究者，我更关注华天大酒店普通的服务人员日常服务是否精细、到位。

新员工舒婷整理61725房间，发现客人只睡了一个硬枕头，就想到为客人配一个荞麦枕头，着实给这位客人（来长沙参加“商业银行国际论坛”并发表重要演讲的国务院发展研究中心宏观经济研究所副所长巴曙松教授）带来了不小的震撼。

在娱乐部大剧场当班的员工罗艳辉清理男厕时，发现洗手台上有一张《羊城晚报》，上面用红笔写着一排电话号码，便将报纸送给了值班经理。果然，客人返回来找这个重要的电话号码了。

洗衣房客衣组的邬琼检查顾客送洗的一条黑色西裤时，发现一只裤脚的边线已经完全掉线。虽然客人没有说明要缝，但她主动把它送到缝补处把裤脚线缝好。很小的举动都会让客人感动，因为别的酒店往往做不到。

李小红在一位外宾住的1620房间看到一把黄色的塑料卷梳，梳子缠满了头发丝，她耐心地为客人清理梳子上的一根根头发，并用皂液洗净。这位外宾住过很多国家的酒店，也没有得到过这些额外的服务。

在泳池服务的黄云辉留意着客人的细微表现，发现一位女士的神情有些不对劲，原来是她的高腰裤拉链坏了，正在尴尬之际，黄云辉解下救生圈上系着的红带子为客人救急，细心又聪明。

“萧生有个请求，能不能把前一天的留言送给我，我要做个纪念，感谢你们！”客人要把服务员的留言条带回去做纪念，就更是对酒店服务的最好赞许了。

当然，我不能说华天大酒店是最好的，因为酒店业没有极致。1992年美国国家品质奖服务奖得主——丽滋·卡尔登饭店在全球联网的电脑档案中详细记载了超过24万个客户的个人资料。泰国东方饭店就规定，服务人员晚上要背熟所有客人的姓名，以更有效地服务客户。他们对老客户的服务更是无微不至：“王先生还要老位子吗？您去年6月8日在靠近第二个窗口的位子上用过早餐。”“老位子！老位子！”“还是一个三明治、一杯咖啡、一个鸡蛋？”“老菜单，就要老菜单！”王先生生日的时候收到东方饭店发来的生日贺卡，并附了一封信。信上说东方饭店的员工很想念他，希望能再次见到他。王老板发誓再到泰国去，一定要住在东方饭店，并且要说服所有的朋友都选择东方饭店。

然而，在中国，酒店能尽可能满足客户的要求、把客户放在心上、把精力花在客户身上，就已经很优秀了。把酒店服务的常识吃进去、坚持下来，是很不容易做到的，而华天大酒店做到了。这些细枝末节的表现背后是扎实的基本功，基本功的背后是精细的管理标准和努力的员工训练，标准和训练的背后就一定是平常却不平凡的企业文化。

前些天，我看到即将大学毕业的女儿写成的“求职简历”，她在“职业愿望”一栏填的是“酒店管理”，我想她应该选择华天大酒店这样的企业，去学习华天的企业文化，去学习华天的客户服务理念。如果她真的选择了华天，我就送她一段波兰人雅努兹·高尔扎克写的短文《向他们的高度看齐》：“您说，和小孩子们打交道实在累人。这，您说得很对。您补充说，因为得向他们的身高看齐，得弯下腰来，低着身子才能和他们说话。这，您就错了。您要做的，不是在身体上俯下去，相反，却是要在精神上升上去。您需要放下许多烦恼、包袱和羁绊，小心翼翼地踮起脚尖来，才能向他们的感情高度看齐。”客户服务正是如此——踮起脚尖向客户的正常要求看齐，而这些平平常常的要求又是很有高度的。

14
整理文件的12个步骤

既然全面推进精细化管理的主体在于岗位明晰和流程优化，而岗位与流程贯穿在企业一系列的管理文件之中，有作为重点内容的红头文件，有以全员规范为主的员工手册，有一系列操作手册及其细则，还有若干规定、条例等。如此，这些管理文件的整理就非常重要。在实际操作中，一般可以将整理文件分为12个步骤进行。

1. **收集文件目录**。不管文件有多少，也暂且不顾如何修订它，先把所有文件的目录拉出一个清单，如序号、文件名称、发文部门、发放部门、执行时间、签发人、文件内容摘要或关键词等，让人只看这一份表单就能全面了解文件的数量、类别和核心内容。

2. **分析管理文件**。企业文件一多必然会产生关于文件管理的文件，以分析长期以来对于文件的起草、签批、下发、执行、修订、废止等有哪些规定。也许这些规定散见于几份不同主题的文件中，这就需要把原文挑出来研究。

3. **审计文件执行情况**。不同于我们以往的财务审计，工作审计是专门针对文件的执行情况进行反向梳理的过程，要对照相关文件进行，包括发文本身的程序和规范性。比如，审计费用报销时，要抽出一部分已经报销的单据，从终签人的签批审查过去，然后是财务对单据规范的审核、相关部门的证明和验收、经手人的说明，最后到经手人费用产生前的预算。看看整个过程是否完全按财务管理之费用报销的文件办理的，必要时查对其他凭据或向相关人员求证，力图真正了解文件执行的规范性、严肃性和效果。

4. **进行文件分类**。对所有文件进行不同维度的分类，按文件等级分为公司文件、跨部门文件、部门文件、细化文件等，按内容分为战略文件、计划文件、执行文件、补充文件等，按模块分为综合文件、营销文件、财务文件、生产文件、人力资源文件等。不同企业可以根据自身的实际分类，不求统一，只要便于前后对照和下一步的梳理即可。

5. **整理目录**。文件修订先从目录入手，做目录研判就会发现有些必要的内容没有文件规定，有些文件已经没有使用价值，有些文件太大，又有许多文件是前前后后规范同一件事情或是几份文件不断补充完善的。这样就需要从目录着手进行增加、删除、拆分、合并处理，这个层次的工作看似简单，其实不然，需要管理班子深入讨论方能有良好的结果。

6. 提出文件修订标准。在第2、3、4、5步的基础上，提出不同类别的文件的修订标准，是项目的增减还是条款的修正，是格式的调整还是文字的润色，是发文权限的改正还是发放对象的调整，或者是根据已经出现的情况提出如何保证执行的条款。

7. 修订文件。在第5、6步思考成熟之后，修订文件反而不是最为困难的，可以约请相关部门的骨干修订一稿，工作审计小组修订二稿，管理班子修订三稿，文书负责部门最后编辑正式文件。

8. 展开佐证式调研。所有文件不可以一经修订马上下发执行，需要像做代数题一样，把该文件置于某一具体使用环境下步步推导，做各种假设性分析或测算，以求保证日后可执行、行得通、反弹小。

9. 分离程序/制度。根据我们的认识，文件中的程序与制度是不一样的，程序主要是教会下属做对的事情、说明如何做事，制度则主要规定不可以做的事情、说明做错了怎么办，所以有必要把程序与制度文件分开。程序需要训练，制度可以不学习。

10. 对文件重要等级进行分类。修订后的文件可以在第4步的基础上做出分类，划分出适用范围和文件密级等。同时，管理文件的文件也需做出最终修改，以严格日后的文件修改权限和废止程序。

11. 文件索引。不同于有些行政部门为了应付某种特定环境而制定一系列没有指导和操作价值的文件，企业文件是为了指导工作的，因此需要针对每份文件的使用岗位整理出对应的流程索引，针对不同流程整理出对应的岗位索引。比如，新产品的开发必然涉及营销部门的市场或策划岗位、技术部门的材料工程师和结构工程师、采购部的对应采购员、财务部的成本分析员等。那么，关于新产品开发的文件必须指向所有关联岗位。最终做到所有流程涉及的岗位、所有岗位涉及的流程都是一一对应的，而且可以借助索引轻而易举地查找到。

12. 合订成册。全部文件整理出来后就可以编辑成册了，但此举并不意味着最终的完工，因为有些内容需要文件规定却因某种因素暂时不能下达有效文件，有些文件明显不完善却也只能先下发执行，有些流程只有在具体执行中才能更充分地将问题暴露出来因而一时完善不了。

管理规范的建设是一个比较长期的任务，就算是中型民营企业，如果经过3~5年的努力能摸索出比较完整、操作性好的全部规范文件，就很不错了。制定文件是为了保证企业规范运作，但文件执行却难点重重，因此文件执行效果就是另一个更大的议题了，涉及管理风格和企业文化。但是，仅就文件本身来说需要认真思考和把握5个方面的问题：主导从属、责任划分、资源占有、绩效实现、接口间隙。至于执行过程中的问题，我们总结出以下几句话：发现点的问题，寻求面的解决；问题出在岗位，答案藏在流程；岗位阻截流程，操作培训缺位；员工训练无效，企业文化之过。

15 民营企业的精细化管理

林语堂先生说过一句话“演讲就像女士的裙子，越短越好”，所以我就不讲废话了，何况只给了我40分钟。我今天的题目是“民营企业的精细化管理”。

大家知道，精细化管理是管理学的一门分支学科，不可能用一节课的时间就说得清楚，而且我们的研究也非常有限，因此在这里只能重点讲清楚它的基本概念，然后突破它的一个点来给大家做一个相对详细的解说。

刚才主持人说吴敬琏老师在宁波考察时讲过一句话，即“面对全球经济一体化的直接压力，中国民营企业必须走精细化管理的路子”。但非常遗憾的是，我们查了相当多的资料，没有发现吴敬琏老师对“精细化管理”的具体解释。他只是提到精细化管理具体表现为三个方面：专业化、归核化和国际化。今天在这里重点介绍专业化的问题。

我们对“精细化管理”做了一个定义：它是一种管理理念和管理技术，是通过规则的系统化和细化坚持规范化、标准化、数据化、信息化的原则，使企业管理各个单元精确、高效、协同和持续运行。之所以要强调管理技术，是因为中国学者大部分不太喜欢用数理的方式进行思维，更多的是用抽象、写意、艺术和文学的方式来思考问题。所以中国的管理学极少有很严密的科学性和方法论的内容，更多的是与理念相关的内容。所以我们认为精细化管理是一种管理方法，这种方法是基于对规则的系统化和细化来展开的。

昨天在采访时我就讲了，中国人对规则的重视程度是远远不够的，总喜欢用自己的所谓智慧，严格来说是喜欢用自己的小聪明做事情。人们总认为做一件事情是非常容易的，不像西方人那么谨慎。对西方人来说，再小的事情他们也会认真搞清楚怎么做、分多少步做、每一步怎么做、如何达到已定的标准、达到什么标准需要什么工具、应该接受什么训练等。同一件小事，凭自己的“聪明”我们往往认为很容易，一定可以完成。但做的方法五花八门、各不相同。我们对规则的漠视造成了管理的混乱。实际上，管理是一种既复杂又简单的理论，说复杂因为它涉及太多的人和事，说简单是因为它完全靠规则推进。

管理过程中，我们通过四种手段来解决问题：规范化、标准化、数据化和信息化。在这里，我给大家列出至关重要的八个关键词：清晰、可控、规则、条例、细节、底线、客观和量化。清晰和可控指管理一定要条理清晰，是能够掌控的，不能把它变成一个遥不可及的东西，或者说不能在管理时只“看着办”。“看着办”不是管理，它是不受操控的状态。企业要稳步发展，管理的可控性是必需的。怎么去做到清晰、可控呢？主要依赖规则和条例，其条例是规则的细化。西方之所以成熟，西方企业之所以强大，就是因为他们有非常详细而系统的规则条例。像麦当劳这样一个简单的企业，其产品几乎比在座的每一个老板做的东西都要简单，不超过20个品种，但是它的管理文件加起来有一米高。麦当劳为什么要花那么大的精力做这些管理文件？因为管理需要通过非常详细的、认真的、具体的、可操作的、系统化的规则来实现，需要把规则变成手册、条例来执行。当然，规则是需要细化的，要落实到细节上，要落实到底线上，最起码要达到一个明确的标准，这种细节和底线要尽可能以客观量化的方式来达成。

我认为这八个关键词是非常重要的，如果放弃对这八个词的基本理解，人们就无法了解精细化管理，甚至无法了解管理的真谛。

管理首先是从目标开始。对于目标，企业有很多提法——比目标更大的是战略，比战略更大的是使命。我想做企业的人不需要太花哨，将注意力集中为一点——目标就很好。在确定目标后，首先要把它展开为流程，即想达成这个目标要做多少事情、做这些事情的步骤是什么……流程展开后就是活动，每一个活动会变成管理要求的若干程序，进而落实到每一个岗位上。程序包括步骤和标准，即任何一个件事要分成几步走、每一步应该达到什么标准。

昨天接受几位年轻记者的访谈时，我手上正好有一杯服务员送来的茶。当时我说："倒茶是一种活动，而这个活动是有程序的：第一，给这个杯子注入70%的水；第二，把茶叶袋放进去；第三，把茶叶袋抖动几下，使茶汁散发出来；第四，把茶叶袋的绳子绕在水杯把儿上，以防把纸片冲进去。"很多酒店的服务员根本不懂这些，因为管理者没有教他们怎么去倒一杯水。我们总认为倒水是常规的，但进入管理的状态后，倒水就是一个活动，是一个需要用程序规范的活动。

岗位累积起来，或者说岗位组合起来就是组织。因此，企业要研究流程、研究组织、研究程序、研究岗位。总之一句话，管理研究人和事。人以岗位来描述，以组织来构建。事以程序来表现，以流程来构建。这就是管理的问题，它们都是由规则来限制的，而不是由领导的意图来限制的，也不是由员工的小聪明来推测的。管理的前提是假定所有人都不会，这样管理者才会用心研究每一件小事怎么做。如果把这些东西变成了规则，企业就可以在规则指导下做事情。因此管理者85%的时间是用来处理规则覆盖不到的事情，或者说企业85%以上的例行事务不需要管理者参与，更不需要管理者直接下命令。因此，管理者过忙本身就是管理不足的表现。

我认为在管理当中规则是重点，而这些规则是如何形成员工的能力的呢？只有一个办法，那就是训练。

前不久我在某部队讲课时说，规则转化为能力，最重要的是靠训练。当时有学政工的研究生给我发信息，说我说错了，他认为主要靠毛泽东思想的教育。我承认思想教育有用，但更有用的是训练，因为没有毛泽东思想的国家同样有军队，他们的军队同样有能力。所以，军队一定是训练出来的，而我们的员工也是训练出来的，因为训练可以把规则变成员工的习惯、可以把要求变成素质，除此之外没有更好的办法。

文化是一个企业的价值观，是一个渗透在所有行为和所有人心灵深处的某种东西，它贯彻在企业活动的所有环节中，因此它是一个包容性很强的东西。因此我们如果要把管理简单地用一个公式来表现，那就是“（规则＋训练）×文化”（当然这个公式很不严谨，我只是想说明问题）。

实际上，企业就是靠大量系统的、细化的、可操作的规则，加上大量的针对岗位的程序训练，在文化的深度影响下形成企业的管理核心竞争力的。

精细化管理的推进要坚持两个原则：一是立足专业，二是科学量化。什么叫立足专业？立足专业一方面是企业经营方向的专业化，另一方面是员工岗位分工的专业化。中国是一个重视身份、职务、领导级别、官职大小的国家，是一个不太重视专家的国家。一个国家、一个民族如果不把专家看得比领导更重要，是很难真正走进世界民族前列的。当我们这个国家大多数人不愿意当官，而绝大多数人愿意培养子女成为专家的时候，我们民族复兴的阶段就到了。很多发达国家都是专家成群的，而且人们从内心深处特别崇尚专家，哪怕是一个简单的园艺工人。我在日本看见一个种铁树的人，他种了40年铁树，对铁树的研究在他们国家没有人超过他，人们对他非常尊重，不比一个企业的科长、部长差。这个世界需要专家，因此精细化管理是提倡专家管理的。当社会分工越来越细时，每个人所做的事情就越来越窄。在非常狭窄的领域，争取做到最好是每个人应该做且可以做到的。用我的话来说就是，我们不做把两公里的战线往前推进两厘米的工作，而要做把两厘米的宽度往纵深推动两公里的工作。中国这么多人，我们有必要每个人什么都做吗？

16
提示女儿赴宴的十二个细节

近期，圣诞节、元旦、春节接踵而至，饭局的邀约和正式的宴请就日渐增多。忽然想到，女儿可能连如何赴宴都未曾学过，特别是对其中的很多细节不甚了了，但既然已经走进社会，她就得了解一二。

以下是我给女儿提出的12个最常见的细节，有效采纳就不会出洋相：

1. 口头邀请口头答复，书面邀请最好书面答复。

2. 对于商务性邀请，不要以个人私事为由拒绝；如果是个人邀请，就可以以工作理由拒绝。

3. 不特别熟悉的异性，一般不宜邀请其参加晚餐。

4. 不算相知的人，不宜穿着过于随便，即使不能盛装也须穿职业装。

5. 对来自工作关系的邀请，最好将宴请地点定在商务性酒店，出席烛光晚宴需要特别资格。

6. 如果是你付账，最好不要当客人的面埋单，也不必透露价格。

7. 最好的座位留给最重要的客人，面对正门、背靠背景画、正对风景区域的往往是好座位。

8. 如果面前有很多酒杯，从大到小依次装凉白开、红酒、白酒，高脚杯装香槟。

9. 你斟酒，当然以客人为先，但红酒或名贵的酒，可以给自己倒一点于杯底，先品一品再为客人倒。

10. 餐具过多时，一般外边的吃沙拉，里边的吃甜点。

11. 左手叉、右手刀，食指可以轻按刀背，不用刀去拨沙拉，面包不用刀切，用手掰更优雅。

12. 和中国人吃饭时可以选择一些文雅的话题谈谈，和外国人吃饭少说话，除了赞扬食物。

（考虑还有很多像我女儿一样不太关注也不了解这些的年轻人，在征得女儿同意后我发在这里，一并做个参考。）

17 被大公司忽略的小细节

《页码是一种态度》是我2006年9月在《读者》杂志上读到的一篇文章，说的是一位在德国大公司工作的高级技术人员，在一式六份超过100页的策划书上未注明页码。在谈判过程中，客户把策划书不小心散落在地上，然后就理不出头绪。此事让客户怀疑这家公司的工作态度，最终谈判失败。事后，公司经理在策划书上批注了一行字："请你以后在策划书上标上页码，因为它是一种态度！"

是的，细节首先是一种态度，这与公司的大小没有关系。无论公司多大，一些细节的失误或不经意，就能反映出你的服务意识、品质精神、做事风格。有些关键细节的失误和疏忽，会直接导致业务的失败，产生直接损失，同时也破坏了企业口碑甚至企业文化。正如劳斯莱斯汽车的发明人莱斯所说："小事产生完美，完善绝非小事。”

一个插座看细节

这些年，因为讲学和给多家企业做管理顾问，我在全国各地飞来飞去，住过的酒店不下300家，其中不乏富丽堂皇的高级酒店，也有很多酒店是在统一的大品牌下运营的。但是，在绝大多数酒店，当你抽出笔记本电脑的电源线时就傻眼了，因为总是找不到电源插座。四处搜寻，终于顺着电视电源发现桌子底下有一个插座。吃力地爬到桌子底下，却被一块背板给遮住了。

酒店的管理者就没有住过酒店，酒店的主管们就不用手提电脑？推己及人，就一定会做好这一细节设计。如今因为竞争加剧，人们总是抱怨企业不好做、钱不好赚，但为什么不去听听消费者的抱怨和批评，他们会告诉我们怎么去经营企业。企业永远都是在消费者的批评、指责，甚至谩骂声中成长起来的。

我住在新加坡的一家酒店时，看到书桌的台灯上就留出了并排的两个插座，左边圆孔，右边方孔，一为两相，一为三相，且配有插座开关。这一细节很值得我们的酒店管理集团、高星级酒店以及灯具制造企业模仿和学习，并且需要举一反三、纵深思考、持续改进。

两亿订单成巨亏

2005年，我在湖北一家大型建筑集团讲课，老总杨先生给我讲了一个拿下大订单却巨额亏损的故事。

这家建设集团在科威特中了一个2亿美元的标，粗略计算至少有8%的净利润，合人民币近1.4亿。但最终这个工程却净亏了5000多万人民币。原因竟在于我们在合同评审时，对科威特的法律不熟悉、调研不到位，对科威特法律文件中的一句话没有了解——“乙方需以援建方式在甲方所在地投资建设一个社会性、福利性工程，总造价不低于所签合同总额的12%”。订合同时并不必明确写上这一条款，因为当地的法规已有明确的条款在先。这一下好了，兴高采烈地接下一个工程，因为价格谈判没有考虑援建因素，本来料想赚8个点，现在要人道主义地贴进去12个点，怎么节约也要净亏3个点，吃哑巴亏。

三代学生无校车

新中国成立后的学生已经有祖孙三代了，但是接送大中小学生上下学的校车公司至今没有出现。每座城市都有公交公司，因为国家重视而实力强大，一个公交广告公司都肥得足以养活几百号人，但从来没有一家公交公司为几千万学生考虑，组成校车公司。这已经不完全属于细节范围了。

中国各大中小城市都有奇特的一景：在上下学时间，大量的家长开汽车、骑摩托、推单车到学校去接送儿子、孙女、外孙，全社会为此付出多么高的社会成本啊。个体的、私营的运输企业可以投资交通工具接送学生，但是安全、信用是个大难题。只有国有大型客运企业的公交公司方能担此重任，当然需要交通、交警部门的配合，甚至要为此另外推出专门法规。

在美国考察时，我发现每座城市都有自己的校车公司，清晨开始出动，先送大学生，然后依次是中学生、小学生，接学生回家时顺序反过来，从小学生到大学生。而且校车公司的学生用车拥有其他任何车都没有的特权，警车都得让三分。用美国人的话说，“每一个孩子未来都有可能是总统”。

美国校车的细节设计也让人不得不赞叹。比如车踏板每一级都很矮，便于小朋友上车；比如车身很高，司机视野极好；车四周有硬钢条保护，一般的小车不敢碰它；车头有一根可以展开的横杆，停车时自动横在车头的一侧，学生绕过横杆司机看得一清二楚……处处为小朋友的安全设计，细节展现人性美。美国的学生家长没有多少人不放心校车公司。

四组号码咋投诉

中国的大都市通地铁了，真是方便了人民群众，否则“首堵”之城怎么出行啊。但是在地铁车厢看到的投诉电话是四组号码，一号线、二号线分开，白天、晚上分开，于是投诉地铁公司得先记下四组号码，还有两个号码加了4位数分机，也就是说，要投诉地铁得先背下40位数的四组号码。这样的“服务监督电话”，真难为乘客了。

去过美国的人都知道，美国各市市民遇到任何事情，如生病、火灾、找不着火车站、父亲打孩子、钥匙打不开家门等，都是拨打同一个电话号码，而且只有三位数，傻瓜都可以记住——“911”。

我们这么著名的大城市，这么牛的地铁公司，乘客的投诉电话怎么就不能简单一些呢？号码一堆，只是方便了地铁公司，但乘客麻烦；要为人民服务，就只能让企业自己麻烦一些，不要扔给消费者一大堆的四组电话号码。

五大处室发文件

大公司小细节的不足往往源于企业管理规则本身缺乏管理，管理文件常常颇为混乱，于是经常出现上下不对口、部门相冲突、执行吃力等问题。

近期，我在一家大型国有能源企业服务，为其整理管理文件时发现：企业管理文件中的制度部分由法规处制定，流程部分由内控处起草，体系文件由质量部统一管理，标准化问题责任在科技处，组织结构、岗位定位及绩效考核由人事处操控，当然文件的签发则由办公室分送相关分管领导审查后盖章。

很多大公司的文件都是这样炮制出来的，但问题在于，由于扁平化管理的推广，部门处室横向沟通合作日渐困难，核心管理文件分别由不同的职能部门分头把关，如何保证文件的内在联系和逻辑统一呢？用大量难于高度一致的文件指导下级机构的管理，管理能好起来吗？

我在中国外运广州公司考察时发现，他们是以“听证会”的方式形成主体管理文件的，相关人员、部门集中起来讨论规则，制定者即为执行者，高层管理人员只起一个专题研讨会议的召集人、秘书长的角色。通过这种方式形成管理文件，初期是颇吃力的，但执行起来就流畅得多。

六点细节送中房

因为私交，我与中房集团旗下的某省公司接触颇多。交情深了，管理问题也看得多了，大量细节的不足也在我面前一一暴露出来。其实，中国的房地产公司大多数都只是地产公司，与如何盖房似乎关系不大，因此细节不足之处难以一一列举。在此，我仅以细节的方式将自己在国外看到的一些做法，就施工现场管理和结构设计给朋友一些提示。

细节一：建筑工地的围栏现在越来越像样了，但围栏的立柱支脚往往被忽视了，应该涂上明亮的颜色（夜间反光），以使行人不至于绊倒、摔跤。

细节二：工地搭脚手架的同时，要将建筑垃圾的管道同步安装起来，以便大量的碎散垃圾可以顺管道下排，若同时用斗车接住，则省力、安全、环保。

细节三：工地近通道的两端应设置鞋底冲刷用的水龙头和网垫，方便行人收拾一下踩脏的鞋子。

细节四：大厦类建筑的电梯可以设专用货梯，也可以在所有电梯间内留出挂板接头，需要用时把护板往内壁一挂即可做货梯专用。

细节五：有些大楼逃生通道未尝不可以设置在墙体外侧，醒目、易找到，也并不一定影响观瞻。国内很多大楼的逃生通道因为隐蔽又疏于清理，障碍颇多，会增加逃生时的危险性。

细节六：建筑物外近地面处和停车场墙壁可以预先设计、安装几处电源插座，一幢庞大的建筑要用电源的机会极多，到处牵几百米的电源线太不方便。

细节，是反映事物的客观规律及内在联系的细小事物和情节。细节永远无法尽善尽美，但追求完美、精益求精的人，一定会重视细节，以细节胜出同行。大公司也不例外。

18
江山更迭，如何不是细节

滚滚长江东逝水，浪淘尽，多少风流人物；斗转星移，又有几多故事，曾经扭转乾坤。惊涛骇浪，人人都已然侧目，莫不感慨于斯；而涛之所起、浪之所源，却原是涓涓细流、微微绵力！

沧海桑田，恒河沙数，我们取出今人的放大镜，对着其中一滴五彩的水珠、一片多棱的贝壳，仔细去把玩、品味，就不由使人感慨系之：苍茫寰宇，冥冥之中，细节之力、细节之功，绝然不可小觑。

启功先生一首《贺新郎·咏史》已然说尽个中味道："古史从头看。几千年，兴亡成败，眼花缭乱。多少王侯多少贼，早已全都完蛋。尽成了，尘一片。大本糊涂流水账，电子机，难得从头算。竟自有，若干卷。"

2006年5月14日，中央电视台一套《世界周刊》栏目的一期节目的题目是《小纽扣，惹大祸》。1812年，拿破仑率六十万大军征伐俄国。面对长驱直入的法军，俄沙皇亚历山大自焚其城，阻断入侵者的供给，法军中大批军马死亡，军人也饥寒交迫，其中大部分都在严寒中冻死于荒野，仅2700名幸存。对于此役之败，后人追究过去，以为纽扣之故。当时拿破仑的军队制服鲜艳考究，后为节约经费将衣服上绘有“帝国之鹰”的铜纽扣一律改为锡质。锡制品在13.2摄氏度以上便与铜一样坚硬，但在遭遇零下33摄氏度的奇寒后，必然化为灰末。于是，法军在刺骨的寒风中，在冰天雪地里，不得不常常敞胸露怀，将士冻死也就顺理成章了。

虽说拿破仑的部队侵入俄国，其败不可能全在于纽扣，但纽扣这一细节对部队非战斗减员起了重要影响，至少成为其失败的一个重要元素。

另外一位挑起了全球性战争的希特勒，本来有可能被反战组织暗杀，一旦成功这个世界不知会少丢多少性命。然而，执行1944年4月20日暗杀计划的施陶芬贝格伯爵在半路上的一次迟疑，导致希特勒没被炸死，真是“天不绝曹”——历史在这里没有按和平者的意愿而出现拐点。原来，这位前去执行暗杀任务的施陶芬贝格先生执行暗杀计划时已然万事俱备：有机会进入希特勒主持会议的会议室，把放置了炸弹的公文包放到了希特勒身边的桌下，但因他本是独臂英雄，且剩下的一只手也被炸去了两根手指，因此装有两颗炸弹的公文包实在提不动，行至半途思量再三还是减下了一颗，让炸弹威力大减。第二次世界大战本能尽早结束，但希特勒命不该绝，让数十亿人民为之惋惜。

事后，希特勒不仅报复性地捕杀了5000人，而且更加残酷地清洗反战阵线，更多可能阻止战争的计划自然流产。历史啊，该怎么写，又可以怎么改，无一不与小小细节紧密相关。

中国历史上哪一朝哪一代的变化，不具有典型的戏剧性？仔细品味，其中总有一些细节让人掩卷后陷入沉思。

对于华夏的形成，我们没有依据否定它与黄帝、炎帝、蚩尤、尧、舜、鲧、禹、皋陶、伯益、启的紧密关系。历史是不存在“如果”的，但今天我们暂且“如果”一番，看看华夏可能会是怎样的演变？

黄帝时期，华夏已具雏形，如果当时黄帝不会推算天文，如何展现他过人的聪明能干？

如果他不懂造车船，如何以实用的生存技术使人敬仰？

如果他不精通医学，不能与神医歧伯研究出一套治病的方法，有没有可能成为部落首领？

如果他不是娶嫘祖为妻，如果嫘祖并不会养蚕、织帛，黄帝是否能长驻部落首领之位？

如果炎帝的部落更为强大或“阪泉之役”胜负改写，炎帝部落有无可能与黄帝部落合并，是否就不会产生“炎黄子孙”之说？

传说黄帝大战蚩尤，蚩尤请来“风伯雨师”助战，如果黄帝不能搬来天女驱散风雨，那么今之中国会不会尽是蚩尤之后呢？

尧是黄帝的玄孙，为传说中的“五帝”之一，如果他没有“禅让”的品德，历史上大概不会有舜帝的存在了吧？

尧的时期如果不派鲧去治水，如果不是九年治水未果，就不会出现走上历史舞台的禹，至少不会有能继舜位的禹？

禹的晚年有合法的继承人皋陶，如果皋陶寿命稍长，就不会让以凿井出名的伯益继位？

如果伯益的过渡政权不存在，是不是就存在禹的儿子利用世袭势力夺取最高权位呢？

如果禹的儿子启继续尊重“禅让”制，中国历史上的第一个国家或许就不叫“夏”了吧？

历史本就是一根巨型的长链，交替的朝代算是长链中的大环，大环之中又套一组组小环，深究下去则全是历史事件中的若干细节。

再说秦始皇统一中国。谁都知道，秦始皇统一中国的前提是“商鞅变法”使僻处西边的秦国由弱变强。“商鞅变法”不仅使嬴政13岁接位时就已然是实力最强的秦国之王，而且商鞅试行推广的君主集权制、郡县制、官僚爵位制、“什伍”编户、刑律、土地私有和一夫一妻的小农经济形式等，也为中国几千年的封建王朝奠定了政治制度和经济制度的基础。

但是，不是所有人都知道，商鞅服务于秦孝公之前的一段故事大可成为中国封建历史中的重要细节。

商鞅本是卫国贵族，自幼拜李悝为师，学成之后先到了魏国，做了魏相公叔痤的门客。公叔痤临死前，向魏惠王推荐了商鞅，可惜魏惠王听了公叔痤极尽夸奖的言语后，以为那是病重的胡话，就没有重用商鞅，放他去了秦国。秦孝公对商鞅献出的“强国之术”大悦，录用了他，并于公元前359年启动变法革新。商鞅于秦孝公元年入秦，三年变法，五年为左庶长，十年为大良造，至二十二年就迫使魏国献河西之地与秦媾和。这时的魏惠王方恍然大悟说：“寡人恨不用公孙痤之言也！”

魏惠王与商鞅失之交臂，在历史众多大事件中可能不算重大，但如果这一细节被改写，那么，谁能说后来更为强大的诸侯国不是魏国呢？事实上，当初公孙痤向惠文王推荐商鞅时也曾提到，如果不用商鞅，“即除之”，以免被他国所用，徒增竞争对手的实力。如果当年惠文王一念既定，就杀了商鞅，一旦没有了以后的秦孝公支持并推行成功的变法，那么，谁又能断言后来的秦王嬴政有能力统一六国？谁又能肯定“德迈三皇，功过五帝”的就一定是那位39岁称帝的始皇帝呢？

唐朝，不仅创造了帝国盛世，而且对世界各国的影响极为深远。当时在中国通使的国家达70多个，强盛的唐朝成为各国政治、经济、文化的交流中心。不说日本对中国的全方位模仿、学习，就是欧洲对华人也始终称“唐人”，美国至今还有“唐人街”。

当时唐都长安东西9.66公里、南北8公里，据说是今日西安市面积的8倍。唐朝对国家治理也堪称一流。“东至于海，南及五岭，皆外户不闭，行旅不赍粮，取给于道路”。外出不用关门，长途旅行干粮都不用自带，那是一个多么富足平和的社会呀。

更有历史记载说，贞观四年，全国判处死刑者仅29人，可谓一片国泰民安。在公元628年，唐太宗还把3000宫女尽数释放，令之“任求伉俪”。633年他还把390名死囚犯人放回家，让他们秋后前来就死。死囚犯人果然到期都回来受裁，后被唐太宗全部赦免。有白居易诗为证：“怨女之年出后宫，死囚四百来归狱。”实在是一幅治国有道、普天和谐的图景啊。

但是，不曾想开创盛唐并带来“贞观之治”的明主英君李世民，却是靠一场血雨腥风的“玄武门之变”登基称帝的。在“玄武门之变”中，时为秦王的李世民携长孙无忌、尉迟敬德斩杀长兄太子李建成和四弟齐王李元吉，并把两家老少全部斩除，使李渊被迫下诏书传位李世民。在传统文化中，无父无君、杀兄诛弟的人历来是被人贬斥的。

如果李世民身为秦王时在战场上为国捐躯；如果李元吉作为元帅迎击突厥时调动了尉迟敬德及其部分精兵；如果武德七年李建成在长安兵变成功武力除掉李世民；如果武德九年李元吉酒内下药毒杀李世民成功；如果李渊拒绝李世民“孝事文王”之举，不让李世民之妻在身边走动使李世民难以刺探皇宫内情；如果李世民买通李建成手下亲信做内应不成；如果李世民收买玄武门主将常何不成而无法控制宫廷……那么，哪来“贞观之治”，或许就没有唐太宗，没有后来的盛唐，中国的千年封建史也就会因这些“如果”的细节而改写了。

从1644年顺治帝入关、迁都北京，到1911年辛亥革命、武昌起义成功，清朝从建立到灭亡，前后十帝，个中有多少事可以评说？

对于取代明朝的清朝，时人有极多哀怨之词。王夫之自撰堂联云："六经责我开生面，七尺从天乞活埋。"顾炎武更有《日知录》语："保天下者，匹夫之贱，与有责焉矣！"

然则，满族入汉未必不是顺应时代潮流，至少康雍乾三朝近150年盛世之现实状况，不但使汉文武两帝略逊一筹，就是唐盛之贞观开元也难望其项背。至少，今日之中华版图，便是在乾隆中叶至道光后期基本奠定下来的，我们无从否认嘉庆前几代帝王的文治武功、丰绩伟业。

放下这些大局不谈，单单讨论清兵入关一节，便演绎出了"全家白骨成灰土，一代红妆照汗青"的《圆圆曲》来。清朝之有无虽然不能全然理解为"妻子定应关大计，英雄无奈是多情"，但"恸哭六军俱缟素，冲冠一怒为红颜"却是历史之真实，小小风尘女子陈圆圆遂成为大清历史268年的关键细节。

关于一代名妓陈圆圆的故事有多少个版本，尚无定论。其中有待进一步考证之处到底还有几许，也先搁下不说。无论如何，陈圆圆与当时的几个关键人物颇有干系：冒辟疆、崇祯皇帝、刘宗敏、吴三桂。

陈圆圆原名邢沅，亦名邢畹芬，母早亡，寄居陈姨家，随姓陈，卖入青楼，因早年随姨父学唱，扮相佳，音圆美，会填词，"色艺擅一时"，芳名远播。江南四公子之一的冒辟疆曾为她赎身，却迟于崇祯皇帝的国舅田弘遇一步。田弘遇选中圆圆，把她连同另两名绝色女子杨宛、顾秦一起献给崇祯帝。但因崇祯帝忧劳国事、无心淫乐，便闲居在田家。某日任宁远总兵、手握十万精兵的吴三桂回京，田弘遇有意结交吴三桂，就叫来陈圆圆殷勤劝酒，不料吴三桂开口索要，无奈只能将美女送给将军。李自成起义军攻入北京时，陈圆圆因吴三桂父亲吴襄阻拦，未能同往山海关，遂被李闯王手下的大将刘宗敏掠走。吴三桂本来有心归顺闯王，在接到陈圆圆遭抢之信后，就决意与李自成为敌。在与李自成激战相持不下的1644年4月27日，吴三桂打开山海关东大门，清军汹涌而入，李自成的起义军被压向海边，以致“死尸相枕”。李自成逃回北京，次日撤回西安。多尔衮率清军耀武扬威地开进北京城，10月便把7岁的顺治帝接到了北京，清朝开始了它在中华大地的统治。

嗟乎！巍巍皇朝，却由一介风尘女子所源起；嗟乎！浩浩历史，竟在一起情场故事中改写。

当然，历史的内在也许并非如此，至少不尽如此。但如果让我们把显微镜聚焦于1627年，即可理出更多细节。

1627年明王朝正值熹宗在位的最后一年，此人木工手艺了得，做皇帝却不怎么样，常常因太和殿、中和殿再造工程的现场而“善饮可忘，寒暑罔觉”。奸臣魏忠贤则往往趁熹宗对木工活兴趣正浓时上报公文、请求批示，熹宗往往不耐烦批阅公文，遂使大权落到魏忠贤手上。

1627年皇太极接替其逝去的父亲努尔哈赤，并于次年定为天聪汗。此前，在努尔哈赤的努力下，满清军队由1583年其父祖留下的“遗甲十三副”迅速发展壮大起来。1625年，努尔哈赤将都城迁到沈阳，并将其更名为盛京，窥视中原之心昭然若揭。年轻的皇太极在范文程的帮助下，于1629年凭借“献地议和”之反间计使刚愎自用的明帝朱由检杀袁崇焕。此时，明王朝颓势已定。

1627年陕西扯出了农民起义大旗，与明朝军队战斗十余年。在战斗中成长起来的李自成西出潼关，长驱直入攻入北京，最终迫使明朝最后一个皇帝崇祯在景山上吊而死，明朝亡。

朝代的更替，将改变多少人的命运？而江山的易姓，往往又如此戏剧性地交给了一连串的小小故事、区区人物、环环细节？如此一来，怎能不叫人生出“檐下飞蚊生自灭，不曾知，何故团团转”（启功词句）的感叹！

19 现在的中国企业需要专业化

世界上没有什么事情是难的，所谓“难”只在于做事的人是不是最合适的。任何事总有也只有一个人或一个机构最擅长做。因此，我们在提出精细化管理时特别强调专业化，其包含两个方面的内容：

一是企业经营方向的专业化；

二是员工岗位分工的专业化。

企业经营方向的专业化是一个战略问题，首先是理念问题。几十年来，企业界对专业化和多元化的讨论一直没有停止过，公说公有理，婆说婆有理，不亦乐乎。多元化常常带来企业新的增长点，带来发展的新机会；专业化能集中力量做好事情，向专、精的方向发展，从而提升内在的竞争力。吴敬琏老师曾经提出过中国企业的精细化要靠“三化”来实现，即归核化、区隔化、国际化。我们还没有看到吴敬琏老师做出的详细解释，在此仅阐述一下自己的看法。“归核化”是什么？我们认为就是企业经营方向的专业化，把核心资源、核心力量归结到集中的行业、少量的产品和细分的市场上。一个企业到底应该做什么，首先看它最擅长做什么，以及别人不容易打败它的东西是什么。

在这里，我不想举多少例子、讲太多故事，因为任何一种观点持有者都可以讲100个支撑自己观点的故事。我只想说我的7条理由：

1. 集中企业有限的资源（无论人力、物力、财力），才有可能把已经熟悉的业务做到位。

2. 新业务、新市场很精彩，也会很无奈，哪个领域也不是一帮庸人在等着我们去夺食。

3. 在1厘米的宽度纵深推进1公里，远比在1公里的宽度纵深推进1厘米的消耗小得多，虽然乘积相等。

4. 中国的市场大得让所有的欧美企业家直流口水，一个省的市场常常大于欧洲一个国家的市场。

5. 中国大多是中小型企业，更多的只能称之为微型企业，能把一件事、一个方面、一方市场做好就不错。我们先要把握管理难度系数小的，通过企业的渐进学会企业管理。

6. 很多中国企业的多元化实际上是自然生长出来的怪胎，多是拔萝卜带出的泥，即把稀里糊涂带出来的一些单子看成命里注定的商业机会。

7. 更有甚者，在很多说不清楚业务核心的企业集团，各产业之间没有多少关联性，自己却拼命采取自欺欺人的方式去解释它们之间的逻辑联系。

于是，我们存在很多见怪不怪的现象：技术方面，一家公司三五个工程师，却要负责七八个系列的产品，而且既要保证品质，还要保持开发，既要研究技术，还要讨论工艺，既要分析性能，还要分析结构；营销方面，也是一两个亿的规模，动不动就铺设在全国几十个省市，五六个业务人员还忙不过来，结果平均销售额低、人均销售费用高。我总是提醒朋友的公司不要只关注销售额，更要关注细分市场的占有率。

关于员工岗位分工的专业化，早在亚当・斯密的劳动分工理论中就提出来了。劳动分工可以节约工作转换时间，还有助于工具的改进，同时重复作业可以提高工人技能（《管理学》，张玉利主编，南开大学出版社出版，2004年第二版）。现在的问题是，从业人员的专业化不仅是需要，而且是必须。时代的发展使几乎所有行业的知识量越来越大，信息更新越来越快，品质标准越来越高，已经没有人能在多方面都很优秀了，一个人能把一件事做得比别人好就很不错了，“一生只做一件事”正在日益成为大多数人的警语。

当然，新的企业再造理论认为，长期以来，强调分工和专业化管理使过程被组织结构所分割和掩盖。组织中某一特定部门的成员仅仅关心自己分内的事情，对整个过程的前后关系并不清楚甚至漠不关心，很容易导致不同部门之间的冲突，极大地影响工作效率和质量。因此，为了在衡量绩效的关键指标上取得显著改善，我们需要从根本上重新思考、彻底改造业务流程。这种思考有其积极意义。但对于工业化刚刚开始、职业化程度偏低的中国企业来说却没有必要，因为不可因噎废食，在基础业务流程还没有熟悉之前，首要问题不是改造和重组，而是学习和适应。更需强调的是，企业组织要学会沟通，包括岗位与岗位之间、部门与部门之间。在中国，很多企业连例会设计都没有，日常沟通无绪，更不用说有效、高效了。所以，把基础做扎实是首要任务。如果我们以此为借口放弃对人员专业化分工的重视程度，就会邯郸学步，最终所用之人会永远被排斥在内行之外，更不会有专家产生。

有一个问题是现实存在的，那就是同一种工作干久了，员工就会出现审美疲劳，失去职业兴趣和工作的兴奋点。我想要防止职业上的审美疲劳，要做到以下几点：

1. 通过教育使员工明白一个道理（既应用于做事，也适用于做人）：做好任何事情都是一种学问，即中国俗语所谓“三百六十行，行行出状元”。我在南宁认识一个做牛肉汤粉的人，他为了把3元一份的汤粉做到极致，就着手研究汤粉用的胡椒哪个产地的最好、用什么方法激活做汤粉的水。以精细化的态度、以研究的精神去做本岗位的事情，才能出现专家，他们是水滴石穿培养出来的。

2. 在设计岗位和流程时不断提高工作标准，以帮助企业更大程度地满足客户。任何人把工作做到100%合格是很不容易的，要想防止职业岗位的审美疲劳、激发工作激情，我们就要将简单的事情做到极致，如此一定能发出迷人的光辉。一个人平凡的伟大，往往就是将某一件事情做绝、做透。

3. 持久调动一个人工作热情的手段，除了考核就是培训，所以企业要投入很大的精力去调查员工需要什么内容的培训。培训老师不一定要知名的，但是一定要合格的老师——他能把一个小问题理解得很专业，讲解或示范得很清楚。

4. 培养团队自我学习的习惯也很重要，往往花钱很少，效果很好，比如，员工绩效考核的沟通、员工日常的工作例会、员工内部专题的脑力激荡、小组会议等。你把10个班长集中在一起，让他们考虑班长怎么当，比任何一个人讲班长怎么当效果要好得多。团队是有其学习能力的，就像人有伤口的自我修复能力一样，关键看管理者怎么为他们设计创造出这样的平台。这样也会激发出员工持续的工作热情和专业化意识。

5. 让员工换位体验，学会换位思考。要让员工站在一个与他合作的岗位或被服务的对象角度去亲自感受，这样他就能很快找到自己的不足，因此会降低岗位厌倦发生的概率。

20 细节的国家高度

读到蔡丰先生所著《亲历壳牌》，因其“企业帝国的细节”而久久不能平静。在企业培训和顾问活动中，我常常被质疑，因为很多人认为要求精细化就影响了人性化，强调管理细节就轻视了战略。在《亲历壳牌》中，作者给了我们很好的回答和令人信服的例证。

壳牌提出了“优化人才比优化资产更重要”的战略思想，更重要的是他们把战略落实到了细节上。他们在相信和善待员工的基础上，宽容员工的边缘化行为，提倡员工的创新和冒险精神，实施宽容型管理；同时坚持财务管理上的保守理念，按预算开支，按计划投资，从不随意大方地花钱，实施全员成本控制。他们为建立有凝聚力的组织，在组织内部以共同愿景来凝聚人心，用企业文化及价值观来影响人、改变人；同时首倡学习型组织，提倡思想多元化、互相学习和促进、分享知识和经验、平等对话、无障碍交流。他们坚持统一的“八项主要技能”的培训，包括计划与组织能力、时间管理、解决问题与对策、沟通技能、谈判技能、团队合作、授权技能、指导技能等；同时也舍得出大价钱为少数员工提供量身定做的培训，《亲历壳牌》的作者就得到了公司的专门预算安排——公司请来国外资深英语老师一对一式为他培训英语，费用昂贵，每周两次，每次两小时，一共进行了半年。壳牌的管理真是有刚有柔、刚柔相济——规范化到位，人性化突出，不偏不倚。古人提倡“人心惟危，道心惟微；惟精惟一，允执厥中”（《尚书》语），今日壳牌做到了。

记得2008年奥运前夕，我国各地的维稳办需要充分注意七大板块的不稳定因素，其中之一是“城乡移民与拆迁失地农户”。看看壳牌在中国的项目建设征地的细节，不得不令人唏嘘不已。

壳牌与中海油合作在惠州建厂，项目征地涉及8700多村民的搬迁。壳牌的征地行为按照世界银行的非自愿移民“4.30导则”和中国政府的相关规定的双重标准进行——先就安置区的选址以及房屋的设计问题听取村民意见，再建起明亮宽敞的新居，还配套建一批生活娱乐设施，增加修建路灯和村民自行车专用道。他们还充分考虑了拆迁失地村民的再就业问题，提供了各种技能培训，把一些力所能及的人安排到公司的后勤服务岗位（包括厂区清洁卫生、环境绿化和保安等），还将工作服承包给村办企业清洗，甚至帮助当地经济困难的村民开办理发店、小吃店和修理店。他们的“屋顶菜园计划”帮助1000多户居民在自家的屋顶种上了蔬菜；他们“扶持村办企业”的计划则出钱聘请顾问为村民提供管理咨询服务，起步阶段将制作标识牌、货运托盘及操作台等一些辅助性施工项目交给村办企业来做。壳牌的考虑无微不至，拆迁村民怎么还会无事生非呢？

事，全靠细节支撑起标准；人，全靠细节树立起素质。细节依赖的又是什么呢？我的答案很明确，是认真的态度，是科学的精神。做对一件事情并不难，难的是坚持做好全部流程、做透每一个程序，但只要有认真负责的态度就能做到。打造一个优秀的组织并不容易，其关键在于上进的、负责任的文化支持下的科学精神、坚守法律、遵从规则、讲究逻辑、环环紧扣，不虚伪、不忽悠、不专断、不蛮横，这样才有基业长青的可能。

从1907年改名荷兰皇家壳牌算起，员工人数11.5万的壳牌公司有102岁了，它们在100岁的时候登上世界500强的季军位置，2009年以4583.61亿美元的营业额荣登榜首，2年业绩提升了43.8%。我们倾全国石油之力，组建了中石化和中石油，其营业额总和也只是壳牌的84.9%，如果对比细算其资产效益率、人均营业额和安全环保事故率则更不可同日而语。由此可以回到一个讨论已久的“做强与做大”的话题。

看最新的“全球500强排行榜”，中石化排名第9，中石油排名第13，中、农、工、建四大银行都榜上有名，而且都在160位之前，中国移动、中国人寿、中化集团、南方电网的排名也都在200强之列。中国人在一片大国崛起的口号声中已经飘飘然了，中国企业在民族复兴的号角声中越来越浮躁了。但是，如果我们认为这样就是全球老大了，就不免幼稚。虽然以上这些大国企都是国内网站流量的保证，但它们的新闻一出现，无论正面、负面，网民们往往不由分说地批评。在140多个国家和地区设立分支机构的壳牌是“因强而大”，我们的多数国企则是“只大不强”。

网民本是无组织、无纪律的群体，可能不客观。但是，我们很多大国企运营不实、品牌不响，资本运作却不甘落后，借助政府的力量做垄断的买卖，使人很难相信到底有多少人在琢磨企业的本身。如此以往，事情如何做细？企业如何做透？国企如何做强？国家几时复兴？

何况，国企的问题也不只是少数企业家的问题。比如，中石油也在向壳牌学习“HSE（健康、安全、环保）管理体系”，也在像壳牌一样贯彻“可持续发展的理念”，甚至也采用壳牌的“人高我高”的薪酬管理思路。但是，学习的效果却远没有预料的好，因为很多事情做不透。

细节的问题是显性的，是外在的，是表面的；深究起来，细节最终是战略的，是文化的。中国讨论经济总量和企业规模是有本钱的，但一个伟大国家的崛起则取决于政府、企业和公民的素质，取决于民族文化的复兴和与时俱进。

（此文为蔡丰先生《亲历壳牌》之序 2009年乙丑年立春日于北京豪柏公寓）

21 精细化管理的度

很多人都有类似的疑问：精细化管理的度是什么？如果必须达到某一种较高的度，会不会影响管理的成本？

我建议大家从四个角度去认识这个问题：

第一，在中国，所有带“化”的词其实都是指“过程”，“精细化”就是企业管理向深度推进的一个过程。因此，精细化管理没有一个绝对的标准和度，我们虽然可以为企业管理的现状做出比较准确的水平评估，但从来没有提出过一个精细化的绝对标准，没有说做到某个程度就是精细化。在不同的历史阶段、不同的行业、不同的企业，管理水平如何都是一个比较概念。2009年12月23日工信部发布了《中国中小企业管理运营健康调查报告》，提出2009年我国中小企内部管理水平处于中下游水平，平均健康指数为6.57——

处于“亚健康状态”。这一结论是在收集各地中小企业28518份定量调查数据和68568份定性调查数据的基础上，重点对企业存货周转率、应收账款周转率、营业利润率、销售增长率和利润增长率5个指标进行分析得出的。报告确定满分为10分，8分以上为健康，5分以下为不健康。这样的评估虽然已经数据化了，但也是相对而言的，即对比国内大企业，对比国外中小企业，对比中国中小企业的过去。

第二，所有企业永远存在一个不断提升、不断修正、不断完善的过程。从严格意义上说，企业推行精细化管理不需要具备任何前提性的素质和条件，只要是一个真正的企业，就可以搞精细化管理，就可以对照企业的过去，也可以对照企业的同行，或者对照本企业的标杆企业来分析。当然，这需要系统考虑，但实际推进仍然是一个阶段一个阶段的，是一部分指标一部分指标的。在“精细化管理特训营”上，我们都会列出中小企业回去可以立即着手的事情。这些事情可以同时展开，也可以先选择其中的几件做起来。应该说，只要做了这些事情，企业就已经在推进精细化管理了。尽管不够全面，也没到位，但那一定是精细化的一个过程。

第三，精细化管理依然比我们所说的常规管理要做得更通透，那么会不会加大管理的成本呢？我的答案非常坚决，绝对不会。现在中国很多企业管理非常粗放，从表面看企业做事很快，实际上却是缓慢的。企业在整理很多规范时没花什么时间，但对后来由于规范不到位带来的最终效果上的麻烦将要付出更大的代价；企业的很多东西前面没说清楚，后面再去弥补这个没有说清楚带来的混乱，将要付出更多的成本。重新去收拾旧山河，就像改造和维修一座旧房子，其远比盖一座新房还困难。所以，企业真正的效率是基于规则清晰的效率，是第一次把事情做对的效率。简单地追求表面上所谓的效率，简单地分析浮在表面上的成本是不对的。

第四，中国多数企业目前的管理基础还相对薄弱，有些处在进入规范化的阶段，有些则可能到了规范化向标准化过渡的阶段。按照我们提出的“四化”阶段发展分析，中国企业离数据化、信息化还有很远的路要走。在这种比较差的基础上启动精细化管理，在启动之初一段比较短的时间内，企业的效率会有所下降、成本会有所增加，这是肯定的，也要承认这一点。因为企业需要停下来重新思考一些问题，要为过去的不足补课，要为以前扭弯了的东西整形。这种成本的增加也不能怪到精细化的头上来，只能算为自己过去的补课交出的学费和修理费用。

用一个例子来说，很多企业在营销队伍的管理上经常犯一个错误——企业和业务员之间是简单的公司和销售商之间的关系，企业把产品卖给了业务员，业务员把产品转卖给了客户，然后根据业绩拿提成。这样做，我们不能说一定就是错的，但是这样做有很大的麻烦，那就是业务员在文化上是不认同你这个公司的，因为他跟你之间仅仅是商业关系，你给我一个价格，就什么都不要管，这样未来的麻烦非常多。比如说，市场的价格管理你就管不住，市场的实际状况你也不知道，业务员也不想让你知道，怎么帮助客户成长你也就没办法，新产品怎么开发你就很迷茫，你也没办法思考如何去维护企业的品牌，更不用说你的团队如何互相支持、你的客户信息怎么共享……好多事情你一点儿办法都没有。

精细化管理认为营销不能这么做。企业要把营销的里程碑设计出来，每个业务员都是里程碑中的一个环节，大家要协同合作做成一个业务，而不是单兵作战做推销，更不是公司把东西给业务员，他再转卖给客户。很明显，企业要重新去这么做，又要保证公司过去的单子轻易不会丢掉、业务员轻易不会跑，那么就要付出一笔很高的学费。比如说，企业可能首先需要把业务员的客户信息全部归到公司来，不管是已展开业务的，还是正在谈的，还是刚刚接触的，还是准备接触的，这些数据你都要收集上来，这才是真正意义上的市场，市场是消费者和意向消费者的总和嘛。由于你过去是提成制，人家做成业务了才能把客户信息告诉你，你现在就要把这个信息收上来，你不拿出一部分代价是根本拿不回来的。假如我们开一个意向客户的讨论会，对这个会有贡献的人给予一定的奖励或者补偿；假如公司设计一个“意向客户登录制”，谁登录了公司就支持他，谁没登录最后做成了单子也不给他提成，这样就必须为没有做成的业务埋单，这个代价自然就高了。但是，企业要注意，这个代价不是我们引进精细化管理带来的，而是为弥补过去错误的指导思想和错误的管理方法造成的漏洞付出的代价。企业推行精细化管理在短时间内可能会提高成本，但也只是为过去的错误埋单。

有人问，精细化管理和过去讲的基础管理有什么区别呢？确实，所有的管理就其本质而言没有根本的区别，只是着力点不同、方式方法不同而已。首先，我们必须承认所有企业的基础管理都是精细化管理的一部分。比如，很多企业在做5S，在做ISO9000，在做客户关系管理，在做定编定岗定员，在上ERP，所有这些都是提升管理的做法，都应该是精细化管理的一部分，从"化"的意义上可以这么说。

有人提出，精细化管理主要是对内的，那么会不会分散对外的精力呢？首先，企业管理至少包括经营战略和市场营销两块内容，所以不能把管理看成只是对内。就内部管理与外部市场而言，我认为中小企业不应该过多地把精力集中在内部，尤其在2010年的上半年——后金融时期，应该保证有足够的精力对外。陀螺只有飞速地旋转起来才会立得稳，企业也只有把业务量提高了才好管理。企业如果业务量上不来，老总老是在家里谈管理，大家都会烦你，认为你疯了。要看看通过哪些渠道、哪些方式可以扩展市场，包括市场半径的延伸、市场信息的捕捉、新产品的开发、产品卖点的提炼、企业信息发布的渠道设计、销售队伍积极性的调动……所有这些都是企业老总需要高度重视的事情。不一定说哪一招就一定能带来业绩，但是所有的招都用上肯定会带来较大的业绩。只有带来一定的业绩，企业的管理才有可能走向比较稳健的发展阶段。

有人问，老国企因为收购兼并带来分支机构的扩展，似乎人员都被抽空了，队伍的管理难度增大，怎么办？我想，应该从另外一个角度来看，老国企中一定有很多二线的骨干面临着巨大的机会。

老国企的员工走出去的机会不多，长期以来他们的眼睛是盯着内部的，可能好多年都没有升职的机会，或者没有提高岗位台阶的机会。现在抽了一批人走，有一部分人是可以有效地填补到新的岗位或者更高的岗位上去的，要趁这个机会抓住一批围绕在高级管理者周围的新骨干，这就是很多事即使是坏事同时也是个好事的道理。有的柴火放在潮湿的炉膛烧，就一直冒烟不出火；有的柴火本身不太干，但把它放在熊熊的火炉里跟别的干柴一起烧，它一定也会出火的。

还有人问，在目前产能还不太足的情况下，是否可以适当增加一些内部的系统培训？当然，关于系统培训你肯定也考虑过，但我担心的是企业没有更多地考虑员工对培训的兴趣，仅仅简单地按企业的需要去设计培训，员工不乐意，也看不到你的良苦用心。如果出现这种问题，你不妨先从兴趣着手。举个例子，大家不想参加什么培训？我让你考驾照，想参加吧？比如学计算机，总有一部分人喜欢吧？实在不行，学怎么当家长，我来投钱让你学，有什么不好呢？首先激起员工参与培训的热情，把培训变成爱好，培训能得到员工的强烈响应这个问题就解决了。动起来总比不动要好，免得产能不足，在那里瞎议论，琢磨一些没有必要的事情。不用正确的东西镇住人心，它就会被不正确的东西侵害。中国有句话叫作“无事生非”，没什么事很多鬼事就来，救火都难救。

22 消除浪费：都在强调，都没到位

一、消除浪费是常识却并不一定已经成为常人皆知的知识

在百度搜索一下“浪费”，可以找到约690万条结果；搜索“消除浪费”和“克服浪费”，分别可以搜索到382万条和303万条结果。

辞书上对浪费的解释是，无益地耗费人力、物力、财力和时间。有人还列出了浪费公式：W = A - S（浪费=实际使用的资源 - 应该使用的资源），这大概是为了增强对浪费问题讨论的理论性。

毛泽东关于浪费的名言几乎人人皆知，“贪污和浪费是极大的犯罪”。中国政府在1951年开展了包括反对浪费在内的“三反”运动（反贪污、反浪费、反官僚主义运动），首先在国家工作人员中展开，并专门出台了文件《关于处理贪污、浪费及克服官僚主义错

误的若干规定》。

近期，因为哥本哈根大会的促进，中国科学技术部推出了《全民节能减排手册》，其前言文章是《36项日常生活行为的节能减排潜力》，文章从衣食住行用及其他等六个方面提出了36个细节。我们可以将其视为国家带头提倡的克服浪费的具体措施，包括减少住宿宾馆时的床单换洗次数、饮酒适量、合理使用空调、每月少开一天车、用布袋取代塑料袋、减少一次性筷子的使用、用太阳能烧水和减少使用过度包装物等非常具体而微的内容。

但是，如果就此认为人们对浪费的问题已经完全认识到位并真正理解如何去克服和消除了，则大缪不然。人们对浪费的理解常常是肤浅的、很不系统的。

比如，丰田从精益生产的角度提出了浪费的七种可能性，企业管理者几乎人人皆知：等待的浪费、搬运的浪费、不良品的浪费、动作的浪费、加工的浪费、库存的浪费、制造过多或过早的浪费。然而，多数人对此却不尽知。例如，丰田非常关注库存的浪费，但为何如此关注，我们就可能不尽理解。

我们对于库存损害的表现一般能理解，因为库存产生不必要的搬运、堆积、放置、防护处理、找寻等浪费，占用厂房空间则会造成多余的工场、仓库建设投资的浪费，以及损失利息及管理费用，物品的价值会减低可能造成呆滞品。但是，我们却不容易真正理解库存会使较早的工序发生困难，使管理的紧张感丧失进而阻碍改进，还将引起对设备能力及人员需求的误判。

丰田还提出了精益生产的“第八浪费”，即人员积极性未调动起来是极大的浪费。人的积极性未能调动起来，会使太多的劳动成为无效劳动，最终造成劳动时间的无谓消耗。

二、消除浪费在口头，时刻浪费在手头

既然浪费主要是指“无谓的消耗”，那我们完全可以分析出浪费可能出现在哪些方面。当然，我这里的分析显然是“不完全”分析。

第一，使用不当。在企业活动中，材料、工具和设备的使用不当太多会损坏或降低企业产品或服务的质量特性，增大物料等的消耗。

我曾在一家化工企业出任总经理，接管工厂时，工厂的计量器具一年不校订一次，原料和辅料的加注很不准确，有的工人竟只凭经验不用量具。

在一家家具企业考察，车间主任面对车床上用胶带纸缠绕的夹具视而不见。这些夹具根本固定不了加工材料，怎么保证加工精度？半成品仓库的板材堆放在一起，大块的板材压在小块的上面，天长日久就变形得厉害，怎么保证品质？

我曾服务的一家钢材裁切加工的上市公司，其钢板外表有划痕，理论上说应该算次品，但他们把客户的类别做了细分，有划痕的材料用于后期要做喷涂的需求。这样让“使用不当”的材料克服了“不当使用”的问题，因为质量的概念包括“品质”，还存在“适应性”，同样的品质指标对客户甲重要对客户乙却不重要，有

些品质指标对客户丙是缺陷对客户丁就没有任何问题。这是正面克服“使用不当”的例子。

第二，非预期使用。没有达到预期使用要求很容易被发现，也会引起足够的重视。我前面提到的出任总经理的企业，当初工人用大半桶香蕉水洗手，洗了4~5个人就倒掉。但对于没有预期使用要求的部分就很少关注，如机械厂用买来的棉纱擦拭机器，却从来没有规定使用量，一台机器一个月的保养要用多少棉纱没人知道。

企业账面现金远远超过周期需求量却不做任何理财的努力，在很多民营企业便是司空见惯的问题了。

前不久走访一家建材生产企业，我发现，在板料和方料加工过程中，对未加工材料和已加工材料应该怎么摆放，企业管理者根本没有提出要求，工人堆放或远或近，乱丢乱放也很常见，进入下一道工序时又需要重新整理或再一次转运，白白浪费人工，我很是为之惋惜。

国内的酒店，很少有服务员能一手端起两个盘子，而欧美日韩的饭店员工一手端起3块盘子很正常。在法国一家酒店吃大餐时，我曾看见服务员左手托5个装有食物的盘子，同时右手还端了一个。两相比较，中国酒店用工如何能不过多，员工又如何能改变偏低的收入?

第三，失控或控制不充分。在企业管理培训活动中，我常常被问到外地分支机构的管理问题，因为企业对这些分公司、办事处的控制力很弱。在同一家公司，营销系统的费用控制又较之于其他系统困难，很多公司明知不合理也只能采取费用包干模式。这样一来，就难以评估费用浪费。“把钱用在刀口上”，成了一个口号和无法实现的追求。

第四，丧失或缺少约束机制。中国各级政府的权力不能有效接受监督，颇为公众诟病。很多市、区的政府大楼盖得比美国的国务院大楼还奢华，甚至县一级政府的办公楼都在模拟美国的白宫。各级政府仅招待费一项，一年的总支出不下于4000亿元，其中浪费一半是不用论证的，原因就在于缺少制约。德国总理默克尔4年前招待美国总统吃烧烤时超标了，竟然被检察机关起诉。对此，中国的官员怎么会理解？

第五，系统缺陷。浪费与系统的成熟度紧密相关，而且系统缺陷产生的浪费往往不便于评估。比如，我经营的工厂每个月的透明胶带纸都得花费20多万元，因为车间推车进出货物容易侧翻和倾倒，需要用胶带纸缠绕，我们多次研究替换胶带纸的弹力绳或固定套圈，没有更好的办法。其实，车间为了保持干爽有意把地面抬高几厘米，这样推车进出车间就会有一个坡度，把这个坡度延长就不需要用胶带纸缠绕了。

在中国，多数中小企业自己的组装车间常常有95%的材料和配套件到位了，而另外的5%的辅料或外协件却总是因为各种因素迟迟不到，催促、等待、耗损……浪费就这样一分一秒地产生，不从系统角度研究解决方案，这样的浪费就很难避免。

多数中国企业都会定期召开产供销协调会，而我们的团队正在研究的“波动订单下的均衡生产”就主要从系统性的角度去思考，试图通过系统的平衡达到减少浪费的目的。

第六，时间白白流逝。因为是“不完全”分析，所以最后说说很重要也很容易原谅的浪费——时间浪费。时间管理是个一本书也说不透的大题目，我觉得首先要解决的是时间浪费的认识问题。马克思说过“任何节约归根到底是时间的节约”，恩格斯说“利用时间是一个极其高级的规律”，著名管理学家德鲁克也从管理学的角度提出“不能管理时间的人就不能够管理一切”。

龚其国的《做事的科学》一书列举了2006年的数据：中国消耗占全球资源总消耗的12%，仅实现了全球GDP总额的4.5%。以具体的时间数据分析，中国人一年平均工作2200小时，按8小时工作制折算为275天，每小时平均创造财富5.75美元；美国人一年人均工作1610小时，按8小时工作制折算为201天，每小时平均创造财富35.6美元。当然，这和太多因素相关，但时间管理的困惑绝对是其中的一个核心因素。

以现代人的平均寿命75岁计，一个人的寿命实际只有3900个礼拜。我就曾撰文提议，我们不妨买来一个特制的精美的储罐，里面装上3900个彩色的玻璃珠子，每周的周末扔掉一个，我们每天就会增加一分紧张，因为我们眼见着“日子”迅速减少。

日前，北京师范大学金融研究中心主任钟伟先生在博鳌论坛上发表了题为《中国的好日子到头了》的演讲，其中有分析说，中国以全球20%的人口，消耗了全球30%的能源，创造了占全球总额10%的财富。总之，我们每天都在呼喊“消除浪费”，但我们无时无刻不在“继续浪费”中。有些地方的浪费可以说触目惊心，有些地方的浪费可以说极其荒诞……令人遗憾的是，人们对很多浪费已习以为常；更遗憾的是，我们很少有人努力对浪费问题进行深入思考和潜心研究。

三、浪费问题不仅是管理问题，还是人生态度问题

浪费随处可见，广泛存在于企业、社会和政府管理中，而人们对浪费的深切关注还非常有限。我们应该认识到，浪费问题首先是国民素质问题，表现为每一个公民的人生态度。人力和时间的浪费首先基于对生命的错误认识，物力和财力的浪费首先是对大自然恩赐的错误对待。

“暴殄天物”一词出自《尚书·武成》，“今商王受（纣）无道，暴殄天物，害虐烝民。”“暴”为糟蹋之意，“殄”有灭绝之义。不爱惜上天所赐而任意挥霍浪费是完全没有修养的表现。

我曾经在中国外运广州公司的洗手间看到一张提示条，“一张纸正好，两张纸多余，三张纸浪费，四张纸犯罪”。对此我非常认同，认同他们对浪费的认识高度。我在皇明太阳能的电梯口看到的提示条则是，“上一层下两层，步行和乘电梯是一样的”。对此，我非常欣赏，欣赏他们对抵制浪费的细节意识。欧美人有一个“6秒钟原则”，食物掉在地上，6秒钟内拾起来可以吃，不会不卫生。我坚持这样做，这是对上天的尊重。

我的个人生活一直比较朴素，花钱也几近于吝啬。一点儿菜汤

用一勺饭蘸了吃下去，一份作废的文件反面一定得用作稿纸，用完的牙膏再也不可能挤得出一丁点儿，洗发水用光了就用清水灌进去涮涮再用两回。但是，酒店交洗的衣服，买一件新的才100元，洗衣费却需要30元，我并不认为不值；身边的一些人治病、上学需要费用两三万，拿给他们一点儿不犹豫，我并不觉得可惜。因为，我舍不得的不是金钱本身，我珍惜的是造物主对人类的恩赐。

23 精益求精已成为日本企业的共识

我的朋友林惠春老师曾作为中软集团派驻日本的负责人在日本工作多年，他对日本人和中国人的做事态度做出对比：日本人把很小的事情当天大的事做，中国人把天大的事情当很小的事做。

中国去年经济总量超过日本，国人很振奋。但理性地对比一下，日本土地面积是中国的1/26，人口是中国的1/10，而中国人均GDP是日本的1/10。我上个月带队去日本考察，第一站是九州岛的福冈，福冈在日本不是经济最好的地区，140万人口，年GDP却达到120万亿日元，相当于一个阿根廷。

更需要引起我们关注的是日本人做事踏实认真的态度。日本人经常讲一个单词，发音应该是Heneso，指的是一种“报告、联络、相谈”的工作方法，是企业员工入职培训的主要课程之一。在日本人看来，简单的沟通也需要认真地训练，因为什么事情都必须在需要的范围内沟通到位，都需要经过一个程序训练，这样才能确保不会因为沟通不畅而产生失误。日语“菠菜”的发音接近Heneso，故日本职员常说自己是吃菠菜长大的。

垃圾分类在中国各大中城市推广很多年了吧？但至今没有一座城市真正将垃圾进行有效的分类。日本垃圾分类的认真程度全球少有，包括废书报、塑料、废旧金属、器皿类以及生活垃圾，并有专人在指定日期上门来收。每个社区都有垃圾分类的咨询电话，政府也编了详细的垃圾分类手册。

日本街头的分类垃圾箱

中国企业普遍学习采用的5S管理就是从日本传过来的，5S包括整理、整顿、清扫、清洁和素养。由于这5个词的日语发音首字母都是S，所以人们习惯称之为5S。但大多数中国企业并没有做透5S，比如整顿至少包括了定位置、定方向、定量、表示和标识等，但中国企业并没有完全做到。在日本安川机电我们看到有位名叫西重的技术工人胸口挂着“彻底3S”的小标牌，一问才知道是企业为了随时提醒每一个人每天都必须把几个“S”做到位，全体正式员工都挂这个标牌。日本人的5S的最后一个S其实含义很复杂，不仅强调素质、素养，还有遵守规则、服从团队的意思。日本为此造了一个新词，写法就是“身”+“美”，“身美”这个新造的词倒是很形象地反映了该词语的含义。

西重所在的安川机电是一个科技水平很高的高科技公司，他们在1977年生产出第一台工业机器人，1990年建了机器人制造机器人的车间（MOTOMAN中心），坚持“技术立身”，企业愿景是“为人类创造梦想”。安川机电并没有夸大其词，他们现在月产机器人2650台，产能全球第一，日本本土市场占有率达60%。但他们没有彰显的大门，办公楼和会议室都几近寒碜，天皇夫妇来视察过也未见大幅宣传图片，只留下他们栽种的树木和一块小提示牌。1984年安川机电获得日本质量管理最高奖戴明奖，这在日本企业界是很了不起的。而他们之所以不需要那么炫耀，就是因为企业做得很扎实，产品有竞争力，真正自信。

安川机电生产的机器人在击鼓奏乐

在日本，还有一家服务公司做得非常扎实，即佐川急便。这家公司创立于1957年，现有员工63000人，拥有各类运输车辆26000台，年营业收入800亿美元。作为一家类似于中国宅急送的公司，佐川急便为客户提供门到门的服务，甚至可以深夜用冷冻车为有特别需要的客户送2支雪糕。“飞脚”类似于中文的飞毛腿，是江户时代快递送信人的形象，现在是佐川急便的商标。看看佐川急便的作业原则，我们就能对他们的管理理解一二：搬送不出声，轻拿轻放；重物、液态物品垂直放置；打包需确认货标一致；包装带和包装纸不得破损；高处取物须用垫物或梯子。

佐川急便的课长正在介绍他们的仓储分拣设备
（每天处理大小包裹6万件）

近几年，日本企业为了控制成本，有一个质量数据的调整，他们把加工企业的误差率标准由0.01mm改为0.1mm，且不说这个调整的意义是什么，我们的很多企业恐怕连这么具体的标准都没有。

日本员工并不刻意谈敬业和职业化，只是强调“本分”，除此之外经常提及的是“社风”。坚守本分就不可能做不好本职工作，尊重社风就不可能融不进企业团队。

24
充分关注人性就是美国最讲究的细节

对照日本和德国来说，美国算不上一个细节到位的国家，它能成为当今世界唯一的超级大国主要在于其战略和文化优势。但是，从人性化的角度看，美国还是有太多的细节值得我们学习：

1. 美国各种肤色、各种信仰的人都有，因此美国的公民手册往往用多种语言印刷，这充分体现了美国极具包容性；

2. 绝大多数美国人总是挂着微笑、一脸阳光，显示出他们坦诚、淳朴和友善的特征；

3. 厕所再窄小也必留一个轮椅的位子，酒店房门必有盲文，处处显示出强大的国家对弱者的尊重；

4. 交通设计中诸多细节透出人性化的光芒：每一个不起眼的路口都立着一块“stop”的牌子，高速双道入口设两处红绿灯以便交替进入，一部车只有一个人便不得上快车线等；

5. 餐饮业门店像新加坡一样，门前一定挂着A、B、C不同等级的牌子——A级优秀、B级合格、C级需要整改，以敦促其加强管理，保证安全；

6. 像欧洲国家一样，美国企业宁愿不做生意，也不随意留员工加班，只要加班必计1.5倍薪水，还得员工本人自愿；

7. 很多美国大学有“教授停车位”，他们把对知识和人才的尊重体现在了细节上；

8. 美国人对国难中逝者追思和纪念，首先是把他们的名字牢牢记住。

9·11遗址悬挂的美国国旗，上面一一记录着死难者的姓名

新获得的资料：两年后，邓月薇（美国“9·11”事件中第一个向地面报警的华裔空姐）的两根骨头在离双子塔两个街区的地方被找到并送还家人。美国警察对21800多件遗体残骸逐一进行清洗、消毒、分类、编号和甄别，2753名遇难者中有1632人的身份得到确认。今年一种新DNA技术被用来继续确认1121名身份未明者。10年了，这一工作从未停止。

25
垃圾，春节相关的大问题

在春节期间，谁都在说好听的，我们老家管这种行为叫“长彩”。

我却很想说说不怎么好听的，关于垃圾的话题。春节往往是垃圾集中生产的时期，何况它本来就是一个很大的问题。

我国早在2004年城市垃圾生产量就超过了美国，这个第一已经成为中国众多世界第一中的一个新品种。承担广州市九成垃圾填埋量的兴丰垃圾填埋场，由于垃圾增幅过快，很早就说完全可能在今年被填满（没有调查，不知是否已经填满）。北京市的所有垃圾填埋场也都陆续趋向饱和。

2000年以来我国陆续建起百十个垃圾焚烧厂，不要说焚烧垃圾存在的排污危害，就是投资问题也棘手得不得了——一个垃圾焚烧厂的投资据说超过8亿，而一个北京市前几年投在垃圾分类上的专项资金只有2000万元，这几年虽然增加了一些，但比起需求仍然是杯水车薪。

发达国家对于垃圾处理都非常重视。

美国纽约把垃圾处理称为“垃圾管理”，有句名言说，“世上本无所谓垃圾，只有放置不正确的物资”。纽约垃圾管理公司是一家全美闻名的垃圾收集和运输公司，20世纪90年代它成功收购了上百家小型垃圾运输公司和化学垃圾处理公司，股票已经上市，且业绩不俗。纽约每年制造垃圾2400万吨，居民的生活垃圾占一半，纽约平均每人每天出产约4.5斤垃圾。纽约市电话电讯公司的电话黄页上赫然写着：“居住在曼哈顿岛上的所有居民有义务参加纽约市的垃圾回收计划，这是纽约市法律的要求。”

西班牙也通过立法对垃圾的分类做了严格的规定，冰箱、洗衣机、空调等大件的垃圾和木质家具垃圾均在规定的不同日期和时段才可以处理掉。食品类垃圾只能在每天晚上8—10点的两小时内扔向垃圾集中地，晚上10点后卡车就将食品类垃圾运走。有意思的是，在巴塞罗那，半卡车的废纸就可以卖500欧元，捡废纸的收入远远高于普通白领。但是，请注意，只要在垃圾桶内的东西即为国有，把垃圾窃为己有被视为偷窃，将负法律责任。

在韩国首尔市，市民随地乱扔烟头也将被处以3~5万韩元的罚金。首尔市向街头吸烟者及违反规定的人发放便携式烟灰缸，并从2007年起组成街头管制班，对随地乱丢烟头的不文明行为进行管制，主要针对地铁周围、主要公路边及流动人口密集地区。驾车人员在行驶过程中如有车外丢烟头的行为，将受到更严厉的管制。

日本一直是一个很细腻的国家。政府对食物残渣规定了一定尺寸的透明、可燃、不产生有害气体的垃圾袋，对烹饪残油则要求注入专门的凝固剂，待其凝固后再丢弃到垃圾袋中。日本每户家庭的墙上都贴有两张时刻表，电车时刻表和垃圾回收时间表。生活垃圾先分为可燃、不可燃、大型垃圾和电子类垃圾等类型。大类下再分小类，如可燃垃圾就再分厨房垃圾、纸张类、木材类等。纸张类还可以再分为可回收与不可回收两种。在日本，女主人要把用过的餐巾纸、空牛奶纸盒、喝完的饮料瓶和食物包装塑料纸分门别类处理好——牛奶盒全部剪开，洗净晾干后压好；饮料瓶和瓶盖则要分开放置。

2005年，我在关于细节的演讲中就提出，通过垃圾处理可以看出一个社会的文明程度。随意抛掷，文明没起步；集中堆放，文明才开始；分类处理，进入现代文明；精细分类，进入先进社会行列。垃圾管理一直遵循的优先次序原则是减量—再利用—再循环，其首要问题就是在源头减量，再利用最主要的是垃圾分类。

在中国台湾，台北不仅学会了很好地分类垃圾，而且建立了限时收垃圾制度。台北市政府在12区设置52处限时收受垃圾点，代收一般垃圾及资源回收物（含厨余）。回收时间及回收项目为：周一和周五，废纸、干净旧衣物、干净塑料袋等平面类物品和厨余；周二、周四和周六，干净的保丽龙、一般瓶罐、废弃家电等立体类物品和厨余；周三和周日，不做任何垃圾清运和回收。

台北在2008年回收厨余186吨，将其制成肥料并应用于农业；部分厨余经高温蒸煮破碎后养猪，进入焚化场的家用垃圾减少了15%。台北已提出了很高的垃圾管理目标：资源全回收，垃圾零掩埋。只看台北为强化垃圾分类和回收的专用垃圾袋的管理，就能理解它为何能获得2001年“亚洲废弃物管理特别奖”：伪造专用垃圾袋者罚款1000万元新台币，甚至获刑2~7年；贩卖专用垃圾袋者罚款3~10万元，处1~7年徒刑。

当下，我国各级政府和组织对垃圾问题的重视还远远不够，但为了自己、为了社会、为了地球，公民必须自觉行动起来。在分类尚未进入实际执行阶段的今日，我们过年就得在以下方面注意：

1. 不要燃放鞭炮，即使孩子燃放少量的鞭炮，也必须集中在一定的区域内；

2. 减少春节期间的饭菜数量，减少厨余；

3. 农村应辟出垃圾场，定期集中填埋；

4. 清理家中旧物时，尽可能旧物利用人；

5. 不要因为过年而给孩子香烟；

6. 收购废旧物品的人能否早日开工，不为钱，只为众生；

7. 各家各户重视包装材料的回收，包括包装纸和袋、塑料袋和瓶、玻璃瓶和金属瓶。

26 服务业需要学会换位思考

郎先生风尘仆仆地走进一家四星级酒店，前厅柜台有6位客人在等待办理手续，也许其中一部分是退房者。大堂确实算得上豪华，空间很大，足以放下20张大圆桌，正对面的墙上的那幅画似乎是一位颇有名气的画家的油画，高悬的大吊灯应该是水晶的，柜台正对的那一面用硕大的玻璃罩保护着的好像是古鼎，价钱不会低于千万人民币。

这时的郎先生完全无心欣赏酒店大堂的布置，他需要的是一块儿潮湿的凉毛巾，南京的伏天实在太热了，进门后的空调让身上的汗很快就干了，但只怕脸上会残留着盐分吧。但是，门童没有毛巾，其他从他身边经过的服务员也没有注意到郎先生的需要，甚至根本没有注意到这位尚未登记的客人。

其实，朗先生一直站在大堂中央偏柜台一侧的地方，因为大堂摆有一组沙发，只能坐下7个人，但已经有5位客人坐了，看上去像一起的，在那里谈笑，声音颇大，几个大大小小的名牌包占了2个座位。朗先生不便过去求座位，于是只能尴尬地站着等前面几位客人办理完手续。

等待的时间总是特别长。朗先生听到前面有的客人在等待查房，客房那边来电话说某间房少了一块儿手巾，那位结账的中年胖女人说绝对不会少，她都不用那个旧了的手巾擦手，怕不干净。看看是不是在电水壶旁边，昨晚烧水以为电水壶水烧开了就会自动断电，结果没断，水溢出来了，可能拿那个手巾擦过水。朗先生想，千万别吵起来。

我虽然学中文出身，但从来没写过小说，也不会编故事。以上这部分是一段酒店观察的记录。我想讨论的是，没有登记入住的客户也是客人。酒店大堂再豪华，对客人来说也没有多大的服务价值，显然不如多放几组沙发；进门的凉毛巾很需要，而丢一块小手巾没那么重要。酒店为什么没有站在朗先生的角度思考一下呢？

以酒店为典型的服务业，今年进入了较为艰难的时期，很多企业就开始加大客户开发的力度，特别是集团客户问候电话和拜访的频次大大提高了。殊不知提高服务质量远胜于客户开发，而提高服务质量并非一定会增加成本，关键是要学会换位思考。

我曾入住韩国的华克山庄，早餐的餐桌垫纸足以让客人欣慰。

中国大多数酒店如果有垫纸也往往写上自己的企业文化，或一些大而无当的标语口号。客人有谁去关注你的文化，何况这些所谓的文化不过是老板心血来潮时想出的句子和单词。华克山庄的垫纸相当于一份自制小报，有四块内容：昨日新闻、历史上的今天、外汇牌价和当日天气预报。这才是为客人着想。

还有一次在日本的酒店，我的一位同伴在前台投诉，说自己房间的一个颈部护具不见了。前台服务员迅速行动，电话追问保洁员，无果；前厅部经理也闻风而动，安排人去垃圾桶翻找，无果；因为语言问题，酒店人员一直没有弄清楚我们丢失的是一个什么器具，大堂副理问我们是否需要去城市垃圾场去找找，我的朋友当然回复不需要。

就在我们交涉的过程中，前厅部经理派人出去买了一大盒精美的巧克力送给丢东西的同伴，以表歉意。参与处理这件投诉的酒店工作人员不停地鞠躬表示对不起，前后鞠躬合起来不下20人次。

这个故事还没完，让我尴尬的是，事后方知这位同伴的颈部护具并没有丢失，而是落在另一位同伴的房间中了。我不好意思再跟酒店反馈，太难堪了。但酒店的应对是漂亮的，他们没有争辩甚至未及确认，就完全做到了急客人之所急。

必须站在客人的角度思考，似乎是服务业不争的正确理念，也似乎是所有从事服务业的管理者和服务人员都完全理解的。然而，事实未必如此。国内服务业从业人员往往缺乏换位思考的意识，甚至根本不考虑客户的感受。比如，城市路标经常混乱不堪，外地人找路时容易犯错，做路标的人为何不让他外地的亲戚进来转一遭？几乎在所有酒店吃早餐时，进门就被服务员问“餐票”，把所有客人都看成进来混吃混喝的。即使收餐票，为什么不可以亲切招呼并引导客人到用餐位后再问餐票呢？酒店退房等待查房更是没有必要，欧美国家无论什么级别的酒店都没有查房一说，难道中国客人在国内酒店都有小偷嫌疑？

没有把客人当客人，很多人都在不自觉地违背客户服务的基本标准，或者说长期坚持着错误而不自知。

一次，我在某市从酒店走出来，想一个人打车出去逛一圈。出门就有一辆出租车，上车后发现司机在抽烟，我生硬地命令他“把烟灭了”，司机服从了，但扔掉烟头的最后一刻狠命吸两口，让我感觉很不爽。司机问我“去哪”，我说“你往前开，到了我自然会叫停”，他认为这是我生气的答语，自然也不爽了。

为了化开两人间的沉闷，司机打开了车上的收音机，但播出的是打击乐，我再一次生硬地命令“把它关了”，司机又服从了，只是多了一个动作，扭头瞪了我一眼。

继续沉闷一段时间后，司机打开了车上配置的对讲机，用地方话讲起来，我再一次没好气地命令“把对讲机关了”。这下司机忍不住了，埋怨说“你管得真宽”，一边还是放下了对讲机。

我以领导的口气跟司机说："我叫你关你就得关，有两种情况可以不服从，一是你不知道路需要询问同伴，一是你受到人身攻击。"司机说："我不拉你总可以吧？"我厉声说："不可以，拒载，我告你。"

再走一段路后我让出租车停下来，给了司机10块，补了一句"不用找。"司机好奇地问："你管出租车的？"我笑笑说："我不是。但你今天的做法很不恰当，或者说我对你的纠正都是正当的。其实，你这人不错，还挺能忍，但你的认识真的大错特错了。你总觉得车是你的，主动权在你手上？其实不对，我上车后，这个车子的使用权已转到了我手上，不用签合同但契约关系早已形成，你就只是我的司机。虽然，我给你付费很少，但这个行业的游戏规则如此。车的使用权已经到我手上了，连你这一段的服务我一并买断，你必须听我的，只要我没有非法要求，没有伤害你的人格。"

这个故事讲完，也许还会有人认为我过分呢。

服务业创造优势实在没有多少诀窍，全在于是否能换位思考，更多以客户的角度思考服务标准及其细节。你为客户思考得越多越细，客户也就越容易被吸引过来，而不用自己去吆喝叫卖。

27 阿米巴经营·精细化管理——日本行

【日本阿米巴经营1】平均寿命与森林覆盖率

日本人的平均寿命女为86.6岁，男为78.9岁。日本的森林覆盖率约70%，即使有大量的私有化山林，但任何人无权轻易砍一棵树。这两组数据有关联吗?

【日本阿米巴经营2】博士是通向死亡的纪念碑

和日本城西大学教授张本纪寻博士共进晚餐，方知日本取得博士学位太难了。他花了16年，2年后他的博导就去世了，差点儿一辈子拿不到；他的一位学长花了40年，都当上大学校长了；他的学校（有130历史的东京经济大学）目前已通过的博士共3位。日本人开玩笑说，博士是通向死亡的纪念碑。

【日本阿米巴经营3】华人领队感知日本

我们的领队是1988年离开上海嫁到日本的周导，她有几句话很经典：1.（日本人对于地震）震掉下床，爬上床再睡。2.（祖国）变化太快了，很多景色都没了。3.（日本迪斯尼）30年没有过广播找孩子，“失踪”的孩子在存放处吃着冰淇淋呢。4.（迪斯尼清洁工的）脑子都装着迪斯尼的地图。

【日本阿米巴经营4】东丽公司“没有禁区的改革”

1926年成立的东丽公司，在日本国内有102家分支机构，在海外有151家分支机构，碳纤维产量占全球份额的40%，去年销售总额1156亿人民币。它的愿景不是“为全人类”，也非“产业报国”，而是“对所有利益相关者都具有存在价值”。2009年面对全球经济危机提出“没有禁区的改革”。

【日本阿米巴经营5】东丽董事感慨中国国企与民企

东丽董事、常务副总裁兼国际部部长村上先生说，和中国国企合作了解高层的真实想法太难，每年的圣诞节东丽的高层都得去中国，全球24个合作国家只有中国才借助圣诞节与高层接触，解决双边合作的战略分歧。民企完全不同，青岛即发集团决策就很快，而且主动帮助日方办理很多棘手事务。

【日本阿米巴经营6】双日公司多角化经营

日本全国GDP大约400兆日元，其中三菱、三井等七大商社达70兆日元，今天参访的第五大商社双日公司就是一大金刚。包括双日在内的这些商社绝对是多元化经营，从导弹到鸡蛋都有涉猎。双日事业包括航天、飞机、汽车、船舶、燃油、煤炭、铁合金、工业盐、甲醇、树脂、化肥、林产、粮食贸易等。

【日本阿米巴经营7】双日创始人被称为“财经界的拿破仑”

双日的前身之一是铃木商店，它的创始人是号称“财经界拿破仑”的金子直吉，他一手开办了大小90家公司。他的伦敦分公司的总经理在和英国政府谈一笔贸易，开口就让对方预付50万英镑。面对这一天文数字，英国高官叹道：简直是商人加皇帝。据说当年苏伊士运河10%的货运量是他家的。

【日本阿米巴经营8】知耻而后勇的日本企业

双日商社研究所的研究员小林正幸说，日本企业振兴也是在屈辱中倔强地抬起头来的。1853年，美国人来到开放的横滨，给日本人送上蒸汽车头的模型作为礼物，而日本人回馈的是相扑表演，美国领队佩里提督直叹“野蛮的民族”。知耻而后勇！

【日本阿米巴经营9】日本售货员的服务之道

受家人所嘱，要买点小玩意儿。在音韵一家商店买不全，只得求助售货员。因为语言不通，她们很耐心地拿出地图在上面做记号，不厌其烦地指导怎么去找另外的商店。两次都如此。客户，客户，她们非常清楚，客户首先是客人，其次才是账户。

【日本阿米巴经营10】佳能的“细胞生产方式”

佳能让人尊敬，不在于它的过千亿人民币的销售额，也不在于它这么形势不妙还能保持6%的净利润，而在于它的追求科技进步的精神，在于它的“自发、自治、自觉”的企业文化。面对时代变化，他们着力新市场开发：体育摄影、动物摄像、天文爱好者设备等，并提出了“细胞生产方式”。

【日本阿米巴经营11】佳能的企业宗旨

佳能提出“实力主义”的企业宗旨。佳能于1994年和2005年两次获得日本发明特别贡献奖（天皇颁奖），过去10年专利技术全球第三，共计22828件（在美国申报通过），仅次于IBM和三星。近年来，佳能新产品成为世界第一的占比一直在20%～22%。这才是中国企业最缺乏的！

【日本阿米巴经营12】佳能面对时代变迁的变革思路

佳能面对时代变迁提出了一系列的变革思路，包括：加大海外生产比重降低生产成本，提高自动化程度减少用工，内制化（外包外协尽量收回自己做），更贴近消费者需求生产，财务系统核算成本（A部门核算亏损但B部门利润很好可实行战略配合），减少对银行的依赖。

【日本阿米巴经营13】富士山美景

富士山当然要去，上山不行，来回要爬15小时。今天运气不错，天高云淡。

【日本阿米巴经营14】日本随处可见的“细节”

在日本随处可见的细节：1. 酒店进门的免水洗手液；2. 和式酒店窗户的纱窗、玻璃窗和宣纸糊的窗门；3、4. 床头的逃生用LED手电筒；5. 高速隔音护栏；6、7. 厕所挂包的钩钩和温水龙头指示；8. 微笑服务牌；9. 备有纸笔的投诉箱。

【日本阿米巴经营15】佳能第一台相机叫观音

佳能的创始人姓御手洗，日本厕所就叫御手洗。佳能的第一台相机叫观音，因为开发者特别喜欢观音，佳能就是观音的音译。名字没那么重要，关键看你怎么做事。

【日本阿米巴经营16】日本式细节无处不在

用心可以把事情做好，很多人都这么说。下图注解：1. 高速公路休息站（土特产不加价）；2. 理发店醒目的标价；3. 酒店洗发水加一小封条（起封就不再给下一位客人用）；4. 酒店汤锅清晰地标注着温度；5. 美女干粗活跪下来；6. 大型喷绘广告中的一个小污点都得用美工刀挑掉。

【日本阿米巴经营17】丰田人理解的丰田生产方式

河田信老师认为丰田生产方式（TPS）就是创造朝向顾客的一气贯通的流，它靠三种力量支撑：现场活力、总部力（高层的理念、文化及其管理设计）以及信息化手段。核心价值是提高了净加工时间比率，从而释放了人和设备的空闲，最终以同样的人实现更大销售额。

【日本阿米巴经营18】丰田人反思自己的经营基础

各位记得四五年前丰田章男泪流满面地向全球客户鞠躬吗？今年这位丰田社长因丰田实现历史最好收益，在2013年度（丰田财务年度到3月底）发表讲话：美国发生的大规模召回事件背后，反映出丰田忘记了本来的经营基础，只顾一个接一个建设新工厂，使欠缺细节的扩张主义蔓延。

【日本阿米巴经营19】丰田人总结的作业现场的可视化

河田信老师的同事——在丰田系的电装公司工作了20多年的野村政弘老师提出，作业现场的可视化可以概括为“3S”：Streamlining 整流化（创造一个流）、Syncronizing同期化（所有工序都是相同的节拍时间）和Smoothing 平准化（总能保持毫无差别的作业）。浪费或异常的可视化是关键。

【日本阿米巴经营20】丰田普通员工工作简单化

丰田位于名古屋本部的工厂，是一间仅4200人的年产量37万台的工厂，它的一个重要责任是向所有海外丰田工厂提供支持。管理策划非常重要，丰田工厂无论流水线设备、设施，还是物流、岗位，都借助设计做到普通员工工作简单化，尽可能不需要思考，包括工作步骤和标准。

【日本阿米巴经营21】丰田一线员工是“专家”

丰田说自己没有专家，意思是每一位员工都是专家，持续改善主要靠一线。员工发明“同步台车”，让零配件台车跟着流水线走；“轻松座椅”则让工人可以轻松工作，方便车内钻进钻出；一种叫“变色龙”的小设施，可以完成定量提取螺栓，员工不用思考一手抓了多少个。

【日本阿米巴经营22】河田信老师给中国企业的箴言

河田信老师提出：“中国企业再不推行精细化管理就来不及了，会出大问题的。”同时他认为，中国企业比美国人容易学，天津丰田把25年的摸索用6年的时间学成了。当然，该厂原员工只留下了5%，新手是白纸，没有框框。

【日本阿米巴经营23】丰田的混装生产线

丰田自己的进步也是明显的，例如，一台车冲压400个部件、焊接4000处、涂装5个层次，全部零部件不下30000个，实现了混装生产线，同一生产线最多可以适应80种不同车型的生产。但他们并不主要靠包括机器人在内的现代化设备，他们认为信息技术主要用来帮助流程中需要高关注力的环节。

【日本阿米巴经营24】丰田的经营哲学

学丰田很容易忽视它的经营哲学——“造物即造人”，即承认员工智慧无限，并认定人是自律且随文明进步而进化的，员工能做到为下一工序着想，而不只是为一己之利工作。这和稻盛和夫的“利他”哲学是一致的。

【日本阿米巴经营25】印证丰田细节

这次走访丰田印证了它的一些细节：关联工厂，无论子孙辈企业，还是供应商，必须在总装厂100公里的半径内，物流多数在30分钟内就能到达。零库存当然不是完全没有库存，工作岗位上在制品2小时的周转量，工厂备件不超过2天的储备。应该适应客户个性化需要，但有的门抓手只保留3种。

【日本阿米巴经营26】国内企业如何学阿米巴经营

国内企业学阿米巴经营更容易远离稻盛和夫的经营哲学，把阿米巴简单看成划小核算单位，督促员工更加努力工作的技巧。稻盛经营哲学是他个人独特人生经历和探索的总结，如果提炼成格言警句，共有百条。

【日本阿米巴经营27】解读稻盛和夫的阿米巴

稻盛和夫的阿米巴我能读懂5条：1. 向尽可能小的作业单位授权让更多人分担责任；2. 把市场意识和客户服务意识带到所有的小分队；3. 改月度考核为每日核算以求及时发现问题并改善；4. 以“利他心”促使全员学会上游支持下游；5. 在各小分队培养出“迷你版的稻盛和夫”。

【日本阿米巴经营28】织布机时代的丰田“自动化”

绝不让不合格品流入下道工序，在丰田佐吉做织布机时代就开始了，后发展为自働（动）化，强调“働”带人字旁。如果某工序出现问题立即拉一下头顶上方的绳子，有的是摁一下呼叫按钮，组长就从一个名为“安东”的设施知道几号工位有情况，就协助处理，时间长了就整条线停下。

【日本阿米巴经营29】日本行总结

从日本回来，总结一下，仍然留下很多遗憾，还是时间短，而且出发前知识准备不足。东丽的新商流很前沿，没能进入；佳能的细胞生产方式与丰田很不同，没有深入；京瓷的阿米巴经营内部定价有技术性，还没学会；丰田更是一座管理学宝库，一个混装流水线设计就让人着迷。

28 德国真的没什么了不起

一、德国真的没什么了不起，只不过他们每每能把小事做细，把细事做透

在我们中国人看来，德国很小。

德国国土面积仅为35万平方公里，超过百万人口的城市仅三个（柏林330万、汉堡170万、慕尼黑128万），50万至100万人口的城市12个，15万至50万人口的城市35个，70%以上的居民生活在10万人口以下的“城市”以及一两千人规模的村镇。但是，总人口仅8200万的德国2013年国民生产总值达3.4万亿美元，位列全球第四（中国第二，8.3万亿美元）。面积与云南接近、人口与四川相近的德国，人均国民生产总值为3400欧元，是中国人均国民生产总值的5

倍。德国人均出口全球第一，全球500强企业德国占33家。

尽管德国在信息技术、金融、军工和文化产业方面不能和美国大佬比，但传统工业（包括汽车、机械制造、电子电气和化工）丝毫不比任何国家逊色，在新兴的环保和再生能源领域也可圈可点。

有人说，德国是以工程师和科学家立国的国家。德国人做事一板一眼是全世界出了名的，就像德语是一门复杂而精准的语言一样，它的语法和词汇不太可能出现模糊和歧义。

早先和德国人打交道，我总觉得德国人有点儿沉默寡言，甚至略显呆板，德国人少有幽默感，擅长幽默的人极少。当你兴致勃勃地给他讲一个俏皮的故事，试图放松一下时，他却很难反应过来，总是一板一眼地追问“后来呢”，让你面对依然正襟危坐的他兴致全无。在一次奔驰汽车参观活动中，有位工程师给我们讲解生产流程，中间有些随身送话器不灵敏，工程师笑着解释“这个不是奔驰做的”，这就算德国式幽默了。后来，我们问他是不是德国人，他说“我不是德国人，我是巴伐利亚人”。这就算我几次去德国听到过的最为幽默的一句话。

但是，一旦进入工作状态，比如跟德国人约定一件小事，他们总是立即掏出随身携带的记事本，紧跟的习惯用语就是“请稍候，让我看看记事本”。大经理小职员都如此，他们做事必先制订计划，购物也都先列购物单。就算朋友一起出去旅行或度假，也总是把时间表制定得非常精确。

就连德国的政府预算也是非常清楚，收入科目1000多项，支出科目7000多项，各科目的说明和计算都表述得很详尽。

德国人就是这种做细做透事情的人，谨言慎行，规规矩矩，注重实际，不尚浮夸。德国人的居室朴实无华，整洁大方。各种生活用品（包括门窗、锁扣、铰链和开关）都结实耐用，你可以不欣赏它的笨重，但你绝不会认为它虚有其表。中国人走进德国人的厨房会误以为进了一间车间，至少是一个作坊工厂，各种设备和工具琳琅满目。打蛋器、榨汁机自不必说，仅菜刀一般都有6~7把，冰箱冰柜往往一组或一排；土豆切成片、丝、丁是不同的设备，切香肠有专门的砧板，不掉碎末，切面包有镶嵌砧板的网篩，切出的面包片完全均匀。我第一次看到德国酒店的马桶，抽水水箱竟然镶嵌在墙体内，真是大吃一惊，问朋友“需要修理多麻烦”，朋友答“不会坏”。

尽管德国产品在全球几乎成为“免检产品”的同义词，但德国人还是十分努力地做好服务。当我第一次看到德国的一种签字笔有德、英、法、意、奥、中、俄、日、韩等九国文字的说明书和承诺书时，实在是惊呆了。他们在承诺书中承诺墨水用完、笔尖磨损或零件损坏，只要愿意寄回，随时免费保修包换。这不等于告诉你，买了他的这支笔你想用几年就用几年吗？

德国人的精细还表现在他们把握制造的过程上。德国人对生产流程的理解是，把生产过程切分成非常细小的片段，每个片段都遵循严格的程序加工，片段之间用自动化的传动装置连接起来，每个片段简单到不需要人工操作的时候就被机器取代；在生产环节，要动用一切可能的手段把人的天然影响降低到最小，把每件事情都分解成机器可以简单执行或者人像机器一样动作就能做对；借助自动化可以把人类不擅长做或重复操作容易出错的活动交给机器人，人的作用是做生产规划并下达生产指令，要么就是给机器打下手；注重测量仪器仪表的作用，通过准确测量和信息反馈保证生产过程中的品质波动被控制在极小的范围内；开发各类专用工具，减少人的手动控制造成的误差，提高加工效率，生产线上几乎人人都有自己的工具箱或工具室。

2013年12月德国以电气电子和信息技术协会的名义发布了德国“工业4.0”标准化路线图。德国人把18世纪引入机械制造设备定义为工业1.0，20世纪初的电气化定义为2.0，始于20世纪70年代的信息化定义为3.0。而当今之世正将实体物理世界和虚拟网络世界融合，德国人把制造领域的这种资源、信息、物品和人相互关联的“虚拟网络——实体物理系统（Cyber-Physical System，CPS）”定义为工业4.0。CPS包括智能机器、存储系统和生产设施，在工业4.0之下生产系统如同“社会机器”，以类似于社交网络的方式运转，自动连接到云平台搜索合适的专家处理问题，通过集成的知识平台和移动设备进行远程维护和服务。国始终紧紧扣住工业，注重实体，关注制造。

二、德国真的没什么了不起，只不过他们知耻后勇地反思、改善和创新

100多年前的德国还真的没什么了不起，那时德国销往日不落的

大英帝国的产品，也多粗制滥造，令英国人非常不满。于是，英国在19世纪80年代就制定法律强制德国产品打上“德国制造”，以便英国消费者能够有效鉴别。殊不料，这一做法现在成为人类工业化对于产品质量承诺的共识，但当初对德国人来说可是一种耻辱的标志。

德国的家底更是不怎么样，无论罪责在谁，“一战”、“二战”德国都是侵略者，但德意志国民同样饱尝了战争苦难，战后的德国人养成了一块马铃薯、一块蛋糕都倍加珍惜的习惯，至今在德意志还有一些家庭的地下室里储存着备用粮食。“二战”中，德国的城市几乎没有一座完整的，有的城市绝大部分被摧毁仅教堂一栋房子完好，前些年德国还经常从地下深处翻出当年扎进去的炸弹。1945年下半年有英国代表团到德国，面对满目疮夷的景象得出结论：“清理战争垃圾需要30年。”

但是，德意志民族是能够反思的。德国是1871年统一的，刚刚统一时，当时的普鲁士国王提出，要像英国人和法国人那样有尊严地生活，“普鲁士精神”逐渐建立，铁血宰相俾斯麦下大力气使德国开始规范。德意志帝国1894年建成的国会大厦在“二战”中遭到严重破坏，德国人在重建中把有反对甚至谩骂德国的标语的旧墙壁建成了一段长廊。著名的柏林墙被拆除后也专门留下一段，墙上充斥着讽刺与谩骂，向世人提示这段被分裂的历史。

我在埃森市参观矿业关税同盟矿工业建筑群，同样深切地感受到哲学家频出的德国人真是善于思考的一群人。此矿于1847年建成，1932年随着第十二矿区的建成，一举成为当时世界上规模最大、效率最高的现代化煤炭开采基地。但是，德国人早在1964年就把它全面关闭了，使其成功转型成为一个旅游景点，包括全新的办公群、展览馆和博物馆群、设计中心和景观公园。“二战”时期，因为战时物资需要，整个德国尤其是柏林森林几乎被砍光，战后德国提出“把森林找回来”的口号，种植花草树木成为全民意志和国家法规。

19世纪60年代德国城市交通也是问题多多，起先为了给私人汽车发展腾出道路，轨道交通被大面积拆除，到19世纪70年代德国人称乘公交是“穷人专利”，车厢里臭气熏天，垃圾随处扔，换乘麻烦，站点少且速度慢。如何让“公交优先”名副其实？德国人真正从“以乘客为本”出发，花大力气整治，无论轨道交通还是巴士，每辆车的到达时间精确到分，公交线路在居民区附近依次排开保证了居民步行几分钟到达公交站。

德国企业开发新产品的热情始终高涨，阿迪达斯2009年的营业额有80%来自新上市的产品，只有3%的营业额来自面市超过3年的旧产品。西门子公司在经济危机的2009年仍投入创新研发资金39亿欧元，30多个企业机构中超过3万名研发人员当年贡献了7700多项发明和4200多项专利申请，西门子拥有的专利总数已达5.6万多项，目前的产品种类中有四分之三是最近5年内研发的。

德国每万人中拥有研发人员88人，巴登州173人，大哲学家黑格尔的故乡斯图加特地区296人，斯图加特市338人；2011年研发经费投入占销售额的比例，德国全国平均为2%，巴登州为4.1%，斯图加特区为7.5%。

从根本上说，德国的民族重振更在于教育。德国前总理科尔说过："我们德国人对大学教授的尊重远远超过对商业巨子、银行家和内阁部长，这就是我们的希望所在。"德国魏玛共和国时期（1919~1933年）的首任总统弗里德利希·艾伯特弥留之际立下遗嘱：他死后任何人不得送花圈，把节省下的钱设立一基金会，资助家庭困难的工农子女上大学。艾伯特基金会一成立即筹集到4.5万马克，到1933年基金会共资助了295名大学生。德国1989年的教育经费就已占国内生产总值的7%，1990年又比上年增加了20%，之后联邦政府保证教育经费每年增长7.7%，10多年来德国教育经费的增长一般都超出经济增长速度的3~4倍。

德国的《义务教育法》颁布近百年，它的12年义务教育制有三项重要规定：一是凡年满6周岁的儿童必须上学，否则家长要承担法律责任，轻则罚款，重则入狱；二是公立中小学不收学费（非义务教育阶段的公立大学也是免费的），还免费提供部分课本、文具等，偏僻的乡村学校必须免费提供接送车辆；三是德国高中生无需参加"高考"，可以根据自己的意愿直接上大学，除中学阶段的各次知识考试和结业会考成绩外，还要计入学生课堂讨论、社会实践、完成作业情况等因素。在德国的高校体系中，应用技术大学占50%，综合性大学占25%，其他艺术学院、神学院、师范学院和行政管理高专等共占25%。

德国的相关法律规定，无论干什么工作都必须经过职业培训。当售货员，须到商业学校培训；当建筑工人，要经过建筑学校培训；子承父业的农民在家种地，也得有农校毕业证书（否则，银行不予贷款，也不能享受欧盟的农业补贴）。政府还为企业培训承担50%的费用，申请机会三年一次，不论金额大小，政府很少不批。大批经过职业培训的熟练技术工人和技术农民使德国产品成为高品质的代名词，德国很少有人为自己的工人或农民身份感到抬不起头来。

德国的“双元制职业教育”非常有特色，很实际的职业教育吸收了70%的适龄青年。职业学校每周学校上课和企业实践时间为“1+4”，学生在企业培训不交费，还可以得到一部分工资。从双元制职业学校毕业后可获得工匠证书，很大比例的学生毕业后就留在了培训企业。我们在汉堡参观空中客车制造厂，陪同考察的工作人员专门介绍他们每年接收100名职业学校的学生实习。

德国有众多的图书馆、博物馆、画廊和歌剧院等文化场所，慕尼黑的各类场馆多数全年都对大中小学生免费开放（有的周日免费，平时则半价优惠）。德国高校图书馆达500余所，不是本大学的学生同样可以进图书馆看书，只是没有借书证借不出书来。

今年5月我走访了德国中小企业联合会，在柏林分会，他们出场和我们交流的代表8位，其中就有4位博士，有3位懂中文。有一位华裔代表跟我说，与中国企业不同，在德国工资高低不是员工跳槽的主要因素，仅有不到20%的员工是因为工资低而换工作。他自己的金融公司雇佣了一位在花旗工作过20多年的48岁员工，过来后薪水反而减少了30%，他看重的是企业前途和创业激情。

三、德国真的没什么了不起，他们把坚毅、务实和严谨铸成了民族精神

德国柏林经济研究所的一份报告显示，在各自领域居世界领先地位的德国企业超过2300家（其中1300家年销售额5000万欧元以上），它们是全球最大的隧道掘进机制造商海瑞克公司、以钢化玻璃自动门和玻璃系统技术领先世界的多玛公司、畅销全球的内窥镜生产商Aesculap公司、“螺丝大王”伍尔特等。更不用说全球人所共知的西门子、空客、奔驰和宝马了。

我带领中国企业家参观宝马生产线，3.5公里长的组装生产线日产各种型号汽车1000辆，整套流程立体传送加工，825台智能机器人同时作业，让我惊叹为“工业交响乐”。德国的隐形冠军也极多，斯图加特所在的巴登州就集中了一批这样“默默无闻”的全球领先企业。

我们考察的Groz-Beckert公司成立于1852年，生产一种机械针产品，全球几无竞争对手。他们1888年就为员工提供保险，1918年开始在美国设立代表处。起家时仅2个人的公司今日全球员工8000名，业务涉及150个国家，总营业额5.7亿欧元。

令人敬仰的还有1923年成立的通快公司，如今是全球生产激光机床首屈一指的公司，这家拥有员工9925名的公司可激光切割25mm的钢板和有色金属板，因激光切割速度快被称为“飞行切割”。非

常复杂的折弯、开洞、镗孔、焊接都是一次性加工成型，成型材料由机械手吸附式抓起、码放，我们考察团的所有人（包括不属于制造业的同学）都十分惊讶，我还带回了几辆现场切割加工而成的长度不足一厘米的微型自行车。

还有一家是为整个欧洲空客服务的斯图特物流公司，它拥有包括在法国、英国、西班牙等国家工作的员工共2500名。斯图特物流位于汉堡的公司有700名员工，每天出入车辆40~60辆，累计以万计的零部件（包括异型材料和安全、环保有特别要求的组件）按照空客生产需求组货，快件送达4小时，慢件最长不超过48小时，急件2小时送到附近的空客工厂。

德国人好像没有吹牛的爱好，连产品的外包装都不特别讲究；他们把精力放在做好产品上，自有产品都很少做广告，城市墙体上几乎没有巨型广告牌，倒是经常看到一些电杆上挂着政治家竞选的广告。

德国奶粉就明确规定不允许做大量广告，所有奶粉都进入药品监管行列，不允许3岁以下儿童食用的食品中含人工添加剂。德国的啤酒誉满全球，但很少有人知道600年前德国就有关于啤酒的法规，啤酒只能有三个元素——水、麦芽和发酵，不许任何其他的添加。德国有4.3万家酒庄，最好的酒就由德国最高质量协会认证授予“VDP”标志，但在检查中如发现标准下降则终身不得参与认证。德国菲仕乐锅具要经过9000道工序生产加工，节能环保，传热效果据说达到一根蜡烛就可以做一顿饭。

德国产清洁剂、洗手液、洗洁精绝大多数都采用生物降解技术，靠微生物分解其中的化学成分，将化学对人体的危害降到最低。德国化妆品世家和维蕾德，都为自己的产品建立了有机植物园，专门为产品提供有机原料。德国著名的清洁器械公司凯驰能够提供不会造成任何损害和污染的非研磨清洗方案，且提供专业团队执行清洗任务，于是美国国会山总统头像的清洗任务就交给他们了。

面积为中国的3.6%，人口为全球的1.4%，德国企业何以如此群星灿烂？就拿诺贝尔奖为例，诺贝尔奖设立以来德国人（含移民美国、加拿大等国的德裔）获奖人数接近总数的一半。德国人为何如此与众不同？他们的坚毅、务实和严谨的风格是如何形成的呢？

先浏览几条德国人的名言：

·如果自己脚上没磨出老茧，就不要拿鞭子赶别人。

·没有辛勤的劳动，就没有闲暇的快乐。

·我们并不是拥有太少的时间，而是拥有太多我们不用的时间。

·很多时候我们都知道要做什么，但是知道了以后，仍然会不做。

·脑袋之所以是圆的，那是为了满足我们不断转换思路的需要。

·过多的会议是一个糟糕的组织的明显标志。

·“质量”迎来的是顾客的再次光临，而非卖出去的货物的再次光顾。

·一个人的努力，是加法效应；一个团队的努力，是乘法效应。

史书记载，康德散步总是特别准时，邻居习惯以他散步走过窗前的时间校对家里的钟表。有人问康德为何如此，康德说："我想给德国人一种规范。"德国人常说，"准时就是帝王的礼貌"，这句话道出了德国人追求精准的民族文化。

我不知道康德的做法与德国的标准化有无直接联系，德国在1913年就展开了标准化，标准化协会DIN为建筑、采矿、冶金、化工、电工、安全技术、环境保护、卫生、消防、运输和家政等几乎所有领域制定各类标准，每年发布上千个，其中约90%被欧洲及世界各国采用。最著名标准之一就是1922年制定的DIN476号纸张规格标准，我们所知的A4、A3纸就由此而来。

我最早"接触德国"是20多年前在青岛参观"总督府"，这是德国人百多年前建造的住宅，至今玻璃彩绘栩栩如生，水晶吊灯依然闪闪发光，墙边的壁炉还可以熊熊燃烧，就是地板部分开裂，但多数仍整整齐齐。

由此，我想到瞻仰过的高157米的科隆大教堂。教堂始建于1248年，直至1880年才完工，耗时超过600年。德国人也太"慢工出细活"了，虽然个中有很多非正常因素，但结果是这座哥特式教堂打造得几近完美。在德国各城市还有250万座"木桁架屋"，最古老的已有900年历史。虽然年代久远，但因设计科学、保养得当，至今仍深受居民喜爱。

最具"德国味道"的故事是一份贝多芬的手稿。在作曲家门德尔松公布的这份手稿上，有一处贴上了十二层小纸片，因为贝多芬改了再改；而当门德尔松将这些小纸片逐一揭开时，发现最初的那个音符竟与第十二次改写的音符完全一样。

在欧洲，德国被誉为“不化妆的女人”。在德国很少看到建筑用脚手架，住宅保有量平均2人一套；在德国很少看到各种社会冲突，医疗、伤残、失业、养老，甚至护理等保险很到位；在德国很少看到高调的人，写书竟然专题讨论柴火的处理、码放和使用；在德国很少看见饮食的浪费，专家们计算出喝瓶装矿泉水每立方合2800欧元。

企业内训课程

高层修炼课程

细节决定成败
精细化管理持续改善
经济转型 产业升级
向解放军学管理
培育强势的企业文化
教练型领导力
企业创新思维与创新管理
工匠精神

中高层学习课程

精细化管理
精益思想与精益管理
安全精细化管理
银行精细化管理
医院精细化管理
核心价值观
情商领导力
经理人系列课程

员工培训课程

班组精细化管理
车间精细化管理
零事故
正能量
生命第一（员工安全）
契约精神
细节决定成败（基层）
执行力

管理组合课程

银行精细化管理+银行关键客户管理+银行大客户心理营销解码
精细化管理+中高层管理者技能提升+中高层执行力
精细化管理+精益思想+工厂（车间）精细化管理
精益思想+工厂（车间）精细化管理+班组精细化管理
创新思维与创新管理+经理人系列课程
教练型领导技术+员工心理管理及员工激励+激发动能的团队管理
时间管理+有效沟通与倾听+问题分析解决